CONTEÚDO DIGITAL PARA ALUNOS
Cadastre-se e transforme seus estudos em uma experiência única de aprendizado:

Entre na página de cadastro:
https://sistemas.editoradobrasil.com.br/cadastro

Além dos seus dados pessoais e dos dados de sua escola, adicione ao cadastro o código do aluno, que garantirá a exclusividade do seu ingresso à plataforma.

8050805A3520619

Depois, acesse:
https://leb.editoradobrasil.com.br/
e navegue pelos conteúdos digitais de sua coleção :D

Lembre-se de que esse código, pessoal e intransferível, é valido por um ano. Guarde-o com cuidado, pois é a única maneira de você acessar os conteúdos da plataforma.

CB031889

Tempo de Ciências

CAROLINA SOUZA
- Licenciada em Ciências Exatas – Física pela Universidade de São Paulo (USP)
- Mestre e doutora em Educação pela Universidade Federal de São Carlos (UFSCar)
- Professora do Departamento de Metodologia de Ensino da UFSCar

MAURÍCIO PIETROCOLA
- Licenciado em Física e Mestre em Ensino de Ciências pela USP
- Doutor em Epistemologia e História das Ciências pela Universidade de Paris VII
- Livre-docente em Educação pela USP
- Professor da Faculdade de Educação da USP

SANDRA FAGIONATO
- Formada em Ecologia pela Universidade Estadual Paulista (Unesp – Rio Claro)
- Mestre e Doutora em Educação pela UFSCar
- Professora da Educação Básica no município de São Carlos (SP)

COLEÇÃO
TEMPO
CIÊNCIAS

7

4ª edição
São Paulo, 2019.

Editora do Brasil

Dados Internacionais de Catalogação na Publicação (CIP)
(Câmara Brasileira do Livro, SP, Brasil)

Souza, Carolina
  Tempo de ciências 7 / Carolina Souza, Maurício Pietrocola, Sandra Fagionato. -- 4. ed. -- São Paulo : Editora do Brasil, 2019. -- (Coleção tempo)

  ISBN 978-85-10-07420-9 (aluno)
  ISBN 978-85-10-07421-6 (professor)

  1. Ciências (Ensino fundamental) I. Pietrocola, Maurício. II. Fagionato, Sandra. III. Título. IV. Série.

19-26333   CDD-372.35

Índices para catálogo sistemático:
1. Ciências : Ensino fundamental   372.35
Maria Alice Ferreira - Bibliotecária - CRB-8/7964

© Editora do Brasil S.A., 2019
Todos os direitos reservados

Direção-geral: Vicente Tortamano Avanso

Direção editorial: Felipe Ramos Poletti
Gerência editorial: Erika Caldin
Supervisão de arte e editoração: Cida Alves
Supervisão de revisão: Dora Helena Feres
Supervisão de iconografia: Léo Burgos
Supervisão de digital: Ethel Shuña Queiroz
Supervisão de controle de processos editoriais: Roseli Said
Supervisão de direitos autorais: Marilisa Bertolone Mendes

Supervisão editorial: Angela Sillos
Edição: Erika Maria de Jesus e Fernando Savoia Gonzalez
Assistência editorial: Rafael Bernardes Vieira
Auxílio editorial: Luana Agostini
Apoio editorial: Murilo Tissoni
Copidesque: Flávia Gonçalves, Gisélia Costa e Sylmara Beletti
Revisão: Alexandra Resende, Andreia Andrade, Elaine Silva e Martin Gonçalves
Pesquisa iconográfica: Daniel Andrade, Isabela Meneses e Rogério Lima
Assistência de arte: Carla Del Matto e Josiane Batista
Design gráfico: Andrea Melo
Capa: Megalo Design
Imagens de capa: Africa Studio/Shutterstock.com; DanCardiff/iStockphoto.com; Floortje/iStockphoto.com; nebari/iStockphoto.com
Pesquisa iconográfica de capa: Daniel Andrade
Ilustrações: Alberto di Stefano, Adilson Secco, Claudia Marianno, Cristiane Viana, Danillo Souza, Dawidson França, DKO Estúdio, Erika Onodera, Estúdio Chanceler, Hélio Senatore, Luis Moura, Luiz Eugenio, Luiz Lentini, Marcos Guilherme, Natalia Forcat, Paula Haydee Radi, Paulo César Pereira, Paulo Márcio Esper, Paulo Nilson, Reinaldo Vignati, Ronaldo Barata, Saulo Nunes Marques e Vagner Coelho
Produção cartográfica: Alessandro Passos da Costa, DAE (Departamento de Arte e Editoração), Mario Yoshida, Sonia Vaz e Studio Caparroz
Coordenação de editoração eletrônica: Abdonildo José de Lima Santos
Editoração eletrônica: N Public/Formato Comunicação
Licenciamentos de textos: Cinthya Utiyama, Jennifer Xavier, Paula Harue Tozaki e Renata Garbellini
Controle de processos editoriais: Bruna Alves, Carlos Nunes, Rafael Machado e Stephanie Paparella

4ª edição /2ª impressão, 2024
Impresso na Forma Certa Gráfica Digital

Avenida das Nações Unidas, 12901
Torre Oeste, 20º andar
São Paulo, SP – CEP: 04578-910
Fone: +55 11 3226-0211
www.editoradobrasil.com.br

Caro aluno,

Esta coleção foi pensada e escrita para levar você a descobrir o prazer de aprender Ciências por meio de um material cuja linguagem o estimulará a ler, estudar e buscar cada vez mais o conhecimento.

Queremos estimular sua curiosidade, aguçar sua capacidade de observar, experimentar, questionar e buscar respostas e explicações sobre os astros, o ambiente, os seres vivos, seu corpo e tantos outros fatores e fenômenos que fazem parte do mundo.

Para que a coleção cumpra esse papel, contamos com seu interesse, sua leitura atenta, seu entusiasmo e sua participação nas atividades propostas. Procure complementar as informações apresentadas neste livro com outras obtidas de fontes seguras. Sugerimos várias delas ao longo da coleção.

Desse modo, você desenvolverá competências para agir com autonomia ao tomar decisões sobre situações sociais que envolvem ciência e tecnologia.

Os autores

SUMÁRIO

TEMA 1
O ar atmosférico e a vida na Terra 8

CAPÍTULO 1 – Composição e importância do ar 10
- A composição do ar 11
- Gás oxigênio 11
- Gás carbônico 13
- Gás nitrogênio 13
- Ar e combustão 16
- Vapor de água 16
- Outros gases que compõem o ar 18
- **ATIVIDADES** 20

CAPÍTULO 2 – Propriedades do ar 22
- O ar que se expande 23
- O ar exerce pressão 24
- A pressão atmosférica e a altitude 24
- **ATIVIDADES** 27

CAPÍTULO 3 – Poluição do ar e os impactos na atmosfera 28
- Poluição atmosférica 29
- Poluentes do ar 29
- A poluição e os efeitos sobre os fenômenos naturais 32
- Efeito estufa 32
- Aquecimento global 33
- O que podemos fazer para evitar o aquecimento global? 35
- O que tem destruído a camada de ozônio? 35
- Chuva ácida 37
- Inversão térmica 38
- **ATIVIDADES** 39
- **FIQUE POR DENTRO**
  - A poluição do ar 40
- **PANORAMA** 42

TEMA 2
Movimentos na superfície terrestre 44

CAPÍTULO 1 – Eventos que chacoalham a Terra 46
- Placas tectônicas 47
- Apresentando as placas tectônicas 48
- O movimento das placas tectônicas 49
- Classificação das placas 50
- Classificação dos movimentos convergentes das placas 50
- Os movimentos das placas 51
- Ocorrem terremotos no Brasil? 53
- Teoria da deriva continental 54
- Evidências da teoria da deriva continental 55
- **ATIVIDADES** 57

CAPÍTULO 2 – Terremotos, *tsunamis* e vulcões 58
- Alguns fenômenos da natureza 59
- Os terremotos 60
- Os *tsunamis* 61
- Como funcionam os detectores de *tsunamis*? 62
- **DIÁLOGO** – Alertas de *tsunami* disparam em todo o Pacífico após terremoto 63
- Vulcões 64
- Conhecendo um vulcão 65
- **ATIVIDADES** 69
- **FIQUE POR DENTRO**
  - Deriva Continental 70
- **PANORAMA** 72

TEMA 3
Diversidade de seres vivos 74

CAPÍTULO 1 – Classificação dos seres vivos 76
- Diversidade de seres vivos 77
- Classificação dos seres vivos 77
- Ordenando os seres vivos 78
- Os reinos de seres vivos 79
- Árvore filogenética 80
- **ATIVIDADES** 81

CAPÍTULO 2 – Moneras, protoctistas e fungos 82
- O reino Monera 83
- O reino Protoctista 84
- As algas 84
- Os protozoários 84
- O reino Fungi 84
- **ATIVIDADES** 85

CAPÍTULO 3 – Animais invertebrados 86
- Reino animal 87
- Características gerais dos animais invertebrados 87
- **ATIVIDADES** 91

CAPÍTULO 4 – Animais vertebrados .. 92
- Características gerais 93
- Evolução de vertebrados 93
- Peixes 94
- Anfíbios 94
- Répteis 95
- Aves 95
- Mamíferos 96
- **ATIVIDADES** 97

CAPÍTULO 5 – Reino Plantae 98
- Evolução e classificação das plantas 99
- Briófitas 99
- Pteridófitas 100
- Gimnospermas 100
- Angiospermas 100
- **ATIVIDADES** 101
- **FIQUE POR DENTRO**
    - Árvore da vida 102
- **PANORAMA** 104

TEMA 4
Ecossistemas 106

CAPÍTULO 1 – Ecossistemas 108
- O que é um ecossistema? 109
- Ecossistemas brasileiros 110
- Biomas 110
- **ATIVIDADES** 111
- **FIQUE POR DENTRO**
    - Hábitos & teias 112

CAPÍTULO 2 – Amazônia, Mata Atlântica e Pantanal 114
- Ecossistemas amazônicos 115
- Mata dos Cocais 116
- Ecossistemas da Mata Atlântica 117
- Mata de Araucárias 118
- Manguezal 119
- Pantanal 121
- **DIÁLOGO** – A vida nos rios do Pantanal 122
- **ATIVIDADES** 123

CAPÍTULO 3 – Caatinga, Cerrado e Pampas 124
- Caatinga 125
- Cerrado 126
- **DIÁLOGO** – Queimadas na preservação do Cerrado 127
- **CONSTRUIR UM MUNDO MELHOR**
    - Revitalização de áreas verdes 128
- Pampas 130
- **ATIVIDADES** 131

CAPÍTULO 4 – Alterações nos ecossistemas 132
- Equilíbrio dinâmico 133
- Desastres naturais 133
- Deslizamentos 133
- Cheias 134
- Impactos da ação humana 135
- **DIÁLOGO** 135
- Caça 136
- Introdução de espécies 137
- Poluição 138
- Poluição da água 138
- Poluição do ar 140
- Poluição do solo 141
- Queimadas e desmatamentos 142
- Fragmentação de florestas 144
- **ATIVIDADES** 147
- **PANORAMA** 150

TEMA 5
Saúde e meio ambiente 152

CAPÍTULO 1 – Problemas ambientais e saúde 154
- Ambiente e saúde 155
- Saneamento básico 155
- Ar e saúde 156
- ATIVIDADES 158

CAPÍTULO 2 – Políticas públicas para a saúde 160
- Políticas públicas 161
- DIÁLOGO – SUS 161
- Saneamento básico e tratamento da água 162
- Etapas do tratamento de água 162
- O tratamento de esgoto 163
- Tratamento dos resíduos sólidos 165
- CONSTRUIR UM MUNDO MELHOR
  - O destino dos resíduos da escola 166
- Políticas públicas para o lazer 168
- ATIVIDADES 170

CAPÍTULO 3 – A vacinação nas ações de saúde pública 172
- Por que vacinar? 173
- Imunidade 173
- Imunidade inata e adquirida 174
- Calendário Nacional de Vacinação 175
- DIÁLOGO – A Revolta da Vacina 176
- ATIVIDADES 178

CAPÍTULO 4 – Tecnologia: usos e riscos sociais 180
- A era da tecnologia 181
- As tecnologias da comunicação 181
- Do telégrafo à internet 182
- A internet 183
- Impactos da tecnologia 184
- ATIVIDADES 185
- FIQUE POR DENTRO
  - A evolução das tecnologias de comunicação 186
- PANORAMA 188

TEMA 6
Máquinas simples 190

CAPÍTULO 1 – Alavancas 192
- Alavancas e seus usos 193
- Princípio da alavanca 195
- Alavancas no corpo dos seres vivos 196
- As máquinas na história da humanidade 197
- DIÁLOGO – Mecanização no campo muda as relações de trabalho 198
- ATIVIDADES 199

CAPÍTULO 2 – Rodas e rampas 200
- Rodas 201
- Rampas 201
- ATIVIDADES 203

CAPÍTULO 3 – Roldanas e catracas 204
- Roldana fixa 205
- Roldana móvel 205
- Coroas e catracas 207
- A bicicleta como uma máquina 207
- Catapultas 209
- DIÁLOGO – As contribuições dos estudos de Leonardo da Vinci 210
- ATIVIDADES 213
- FIQUE POR DENTRO
  - A roda 214
- PANORAMA 216

TEMA 7
Calor 218

CAPÍTULO 1 – Calor e frio 220
    Temperatura e calor 222
    Termos, ideias e conceitos ligados ao calor 222
    Equilíbrio térmico 222
    Transferência de calor 224
    O calor no ambiente 224
    ATIVIDADES 226

CAPÍTULO 2 – Temperatura e dilatação dos corpos 228
    Como medir a temperatura? 229
    Instrumentos controladores e indicadores de temperatura 229
    Dilatação e contração 230
    ATIVIDADES 235

CAPÍTULO 3 – Transmissão de calor: cedendo e recebendo calor 236
    Formas de transmissão do calor 237
    Condução 237
    Convecção 237
    Radiação 238
    Materiais isolantes e condutores térmicos .. 242
    A perda de calor no organismo humano 243
    ATIVIDADES 245
    FIQUE POR DENTRO
        Calor 246
    PANORAMA 248

TEMA 8
Máquinas térmicas 250

CAPÍTULO 1 – Máquinas térmicas 252
    As máquinas e a força motriz do calor 253
    A origem das máquinas a vapor 254
    Máquinas térmicas de combustão interna 254
    ATIVIDADES 257

CAPÍTULO 2 – Ciclos naturais e combustíveis 258
    As máquinas térmicas naturais 259
    Combustíveis 260
    ATIVIDADES 261

CAPÍTULO 3 – A sociedade das máquinas 262
    As máquinas transformam a sociedade 263
    Uso de tecnologia 264
    ATIVIDADES 267
    FIQUE POR DENTRO
        Máquina a vapor 268
    PANORAMA 270
    REFERÊNCIAS 272

Festival internacional de Pipas. Cervia (Itália), abril, 2012.

TEMA 1

O ar atmosférico e a vida na Terra

NESTE TEMA
VOCÊ VAI ESTUDAR:

- de que é feito o ar atmosférico;
- as propriedades do ar;
- os fenômenos causados pela emissão de gases, diferenciando os que são naturais dos que são resultado da ação humana;
- as consequências da ação humana na atmosfera.

1. Por que o ar é tão importante para a maioria dos seres vivos?

2. Qual o papel dos ventos na natureza? E como ele é aproveitado nas atividades humanas?

3. Como as ações do ser humano podem, de alguma maneira, influenciar ou intensificar os impactos causados por fenômenos naturais?

CAPÍTULO 1

Composição e importância do ar

Neste capítulo, você vai estudar a composição do ar, os tipos de gases que o formam, além do vapor de água e das pequenas partes sólidas, chamadas de partículas.

 EXPLORANDO A PRESENÇA DO AR

Marina tem sete anos e quer ter certeza de que o ar existe. Ela pode senti-lo, mas não consegue vê-lo. Isso a deixa muito intrigada. Outro dia, ela perguntou a seu irmão Diego:

— Será que o ar está mesmo o tempo todo a meu redor?

Diego tem 12 anos e lembrou-se de que assistiu, em um canal de TV educativo, um experimento interessante que poderia ajudá-lo a mostrar para Marina a existência do ar. Ele rapidamente pesquisou na internet e encontrou o mesmo experimento e resolveu reproduzi-lo em casa com a irmã.

Diego pediu a Marina que pegasse os seguintes materiais: um copo transparente; um pedaço de folha de papel; fita adesiva; uma bacia com água suficiente para cobrir todo o copo.

Marina seguiu as orientações de Diego: amassou o papel e o prendeu com fita adesiva no fundo do copo. Ela mergulhou o copo de duas formas diferentes na bacia. Na primeira vez, segurou o copo na posição vertical e o mergulhou, sem inclina-lo, com a boca virada para baixo e depois retirou-o do mesmo modo, sem inclina-lo. Na segunda vez, mergulhou o copo inclinando-o.

Nos procedimentos, ela percebeu que, ao colocar o copo na bacia sem inclina-lo, ele não se encheu de água e o papel não molhou. Mas quando mergulhou o copo inclinando-o, ele ficou cheio de água e encharcou o papel! Marina ficou ainda mais intrigada com o resultado e queria saber por que o papel não ficou molhado na primeira tentativa...

Diego pediu a Marina que tentasse explicar o que poderia ter acontecido. Que explicações ela poderia dar?

Agora é sua vez.

1. O que fez com que o papel amassado não ficasse molhado na primeira parte do experimento, quando Marina colocou o copo na bacia com água sem inclina-lo?

2. Por que o papel ficou molhado quando o copo foi colocado de modo inclinado?

Ilustrações: Natalia Forcat

A composição do ar

O ar é feito de quê? Qual é sua importância para a vida na Terra? Será que conseguiríamos viver sem ar?

O ar atmosférico é uma mistura de vários gases em quantidades diferentes. Veja no gráfico ao lado os principais gases da camada da atmosfera mais próxima ao solo, a troposfera, onde estão os seres vivos.

O vapor de água é também um dos componentes do ar; entretanto, sua proporção varia conforme o local e as condições do tempo, como veremos mais adiante.

Não podemos enxergar o ar, mas a todo instante estamos em contato com ele. O vento é ar em movimento. Às vezes, não o percebemos porque ele está se movimentando em uma velocidade muito baixa; no entanto, basta assoprar ou ligar um ventilador para notarmos que há ar no ambiente.

O ar é essencial para a vida na Terra. Você já parou para pensar que quando respiramos na verdade estamos inspirando e expirando ar? Mas por que isso é importante para nós?

Composição do ar atmosférico

- gás carbônico: 0,037%
- outros gases: 0,9%
- gás oxigênio: 21%
- gás nitrogênio: 78%

Fonte: Composition of dry air. Disponível em: <www.bbc.com/bitesize/guides/z3n37hv/revision/1>. Acesso em: 8 abr. 2019.

Gás oxigênio

Um dos gases que compõem o ar é o gás oxigênio. Ele é utilizado no processo de respiração da maioria dos seres vivos. O gás oxigênio participa de transformações no organismo que levam à obtenção da energia necessária para seu funcionamento.

Ao inspirar o ar atmosférico, os seres vivos captam o gás oxigênio necessário para a manutenção de suas atividades vitais. Ao expirar, outro gás que forma o ar é expelido, o gás carbônico.

Se inspiramos gás oxigênio e expiramos gás carbônico, por que o gás oxigênio não se acaba?

Para obtenção de energia, as algas e as plantas realizam um processo chamado **fotossíntese.** Na fotossíntese, esses seres vivos utilizam água e gás carbônico e, pela ação da luz do Sol, obtêm glicose, que é o alimento dos vegetais. Como resíduo do processo de fotossíntese, há liberação do gás oxigênio, que se dispersa no ambiente.

Já reparou que em áreas mais arborizadas nossa respiração parece melhorar?

Os tons de cores e a proporção entre os tamanhos dos seres vivos representados não são os reais.

← Exemplo ilustrativo de alguns dos muitos seres vivos que utilizam o gás oxigênio para produzir energia e se manter vivos.

AQUI TEM MAIS

Importância das cianobactérias na produção de oxigênio

O gás oxigênio compõe 21% da atmosfera. No entanto, nem sempre esse elemento esteve presente no ar nessas proporções. Há cerca de 3,5 bilhões de anos, as cianobactérias viviam sem a necessidade desse gás. Atualmente, esses seres vivos estão classificados como bactérias, mas no passado, por serem capazes de fazer fotossíntese, os cientistas pensavam se tratar de algas. Como vimos, o resíduo da fotossíntese é o gás oxigênio; então, com o surgimento desses seres, toneladas desse gás passaram a ser lançadas nas águas oceânicas. Após cerca de 1 bilhão de anos, as águas ficaram **saturadas** de gás oxigênio e ele passou a se dissipar para a atmosfera. Esse fenômeno ficou conhecido como o "grande evento de oxidação" (conhecido como GOE, do inglês *great oxidation event*) e, na época, causou a extinção em massa de muitos seres, pois a grande quantidade desse gás gerou alterações ambientais de grandes dimensões. Com o passar do tempo, o nível do gás oxigênio na atmosfera foi se alterando e possibilitou a evolução de novas formas de vida, como nós, que vivemos graças à presença dele.

[...] Cianobactérias já habitavam a Terra bem antes da "Grande Oxidação", segundo especialistas. "Elas estão provavelmente entre os primeiros microrganismos que tivemos neste planeta", diz Bettina Schirrmeister, da Universidade de Bristol, no Reino Unido.

Cientistas afirmam que já havia cianobactérias há pelo menos 2,9 milhões de anos, devido a evidências da existência de "bolsões" isolados de oxigênio. Isso significa que as cianobactérias já bombeavam o gás pelo menos meio bilhão de anos antes de ele surgir na atmosfera. Como?

Uma explicação é que uma série de elementos em volta – possivelmente gases resultantes da atividade vulcânica – reagiram com o oxigênio e o "eliminaram". [...]

[...] A longo prazo, porém, a oxidação permitiu que um novo tipo de vida evoluísse. O oxigênio é um gás reativo – é por isso que alimenta chamas – e, quando alguns organismos aprenderam usá-lo, passaram a ter acesso a uma nova fonte de energia.

[...]

Michael Marshall. Como surgiu o oxigênio na Terra? Ciência busca pistas de 'evento-chave'. 14 jan. 2016. Disponível em: <www.bbc.com/portuguese/noticias/2016/01/160104_vert_earth_oxigenio_origem_fd>. Acesso em: 8 abr. 2019.

GLOSSÁRIO

Saturado: que contém a máxima quantidade de gás ou sólido dissolvido.

← As cianobactérias são microscópicas. Junto às algas microscópicas, elas produzem grande parte do aporte de gás oxigênio do planeta. Imagem de cianobactéria obtida por meio de microscópio, com aumento de aproximadamente 175 vezes.

1. Em grupo, pesquise quais seriam as consequências para a vida na Terra se não houvesse o fenômeno da oxigenação citado no texto. Discuta com a turma os resultados encontrados na pesquisa.

Gás carbônico

O **gás carbônico**, a forma gasosa do dióxido de carbono, é um dos gases que compõem o ar. Embora presente em proporção bem pequena, esse gás é imprescindível para a vida na Terra, porque é essencial no processo da fotossíntese.

O gás carbônico se renova no ambiente por meio da respiração. Ao respirarmos, liberamos gás carbônico. A presença desse gás na atmosfera é um fator importante porque contribui para a redução da perda de parte do calor da superfície da Terra para o espaço. Isso mantém constante a temperatura média da biosfera. Esse fenômeno é chamado de efeito estufa e será estudado mais adiante.

Gás nitrogênio

Como vimos, o ar é composto por diversos gases em quantidades diferentes. O gás que existe em maior quantidade no ar é o **nitrogênio** (cerca de 78%).

Ao contrário do gás oxigênio, o organismo humano não é capaz de absorver o nitrogênio do ar durante a respiração, por isso esse gás passa pelos pulmões e é devolvido ao meio ambiente sem alterações. Poucos seres vivos absorvem o nitrogênio diretamente do ar, como fazem algumas bactérias e fungos que podem viver em nódulos (semelhantes a pequenos caroços) grudados às raízes de plantas, principalmente das **leguminosas**. Essas bactérias utilizam diretamente o nitrogênio do ar e o transformam em compostos que podem ser absorvidos pelas plantas.

↑ Raiz da leguminosa feijão, na qual vivem bactérias que utilizam diretamente o nitrogênio do ar.

O nitrogênio é outro gás fundamental à vida porque faz parte da composição das proteínas. Elas formam a estrutura do corpo de todos os organismos vivos. São essenciais para a manutenção das funções vitais porque participam da constituição e do funcionamento das células.

POSSO PERGUNTAR?

Se os animais não conseguem absorver o nitrogênio diretamente do ar, como eles obtêm esse composto tão importante para a composição de proteínas?

Observe no esquema ao lado que a planta absorveu o nitrogênio do solo com a ajuda das bactérias, e a vaca obteve nitrogênio ao comer a planta. A vantagem para as bactérias, nesse processo, é que elas absorvem nutrientes produzidos pelas plantas.

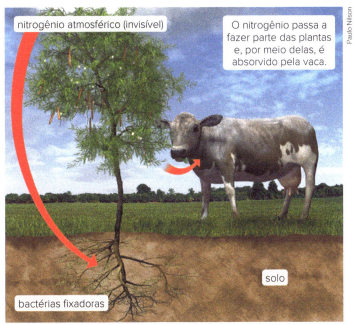

GLOSSÁRIO

Leguminosa: planta que desenvolve sementes dentro de vagens (feijão, ervilha, lentilha etc.).

Os tons de cores e a proporção entre os tamanhos dos seres vivos representados não são as reais.

→ Esquema simplificado de uma das etapas do ciclo do nitrogênio.

 **AQUI TEM MAIS**

Os grandes produtores de gás oxigênio na atualidade

Apesar de alguns meios de comunicação afirmarem com frequência que a Floresta Amazônica é o pulmão do mundo, saiba que ela não pode ser considerada a produtora de grande parte do gás oxigênio que mantém a vida na Terra. Quase todo o gás oxigênio produzido pela floresta no processo da fotossíntese é assimilado por ela mesma e pelos animais locais no processo de respiração.

As grandes responsáveis pela produção de gás oxigênio do planeta são as algas marinhas microscópicas conhecidas como fitoplâncton. O fitoplâncton é formado por um conjunto de organismos microscópicos, como cianobactérias e algas unicelulares, que vivem na superfície das águas em que a luz penetra. São seres que fazem fotossíntese usando o gás carbônico dissolvido na água e a luz do Sol. Esses organismos contribuem com a produção de gás oxigênio para a atmosfera e constituem a base alimentar da vida aquática.

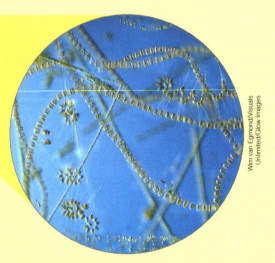

↑ Grande parte da concentração de oxigênio da atmosfera é produzida pelo fitoplâncton marinho. Malé, (Ilhas Maldivas), 2013. Imagem de fitoplâncton obtida por meio de microscópio óptico, com aumento de aproximadamente 50 vezes.

Embora a maior quantidade de gás oxigênio do ar atmosférico não seja gerado pela Floresta Amazônica, o que ela libera é muito importante para a manutenção do equilíbrio climático do mundo. Por conta da evapotranspiração, isto é, a evaporação da água e a transpiração das plantas, há formação de grandes nuvens de chuva na região, chamadas de rios voadores. Caso a floresta acabe, a temperatura global pode elevar-se muito, gerando secas em várias áreas e, consequentemente, doenças respiratórias na população.

1. Por que não é correto dizer que a Floresta Amazônica é o "pulmão do mundo"?

2. Como é possível que a Amazônia consuma grande parte do gás oxigênio produzido naquele ambiente?

3. Se a Amazônia não é o "pulmão do mundo", por que é importante que ela seja preservada? Faça uma pesquisa na internet, buscando argumentos para responder a essa questão.

4. O texto fala sobre o fitoplâncton marinho e sua importância na produção do oxigênio da atmosfera. Forme dupla com um colega e pesquisem outros locais, além do ambiente marinho, em que esses microrganismos podem ser encontrados. Descubra também qual é a quantidade estimada de oxigênio da atmosfera pela qual esses organismos são responsáveis. Em seguida, representem essas informações em um gráfico de *pizza*. Não se esqueçam de citar a fonte pesquisada.

PENSAMENTO EM AÇÃO **EXPERIMENTO**

Identificando a presença de gás oxigênio no ar

Como podemos verificar a presença de gás oxigênio no ar?

Material:

- 1 prato fundo;
- 1 vela;
- 1 copo de vidro alto;
- massinha de modelar.

 ATENÇÃO!

Tenha cuidado ao manusear a vela acesa. Não toque no recipiente quente.

Procedimentos

1. Em cima de uma pia ou bancada, use a massinha de modelar para fixar a vela no centro do prato.
2. O professor irá acender a vela e em seguida colocar o copo de vidro sobre ela. É importante que a vela seja menor do que o copo.

 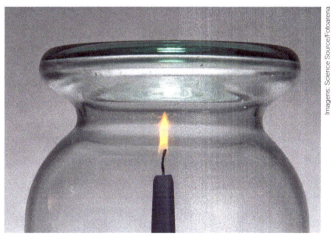

↑ Etapas do experimento.

Agora, observe o que acontece com a vela. Cuidado para não tocar no recipiente sobre a vela, pois o vidro estará quente.

Conclua o experimento registrando os resultados.

Reflita e registre

1. Por que a vela continuou queimando depois que você colocou o recipiente sobre ela?
2. A vela apagou antes ou depois de a parafina acabar? Por que ela apagou?
3. Quais gases ficaram no recipiente após a vela apagar?

Ar e combustão

Já notou que o churrasqueiro, quando quer que a brasa "pegue mais fogo" ou intensifique a chama, abana a brasa? Você já parou para pensar por que ele faz isso? O vento não apaga o fogo da brasa?

↑ O churrasqueiro agita o abanador para que o ar se movimente até a brasa do carvão.

Quando o carvão pega fogo, acontece um processo que chamamos de **combustão**. A combustão ocorre na presença de um **combustível**, um **comburente** e calor. Em situações do dia a dia, o gás oxigênio do ar é o comburente, e combustível é o que queima de fato, como carvão, gasolina e álcool. Além da liberação de luz e calor, também é liberado gás carbônico nesse processo.

Se acabar o combustível, o fogo cessa. Outro fator essencial para que o fogo continue aceso é a presença do comburente, nesse caso, o gás oxigênio do ar. Quando direcionamos mais vento na brasa da churrasqueira, substituímos o ar que está próximo ao fogo por outro ar mais oxigenado. O ar próximo ao fogo é menos oxigenado porque tem maior concentração de gás carbônico, resultante da queima. Com maior concentração de gás oxigênio, a combustão é facilitada e o calor aumenta.

No experimento que realizamos, foi possível observar a presença de gás oxigênio no ar. Vimos que, no processo de combustão, a chama da vela permaneceu acesa porque o gás oxigênio do ar dentro do copo foi utilizado como comburente. Com o aumento da concentração de gás carbônico no interior do copo e a redução do gás oxigênio, a chama da vela se apagou.

Vapor de água

O **vapor de água** é a água no estado gasoso, e também é um dos gases que compõem o ar. Parte da água de oceanos, rios e lagoas evapora e se mistura com os gases do ar. A água que é liberada nos processos de respiração e transpiração dos seres vivos também evapora. O vapor de água, então, mistura-se com os demais componentes do ar. Assim como o gás carbônico, o vapor de água é importante para manter a temperatura do planeta, pois ambos colaboram para a retenção da energia que vem do Sol.

A quantidade de vapor de água no ar pode variar. É o que chamamos de umidade do ar. Se há muita quantidade de vapor de água no ar, dizemos que o ar está mais úmido.

> **GLOSSÁRIO**
>
> **Comburente:** o que reage com o combustível para provocar a combustão.
> **Combustão:** reação química que ocorre entre substâncias combustíveis e o oxigênio. Esse fenômeno produz luz e calor.
> **Combustível:** material que queima na presença de um comburente.

AQUI TEM MAIS

Umidade do ar

A umidade do ar, que diz respeito à quantidade de vapor de água presente no ar, é importante porque influencia o clima, as chuvas e até nossa saúde.

Ela pode variar em regiões de acordo com alguns fatores. Um deles é a presença ou não de mar, lagos ou rios. Nas áreas próximas a esses corpos de água, devido à evaporação das águas, a umidade do ar tende a ser maior. Outro fator que pode aumentar a quantidade de vapor de água no ar é a presença de florestas. Por causa da evapotranspiração, as plantas transferem a água do solo para o ar.

A umidade do ar influencia diretamente no clima. Em regiões em que o ar é mais úmido, a variação de temperatura tende a ser menor e chove mais. Por outro lado, nessas regiões mais úmidas, a sensação térmica é mais acentuada do que em regiões mais secas. Isso significa que quando faz "calor" nas regiões mais úmidas, a sensação que temos é de que a temperatura está mais elevada do que na realidade; e quando faz frio, sentimos como se estivesse mais frio do que indicado no termômetro.

Os extremos de umidade causam impactos na nossa saúde. Quando o ar está pouco úmido, podem aparecer desidratação e problemas respiratórios, causando até sangramento nasal, porque com o tempo seco, nossas vias respiratórias ficam menos lubrificadas. Nesses casos, é aconselhável dispor toalhas molhadas, uma bacia com água ou um aparelho umidificador nos ambientes; essas medidas podem ajudar a equilibrar a umidade do ar e melhorar a respiração.

A umidade do ar também pode ser um aliado no combate à falta de água potável nas regiões mais secas do planeta. Uma das principais estratégias para a obtenção de água em locais com pouca chuva é coletar a umidade do ar através de redes estendidas em um local com presença de vapor de água, neblina ou orvalho. As gotículas de ar entram em contato com as redes, se condensam e escorrem para um coletor que armazena a água para ser utilizada posteriormente.

A água obtida por esse método normalmente é de ótima qualidade e, dependendo do número de coletores de umidade utilizados, é possível produzir uma quantidade de água suficiente para suprir comunidades que vivem em locais muito secos ou em áreas com problemas de poluição, evitando que elas precisem mudar seu local de moradia para obter a água necessária para sobrevivência.

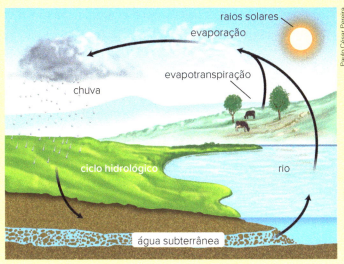

POSSO PERGUNTAR?

Quando expiramos em um dia frio, sai fumaça de nossa boca. Por que isso acontece?

Esquema com concepção artística dos elementos, sem reproduzir cores naturais ou seguir a proporção real entre as dimensões.

← Esquema do ciclo hidrológico que mostra o processo de evaporação e as principais fontes de vapor de água na atmosfera, que contribuem para o aumento da umidade do ar.

1. O que é umidade do ar?
2. Como a umidade do ar influencia o clima de uma região?
3. Você já viu informações sobre a umidade do ar em algum meio de comunicação?

Outros gases que compõem o ar

Além do gás carbônico, do nitrogênio, do oxigênio e do vapor de água, há outros gases que, em pequenas quantidades, também fazem parte da composição do ar, entre eles os gases nobres.

As imagens desta página não estão representadas na mesma proporção.

Os gases nobres são assim denominados porque dificilmente se combinam com outros compostos. Eles não são aproveitados pelo organismo dos seres vivos, entram e saem de nosso corpo em igual quantidade pela respiração, do mesmo modo que o nitrogênio.

Argônio, neônio, xenônio e hélio são alguns exemplos de gases nobres. Eles têm diversas aplicações. Você já viu aqueles balões em festas que ficam no teto mesmo sem prendê-los? Eles normalmente são enchidos com gás hélio.

↑ Os balões dirigíveis são preenchidos com gás hélio. Oshkosh, Wisconsin (EUA), 2012.

Observe na fotografia abaixo uma camada de ar poluído na cidade de São Paulo. O ar também contém partículas sólidas, como fuligem e poeira, que podem ser facilmente notadas quando em grandes quantidades. Essas partículas sólidas podem causar danos à saúde dos seres vivos que as respiram.

O ar puro é inodoro. Portanto, os cheiros que sentimos revelam a presença de outras substâncias, além dos gases que normalmente fazem parte de sua composição. O vento pode movimentar nuvens carregadas com esses resíduos e transportar substâncias tóxicas. Dessa forma, mesmo que você more em uma cidade tranquila, com pouco trânsito, poucas fábricas e não ocorram queimadas na região, o ar de sua cidade pode estar poluído.

← Faixa de poluição no horizonte. São Paulo (SP), 2018.

! CURIOSO É...

Já pensou por que espirramos? Você já escolheu espirrar por vontade própria? O espirro é, na verdade, uma reação do organismo quando detecta alguma irritação provocada por partículas que estão no ar. Essas partículas podem ser de origem artificial, como a fuligem dos escapamentos de automóveis; ou natural, como pólen ou sementes muito pequenas dispersadas pelo vento. Quando espirramos, nosso corpo está tentando expulsar o causador dessa irritação, de maneira involuntária.

PENSAMENTO EM AÇÃO | ENTREVISTA

Poluição atmosférica

Quais são as principais fontes de poluição do ar em sua cidade? Você acha que as pessoas que vivem em sua comunidade sabem quais são essas fontes?

Material:
- computador com acesso à internet;
- papel;
- lápis ou caneta.

↑ Alunos planejam atividade de entrevista com o professor em sala de aula.

Procedimentos

1. Forme um grupo com três colegas e façam um levantamento das fontes de poluição do ar existentes em sua cidade. É importante que, no decorrer da pesquisa, vocês encontrem respostas para as seguintes perguntas:
   - O que é poluição atmosférica? Qual é sua causa?
   - A cidade está localizada em uma área urbana ou rural?
   - A maior parte da população da cidade utiliza que tipo de transporte?
   - Há indústrias na cidade? Quais?
   - Ocorrem queimadas ou incêndios florestais próximo à cidade de vocês?
   - Há notícias publicadas em jornais sobre a poluição do ar na cidade em que residem? O que elas relatam?

2. Com base nas informações coletadas, elaborem um roteiro de entrevista para ser aplicado a familiares, vizinhos e colegas de bairro. Vocês podem utilizar as questões a seguir nas entrevistas e incluir outras que o grupo achar relevantes.
   - De uma escala que varia entre péssimo, muito ruim, ruim, moderada e boa, como você classificaria a qualidade do ar de sua cidade?
   - Quais são as principais fontes de poluição do ar que você identifica na sua região?
   - Quais são as consequências da poluição atmosférica para o ambiente e os seres vivos da região?

3. Entrevistem pelo menos cinco pessoas para obter dados suficientes para análise. Anotem todas as descobertas no caderno.

Reflita e registre

1. As respostas pesquisadas no início da atividade coincidiram com os dados das entrevistas?

2. Elaborem um texto sobre as informações pesquisadas e as entrevistas para compartilhar com a turma.

3. O que vocês e a comunidade do entorno podem fazer para diminuir a emissão de poluentes atmosféricos?

ATIVIDADES

SISTEMATIZAR

1. O ar é uma substância? Explique.

2. Indique a que gás, componente do ar, refere-se cada conjunto de características a seguir.
    a) Gás utilizado na respiração da maioria dos seres vivos. Renova-se na atmosfera graças à fotossíntese.
    b) Liberado na respiração dos seres vivos. Os seres que fazem fotossíntese utilizam-no para obtenção de energia. Favorece a retenção de calor na atmosfera.

3. Qual é o gás que existe em maior quantidade na composição do ar? O que ocorre com esse gás em nossa respiração?

4. Explique qual é a relação do gás carbônico do ar com a respiração e a fotossíntese. Compare as duas situações.

5. O vapor de água e o gás carbônico desempenham o mesmo papel na atmosfera. Explique esse papel.

REFLETIR

1. Pela respiração eliminamos vapor de água. Com base nesse fato, explique por que, ao assoprarmos sobre a superfície de um espelho, ele embaça.

2. Leia o texto a seguir e faça o que se pede.

[...] Sem a oxigenação adequada órgãos como os rins, coração e cérebro podem não funcionar corretamente. Geralmente, a oxigenoterapia é usada por pacientes com doenças pulmonares crônicas — como enfisema pulmonar, bronquite crônica e asma grave.

A oxigenoterapia repõe a falta de oxigênio no sangue e ajuda essas pessoas a viverem com mais qualidade de vida; com o oxigênio normalizado, as pessoas que fazem uso dele se beneficiam com a melhora da atividade pulmonar, do sono, memória, disposição e até no humor.
[...]

Cuidados com cilindros de oxigênio na oxigenoterapia. Terra Notícias, 31 out. 2016. Disponível em: <www.terra.com.br/noticias/dino/cuidados-com-cilindros-de-oxigenio-na-oxigenoterapia,7e35896c2552ca3d190a8985aae24f73cctwes3j.html>. Acesso em: 8 abr. 2019.

No tratamento da oxigenoterapia é prescrita a utilização de cilindro de oxigênio, o que requer alguns cuidados. Pesquise quais são os cuidados necessários nesse tipo de tratamento e as consequências do uso inadequado do cilindro de oxigênio.

3. Na fotografia ao lado vemos orvalho sobre folhas após uma noite mais fria. Sua origem é a mesma do sereno? Explique.

→ Gotas de orvalho sobre uma planta.

4. Observe os dois gráficos a seguir e responda às questões.

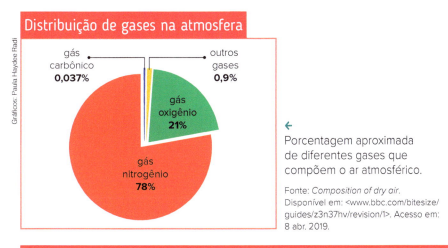

Porcentagem aproximada de diferentes gases que compõem o ar atmosférico.

Fonte: *Composition of dry air*. Disponível em: <www.bbc.com/bitesize/guides/z3n37hv/revision/1>. Acesso em: 8 abr. 2019.

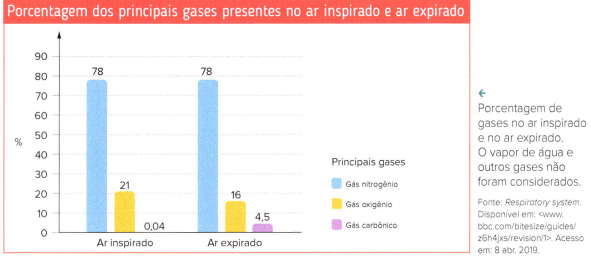

Porcentagem de gases no ar inspirado e no ar expirado. O vapor de água e outros gases não foram considerados.

Fonte: *Respiratory system*. Disponível em: <www.bbc.com/bitesize/guides/z6h4jxs/revision/1>. Acesso em: 8 abr. 2019.

Com base nos gráficos, responda às questões e indique o gráfico observado para responder.

a) Qual é o gás que está presente em maior porcentagem no ar?

b) Há alguma variação na quantidade desse gás no ar inspirado e no ar expirado?

c) Qual é o gás menos presente no ar inspirado? A porcentagem desse gás no ar expirado aumenta ou diminui em relação ao ar inspirado?

d) Há algum gás que diminui a porcentagem de presença no ar expirado em relação ao ar inspirado?

e) Analisando os gráficos, o que você conclui a respeito da proporção dos diferentes gases no ar inspirado e no ar expirado?

DESAFIO

1. Junte-se a um ou mais colegas e pesquisem as aplicações econômicas dos gases nobres.

Os dados da pesquisa podem ser apresentados em sala de aula e debatido com os demais.

Em seguida, organizem as informações e elaborem um jogo da memória em cartolina. As cartas devem ser feitas com informações obtidas sobre os gases nobres: metade das cartas deve ter o nome de cada gás e a outra metade, exemplos de aplicações do gás pelo ser humano. Caprichem nas ilustrações e, depois de pronto, desafiem seus amigos e as pessoas com quem vocês convivem a jogar.

CAPÍTULO 2

Propriedades do ar

> No capítulo anterior, você estudou os tipos de gases que formam o ar. Neste capítulo, você vai estudar algumas propriedades do ar que podemos identificar no dia a dia.

EXPLORANDO A MASSA DO AR

Dona Ângela, depois que se aposentou, resolveu voltar a estudar.

O professor de Ciências do colégio ensinou um experimento interessante para os alunos verificarem se o ar tem massa. Antes da prática, ele explicou que, quando você sobe em uma balança na farmácia, está medindo sua **massa**; para medir o peso, seria preciso levar em conta a ação da gravidade. Por isso, nesse experimento, eles medirão a massa.

Para fazer o experimento, dona Ângela teve de obter os seguintes materiais: régua graduada; dois balões de festa; barbante.

Em seguida, ela fez o procedimento a seguir.

Ilustrações: Natalia Forcat

1. Amarrou um barbante no meio da régua e equilibrou a régua no ar, segurando-a pelo barbante.

2. Cortou dois pedaços de barbante do mesmo tamanho e prendeu cada um em uma ponta da régua (a 2 cm da extremidade da régua). Depois, amarrou um balão vazio em cada extremidade da régua.

3. Ela verificou que a régua se equilibrava no ar horizontalmente.

4. Retirou um dos balões, soprou para enchê-lo de ar e, por fim, amarrou-o novamente à régua.

Dona Ângela observou que a régua não ficava mais equilibrada horizontalmente, pois o lado com o balão cheio ficava mais baixo do que o lado com o balão vazio.

Agora é sua vez.

1. Por que a régua pende para o lado do balão cheio?

2. Como essa situação ajudou dona Ângela a perceber que o ar tem massa?

3. Providencie uma bola de futebol, vôlei ou basquete murcha. Utilize uma balança para medir a massa da bola murcha. Depois, encha a bola com uma bomba de ar até ela ficar bem rígida. Por fim, meça novamente a massa da bola e estime qual é a massa do ar dentro da bola.

O ar que se expande

Sabemos que o ar é composto por gases como nitrogênio, oxigênio, gás carbônico e outros. Mas como notamos a sua presença? Podemos medir sua massa com uma balança? O que mais podemos saber sobre as propriedades do ar?

Vamos utilizar uma seringa nova e sem agulha para investigar algumas propriedades do ar. Pegue a seringa e puxe o êmbolo até o meio. A seringa ficará com ar dentro dela. Marque em qual número o êmbolo da seringa está para servir de referência. Em seguida, tampe a ponta da seringa com o dedo e tente empurrar o êmbolo. O que você notou? O êmbolo cede um pouco, mas você já não consegue empurrá-lo até o começo da seringa, certo? Se o seu dedo estiver tampando a ponta da seringa, a mesma quantidade de ar continua nela, e o êmbolo cede um pouco porque o ar tem uma propriedade que chamamos de **compressibilidade**, ou seja, ele pode ser comprimido e ocupar menos espaço.

Ainda com o dedo na ponta da seringa, tente puxar o êmbolo. Note que ocorre algo parecido, você consegue puxar um pouco, mas não até o final da seringa. Isso acontece porque o ar pode se expandir e ocupar um espaço maior. Essa propriedade chamamos de **expansibilidade**.

Agora, solte o êmbolo. Você notou que ele voltou à posição inicial? Se você empurrar ou puxar o êmbolo e depois soltar, ele voltará para a posição inicial (se você tampar bem a ponta da seringa para não sair ar). Isso acontece por causa de uma propriedade chamada **elasticidade**.

Outro fator que influencia a expansibilidade e compressibilidade do ar é a temperatura. Lembre-se da panela de pressão. Quando aquecemos a panela, o ar vai saindo pela válvula. Isso acontece porque, ao ser aquecido, o ar se expande.

Podemos reconhecer a propriedade de expansibilidade do ar em muitas situações cotidianas. A luz do Sol, por exemplo, ao aquecer o solo e a atmosfera, faz com que o ar quente suba e o ar frio desça, formando os ventos.

O corpo humano perde calor a todo momento. Por isso, o perfume que você coloca também se expande e se espalha no ar. Se um perfume apresenta maior quantidade de álcool em sua composição, provavelmente seu cheiro durará pouco na pele porque o álcool é um material que evapora rapidamente.

As cores, as distâncias e as dimensões usadas na ilustração não são as observadas na realidade.

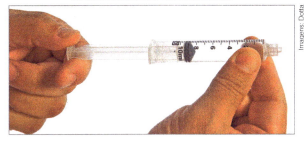

↑ Com o auxílio da seringa, podemos demonstrar diversas propriedades do ar. Primeiro, puxa-se o êmbolo para trás.

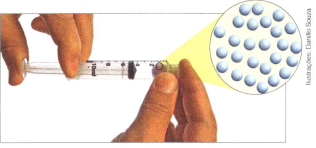

↑ Só conseguimos comprimir o ar dentro da seringa até certo limite. Quanto mais comprimido o ar, mais força é preciso fazer para continuar empurrando o êmbolo, até não ser mais possível reduzir o espaço ocupado pelo ar no interior da seringa.

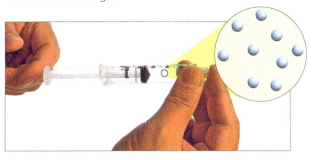

↑ Ao soltar o êmbolo, o ar volta a ocupar o volume original, pois ele tem elasticidade.

↑ É possível utilizar a propriedade de compressibilidade do ar para atividades como pintura com ar comprimido.

O ar exerce pressão

O ar exerce pressão sobre os corpos; esse fenômeno é chamado **pressão atmosférica**. Isso acontece porque as moléculas dos diferentes gases que o formam estão em constante movimento. Nesse movimento, elas chocam-se entre si e contra a superfície dos corpos com os quais têm contato. Esses choques geram forças, e o conjunto dessas forças é denominado pressão atmosférica.

Nas diferentes regiões da atmosfera, a distribuição do ar não ocorre igualmente. Regiões mais baixas, próximas ao nível do mar, contêm quantidade maior de ar que as regiões mais altas, onde dizemos que o ar é **rarefeito**.

POSSO PERGUNTAR?
Se a pressão sobre os corpos é realmente grande, por que não somos esmagados pelo ar?

↑ A pressão do ar age sobre todos os lados de um corpo.

A pressão atmosférica e a altitude

Quando fazemos uma viagem terrestre de uma região serrana para o litoral ou quando viajamos de avião, a mudança de altitude pode provocar uma sensação desagradável na parte interna da orelha. O que causa isso?

Vimos que a quantidade de ar é maior em regiões mais próximas ao nível do mar do que em regiões mais altas. Por esse motivo, entre outros fatores, a **pressão do ar diminui com a altitude**. A diminuição da pressão ocorre porque a quantidade de ar que exerce pressão acima de nós fica cada vez menor à medida que alcançamos altitudes maiores.

Geralmente, o nível do mar é o referencial para o cálculo da pressão atmosférica. Você sabia que a maioria dos gases está comprimida na parte mais próxima da superfície da Terra, e que a quantidade de ar diminui com o aumento da altitude, até um ponto em que não existe mais ar? Esse é o limite da atmosfera de nosso planeta.

Menor pressão atmosférica
Em maior altitude, a força da gravidade é menor e as moléculas dos gases que formam o ar ficam mais distantes umas das outras. Também é menor a coluna de ar sobre os elementos que estão no topo. Desse modo, quanto maior a altitude, menor será a pressão atmosférica e mais rarefeito será o ar.

Maior pressão atmosférica
No nível do mar ou em baixas altitudes, as moléculas dos gases que formam o ar ficam concentradas por causa da ação da força da gravidade. Ao mesmo tempo, é maior a coluna de ar sobre os elementos, o que torna a pressão atmosférica maior.

POSSO PERGUNTAR?
Se o ar fica rarefeito e as pressões são menores em grandes altitudes, até que altitude o ser humano ainda consegue respirar?

← Esquema simplificado da atuação da pressão atmosférica em diferentes altitudes.

O esquema está representado com cores-fantasia e as dimensões dos elementos não seguem a proporção real.

PENSAMENTO EM AÇÃO — EXPERIMENTO

Ar e variação de temperatura

O volume do ar atmosférico se altera com a mudança de temperatura? Como você faria para verificar sua hipótese?

Material:

- 2 bexigas vazias;
- 1 pinça apanhadora;
- 1 recipiente com água quente;
- 1 recipiente com água gelada, de preferência com gelo.

> **ATENÇÃO!**
> Cuidado ao colocar a bexiga com ar dentro da água quente.

Procedimentos

1. Coloque o recipiente com água quente ao lado do recipiente com água gelada.
2. Encha as bexigas com ar, de forma que o tamanho de ambas seja o mais parecido possível. Verifique se com esse tamanho elas caberão totalmente dentro dos recipientes com água quente e gelada.
3. Segure uma bexiga pela ponta e coloque-a dentro do recipiente com água quente por alguns minutos. Faça o mesmo com a outra bexiga, no recipiente com água gelada.

← Materiais para o experimento.

Reflita e registre

1. O que aconteceu com a bexiga que foi colocada no recipiente com água quente? E com a que foi colocada na água gelada?
2. Por que isso aconteceu?

25

CURIOSO É...

Você sabe como os ventos são formados?

Os ventos se formam quando a camada de ar quente próxima ao solo sobe e a camada de ar frio superior desce. Assim, o ar frio, aquecido pelo solo mais quente, sobe novamente, enquanto o ar quente, resfriado nas camadas superiores, desce. Isso acontece porque quando o ar está mais quente ele tende a ficar mais leve do que quando está mais frio.

Graças às variações verticais e horizontais de pressão, originadas por diferenças de temperatura produzidas por processos radiativos e convectivos, porções de ar se deslocam vertical e horizontalmente. Quando porções de ar se deslocam verticalmente, o ar quente próximo à superfície sobe e é substituído pela porção superior mais fria. E quando porções de ar se deslocam horizontalmente, o ar quente é substituído pela porção lateral mais fria.

Esse conhecimento pode nos ajudar a entender porque os aparelhos de ar-condicionado são instalados na parte alta da parede e os aquecedores, na parte baixa.

Ambientes com aparelho de ar-condicionado e aquecedor, que ilustram as diferentes posições em que são instalados. Observe que, nas duas situações, o posicionamento desses equipamentos tem embasamento científico.

O esquema está representado com cores-fantasia e as dimensões dos elementos não seguem a proporção real.

ATIVIDADES

SISTEMATIZAR

1. Identifique a qual propriedade do ar cada afirmativa se refere.
   a) Pode se expandir até ocupar todo o espaço disponível.
   b) É feito de matéria e ocupa lugar no espaço.
   c) Capacidade de voltar a ocupar o volume inicial quando deixa de sofrer compressão.
   d) Pode ocupar menos espaço quando comprimido.

2. O que torna diferente o peso de uma bola de futebol murcha em relação a uma cheia?

3. O que ocorre com o ar ao entrar em qualquer recipiente ou ambiente? Que propriedade é essa, que se aplica a todos os gases?

4. O ar exerce pressão sobre a superfície da Terra? Qual é o nome desse fenômeno?

5. Por que não sentimos, geralmente, a pressão do ar sobre nosso corpo?

REFLETIR

1. Nada atiça mais nossa fome do que o cheirinho de uma comida gostosa!

   O aroma é resultado de substâncias liberadas pelos alimentos preparados e aquecidos que chegam até nosso nariz.

   a) Que propriedade do ar está envolvida nessa situação?
   b) Quando estamos gripados temos dificuldade em sentir odores. Esse fato tem relação com a propriedade de expansibilidade do ar? Explique.

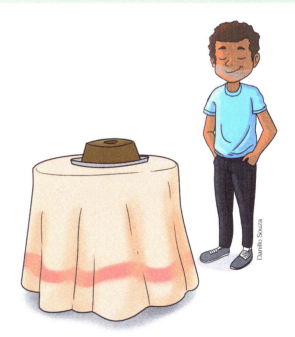

2. O ar puro é inodoro. O gás de cozinha é a mistura dos gases inflamáveis butano e propano, os quais, em estado natural, também são inodoros. O gás de cozinha exala um cheiro forte devido à adição de compostos que apresentam odor. Em sua opinião, por que é importante adicionar gases com cheiro na composição do gás de cozinha?

DESAFIO

1. Em dupla, procurem em livros, revistas e *sites* confiáveis aplicações do ar comprimido e do ar rarefeito em máquinas ou objetos usados pelo ser humano.

   Comparem as informações obtidas com as de outros colegas. Organizem com a turma um mural com ilustrações e informações referentes a essas aplicações.

CAPÍTULO 3

Poluição do ar e os impactos na atmosfera

No capítulo anterior, você estudou algumas propriedades do ar. Neste capítulo, você vai conhecer os fenômenos que acontecem naturalmente por causa da composição dos gases atmosféricos e os provocados pelas atividades humanas.

EXPLORANDO A ÁGUA DA CHUVA

Leonardo estava realmente preocupado com a falta de água. Ele morava em uma grande cidade e, como não choveu suficientemente nos últimos tempos, os níveis dos reservatórios estavam bem baixos. Isso estava tirando seu sono.

Eis que o telejornal avisou que havia previsão de chuvas para a região em que ele morava. Ele não teve dúvida: espalhou baldes para armazenar a água da chuva. Jaime, que morava com Leonardo, ao ver aquela movimentação, perguntou:

— Mas o que você pretende fazer com essa água, Léo?

— Ora, Jaime, vamos usá-la para tudo, inclusive para beber. Depois de encher, vou colocar tampas nos baldes.

— Eita! Pois é aí que você se engana. A água da chuva carrega com ela tudo o que tem no ar. Depois que a cidade cresceu, o número de carros aumentou e indústrias poluentes vieram para cá. Toda essa sujeira, partículas de poeira e poluentes, como gases tóxicos, se espalha, poluindo o ar, e se mistura com a água da chuva!

Leonardo ficou arrasado. Sentou no balde, totalmente desanimado.

— Mas não fique triste, Léo! Ainda podemos usar a água para lavar o quintal, jogar no vaso sanitário, lavar o carro...

Leonardo teve uma ideia: pegou o *smartphone* e disse ao amigo:

Ilustrações: DKO Estúdio

— Vou agora mesmo criar um grupo na internet para reivindicar mais atenção dos políticos para essas questões ambientais!

Jaime respondeu:

— Ótima ideia!! Eu te ajudo na divulgação! Vamos fazer algo para melhorar o ar que respiramos!

Agora é sua vez.

1. Você acha que os gases tóxicos do ar reagem com a água da chuva formando outras substâncias e misturas que também são tóxicas?

2. Em áreas rurais, muitas pessoas usam cisternas, que são recipientes que armazenam água da chuva. Por que nesses locais, geralmente, essa prática apresenta menos problemas?

Poluição atmosférica

As atividades industriais e a movimentação de veículos emitem gases, como o monóxido de carbono, na atmosfera. A emissão excessiva desse gás, do gás carbônico e de outros gases ricos em enxofre e nitrogênio altera a composição do ar, e isso pode provocar sérios danos à saúde dos seres vivos, principalmente daqueles que dependem do ar para respirar.

O material particulado formado por poeira, fumaça, materiais líquidos e sólidos suspensos na atmosfera contém substâncias que, além de causar danos diretos ao sistema respiratório, podem ser absorvidas pelo organismo.

Idosos, crianças e pessoas com doenças respiratórias e cardiovasculares são os que mais sofrem com os efeitos da poluição atmosférica. Esse assunto será retomado no Tema 5.

Poluentes do ar

Medimos o nível de **poluentes atmosféricos** pela quantidade de substâncias poluentes presentes no ar. É a interação entre os poluentes e a atmosfera que define o nível de qualidade do ar. A qualidade do ar influi diretamente na saúde de todos os seres vivos, o que inclui os seres humanos e os outros animais.

Os poluentes são classificados em duas categorias.

- Primários: liberados diretamente por uma fonte de emissão. Exemplo: o dióxido de enxofre emitido por uma usina que usa carvão.
- Secundários: resultam de reação química entre poluentes primários e componentes naturais da atmosfera. Exemplo: o ácido sulfúrico que se forma pela reação química entre o dióxido de enxofre liberado por uma usina que usa carvão e o vapor de água na atmosfera.

Veja na imagem a seguir exemplos desses dois tipos de poluente.

GLOSSÁRIO

Poluente atmosférico: qualquer substância que, pela sua concentração, pode tornar o ar impróprio ou nocivo à saúde, ao bem-estar, à fauna e à flora ou ser prejudicial à segurança e às atividades da comunidade.

↓ Fumaça liberada por chaminé industrial.

Poluente secundário
Dióxido de enxofre misturado com água da atmosfera forma ácido sulfúrico.

Poluente primário
Dióxido de enxofre lançado pela chaminé.

O quadro a seguir apresenta os principais poluentes primários do ar e alguns de seus efeitos sobre o ambiente e a saúde do ser humano.

Poluente	Fonte	Efeitos no ambiente	Efeitos na saúde humana
Dióxido de carbono	Combustão (queima) de diversos produtos em usinas elétricas, indústrias e no aquecimento doméstico. As queimadas em florestas também liberam grandes quantidades desse gás.	Maior retenção de calor, intensifica o efeito estufa e o aquecimento global.	A longo prazo, seus efeitos no ambiente, como o aquecimento excessivo, podem tornar a Terra imprópria para a vida de muitas espécies, incluindo a humana.
Monóxido de carbono	Gás incolor e inodoro resultante da queima incompleta de combustíveis de origem orgânica (como os combustíveis fósseis). Em geral, é encontrado em maiores concentrações nas cidades, emitido principalmente por veículos automotores.	Alterações na temperatura, pois aumenta a retenção de calor intensificando o efeito estufa.	A afinidade do sangue com o monóxido de carbono é muito maior do que com o oxigênio. Se aspirado, ele substitui o oxigênio na reação química que ocorre nas células do sangue, o que pode causar asfixia e morte. A diminuição do suprimento de oxigênio para as células do corpo leva o sistema cardiorrespiratório a trabalhar mais provocando um esforço adicional perigoso em pessoas com problemas cardíacos e pulmonares.
Dióxido de enxofre	Resulta principalmente da queima de combustíveis que contêm enxofre, como óleo diesel, óleo combustível industrial e gasolina.	Afeta os seres vivos no solo, no ar e na água porque altera a acidez desses meios. Causa corrosão em monumentos e construções. É uma das substâncias que reage formando ácidos na atmosfera, provocando chuva ácida.	Problemas respiratórios, que contribuem para o agravamento de asma e bronquite crônica. Afeta também outros órgãos sensoriais, como os olhos.
Óxidos de nitrogênio	Formados durante processo de combustão que ocorre em veículos, como automóveis e aviões, em fornos, incineradores, no emprego excessivo de certos fertilizantes, nas queimadas e nas instalações industriais.	Afetam os seres vivos no solo, no ar e na água porque alteram a acidez desses meios. Causam corrosão em monumentos e construções. São algumas das substâncias que reagem formando ácidos na atmosfera, provocando chuva ácida.	Afetam o transporte de oxigênio do sangue para as células, agravando ou provocando doenças respiratórias e a redução das defesas do organismo contra infecções.

PENSAMENTO EM AÇÃO — EXPERIMENTO

Comparação da poluição do ar em diferentes locais

A poluição do ar na região onde moro é diferente da de outros locais?

Material:

- 3 lenços de papel branco;
- palitos de sorvete;
- cola branca;
- fita adesiva com boa fixação;
- mapa da cidade (ou dos bairros próximos à escola).

Procedimentos

1. Utilizando a cola branca, prenda dois dos lenços de papel em palitos de sorvete.
2. Leve os três lenços para casa. Prenda os dois lenços com palitos em uma janela (ou em janelas diferentes) de sua casa, usando a fita adesiva. Prenda de modo que tenham contato com o ar da rua, mas fiquem protegidos da chuva.
3. O terceiro lenço deve ser guardado dentro de uma gaveta.
4. Depois de uma semana, retire um dos lenços da janela. Retire também o lenço guardado na gaveta. Traga os dois para a sala de aula.
5. Compare os dois lenços, apresentando-os aos amigos, e mostre no mapa da cidade o local em que você mora.
6. Leve os dois lenços de volta para casa. Guarde-os na gaveta.
7. Após mais uma semana, traga o lenço que havia ficado na janela e os dois lenços guardados.

Então, compare os três lenços.

↑ Os lenços de papel devem ser colados em um palito.

Ilustrações: Danilo Souza

Reflita e registre

1. Na segunda semana, o que você observou ao comparar os dois lenços?
2. Na terceira semana, o que você observou ao comparar os três lenços?
3. Observando as marcações de todos os alunos da turma no mapa e seus respectivos lenços, indique quais são as ruas ou os bairros que deixaram os lenços mais sujos de fuligem.
4. Debata com os colegas as possíveis causas de haver mais ou menos poluição atmosférica nesses locais.

A poluição e os efeitos sobre os fenômenos naturais

Os efeitos danosos da poluição podem ser agravados quando associados a fenômenos atmosféricos naturais, como o efeito estufa, a inversão térmica e a chuva ácida. A poluição atmosférica também afeta a camada de ozônio e isso pode causar sérios problemas à saúde dos seres vivos.

Efeito estufa

O **efeito estufa** é um fenômeno natural bastante importante para a manutenção da temperatura do planeta, pois ajuda a reter o calor, que é um dos fatores que viabilizam a existência de vida na Terra.

Como ocorre o efeito estufa?

Imagine uma estufa de vidro onde certas plantas são cultivadas. Os raios solares entram nessa estufa, são reemitidos pelos objetos do interior e parte deles é refletida pelos vidros, mantendo o ambiente dentro da estufa aquecido. Isso favorece o desenvolvimento das plantas.

O esquema está representado com cores-fantasia e as dimensões dos elementos não seguem a proporção real.

→ Representação de uma estufa e do processo de retenção da radiação do Sol.

Alguns gases da atmosfera causam um efeito parecido com o vidro da estufa. Os raios solares atravessam a atmosfera e aquecem o planeta. Uma parte dessa radiação é refletida pela superfície aquecida da Terra e volta para o espaço, enquanto outra é absorvida temporariamente por certos gases atmosféricos, como gás carbônico, metano, óxido nitroso, ozônio, halocarbonetos e vapor de água e, consequentemente, não retorna de imediato ao espaço. Esse fenômeno é o que mantém a Terra aquecida (a radiação solar é a responsável por manter o fluxo contínuo de calor).

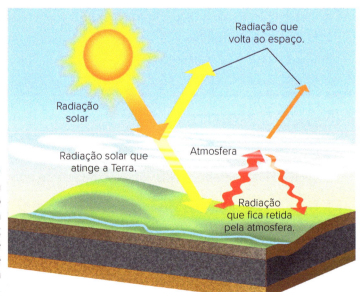

→ Esquema do caminho da radiação solar na atmosfera da Terra. Após se propagar pelo espaço, uma parte dessa radiação atravessa a atmosfera e chega à superfície do planeta; outra parte é refletida pela atmosfera e retorna ao espaço. Parte da radiação que atingiu a Terra fica retida na atmosfera graças ao efeito estufa.

32

Atividades humanas contribuem para o efeito estufa

O efeito estufa é fundamental para o controle e a diminuição das diferenças entre as temperaturas das várias regiões da Terra. Sem o efeito estufa, a diferença de temperatura entre uma região iluminada pelo Sol e outra não iluminada seria muito grande. Esse fenômeno mantém a temperatura média da Terra em torno de 15 °C. Sem essa regulação, nosso planeta seria muito frio, e não existiriam as formas de vida como conhecemos hoje.

No entanto, nas últimas décadas, algumas atividades humanas intensificaram a emissão dos gases de efeito estufa. A queima de combustíveis fósseis é um dos fatores responsáveis pela liberação de **gás carbônico** (CO_2) na atmosfera. Ela pode acontecer por meio da emissão de gases dos escapamentos. Os gases emitidos pelas chaminés das indústrias, queimadas e desmatamentos também contribuem com o aumento da emissão de CO_2 na atmosfera.

O **óxido nitroso** é um gás resultante do processo de combustão em processos industriais, da decomposição de fertilizantes químicos usados na agricultura e é um dos resíduos do tratamento de esgoto.

Esquema com concepção artística dos elementos, sem reproduzir cores naturais ou seguir a proporção real entre as dimensões.

O **ozônio** é um gás presente naturalmente na estratosfera. Ele forma a camada de ozônio que bloqueia parte da radiação que recebemos da luz do Sol e protege os seres vivos dos raios ultravioletas (UV), que podem ser altamente nocivos aos seres humanos por causar câncer de pele, problemas na visão e no sistema imunológico. No entanto, o gás ozônio também é encontrado na troposfera – a camada da atmosfera em que vivemos. Ele reage com outros gases formando uma camada de gases poluentes que aumentam o efeito estufa.

↑ Esquema que representa a camada de ozônio da atmosfera e a absorção, por essa camada, de parte da radiação ultravioleta emitida pelo Sol.

Aquecimento global

Diversas pesquisas realizadas no mundo inteiro reforçam o alerta de cientistas de que o século XX foi o mais quente dos últimos cinco séculos, com aumento de temperatura média entre 0,3 °C e 0,6 °C. Esse aumento mostra que o **aquecimento global** já é uma realidade. Embora ele possa parecer insignificante, foi suficiente para provocar alterações climáticas e afetar profundamente a biodiversidade.

As consequências do aumento da temperatura do planeta, constatado pelos cientistas, abrangem desde a elevação do nível do mar, em razão do degelo das calotas polares (o que pode causar inundações de ilhas e cidades costeiras, deixando pessoas desabrigadas), até alterações graves no regime de chuvas e a proliferação de insetos e aracnídeos (como os escorpiões), cuja reprodução é favorecida pelo clima quente. Uma superpopulação de insetos pode causar desequilíbrios como destruição de plantações e epidemias de doenças transmitidas por eles.

Se o efeito estufa é essencial para manter a Terra em uma temperatura ideal para a vida, a intensificação desse efeito – resultado, principalmente, das ações humanas – pode aumentar a temperatura do planeta e causar grandes impactos e ameaças à vida.

AQUI TEM MAIS

Efeito estufa × aquecimento global

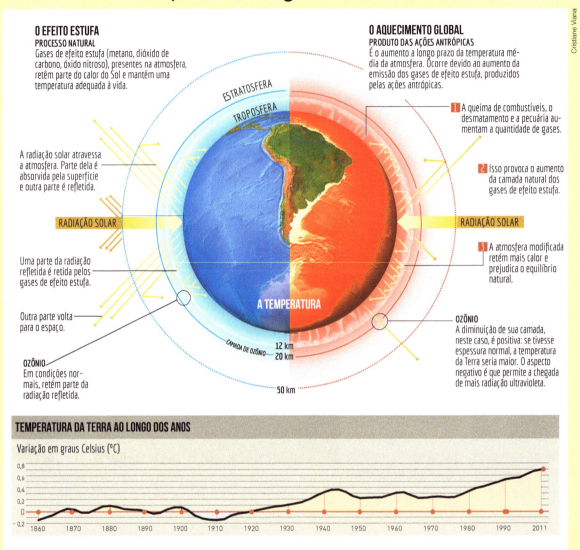

O EFEITO ESTUFA
PROCESSO NATURAL
Gases de efeito estufa (metano, dióxido de carbono, óxido nitroso), presentes na atmosfera, retêm parte do calor do Sol e mantêm uma temperatura adequada à vida.

A radiação solar atravessa a atmosfera. Parte dela é absorvida pela superfície e outra parte é refletida.

RADIAÇÃO SOLAR

Uma parte da radiação refletida é retida pelos gases de efeito estufa.

Outra parte volta para o espaço.

OZÔNIO
Em condições normais, retém parte da radiação refletida.

O AQUECIMENTO GLOBAL
PRODUTO DAS AÇÕES ANTRÓPICAS
É o aumento a longo prazo da temperatura média da atmosfera. Ocorre devido ao aumento da emissão dos gases de efeito estufa, produzidos pelas ações antrópicas.

1. A queima de combustíveis, o desmatamento e a pecuária aumentam a quantidade de gases.

2. Isso provoca o aumento da camada natural dos gases de efeito estufa.

RADIAÇÃO SOLAR

3. A atmosfera modificada retém mais calor e prejudica o equilíbrio natural.

OZÔNIO
A diminuição de sua camada, neste caso, é positiva: se tivesse espessura normal, a temperatura da Terra seria maior. O aspecto negativo é que permite a chegada de mais radiação ultravioleta.

ESTRATOSFERA
TROPOSFERA
A TEMPERATURA
CAMADA DE OZÔNIO
12 km
20 km
50 km

TEMPERATURA DA TERRA AO LONGO DOS ANOS
Variação em graus Celsius (°C)

1. Forme grupo com alguns colegas e pesquisem quais ações humanas praticadas em seu município contribuem para o aumento da emissão de gases de efeito estufa. Para cada atividade encontrada, identifiquem o tipo de gás emitido.

2. Façam um levantamento de ações que podem ser feitas para reduzir o impacto da ação humana no aumento do efeito estufa. Depois, leiam o texto da página seguinte e comparem as propostas apresentadas com o levantamento que vocês fizeram.

3. Elaborem um panfleto informativo com as ações que podem minimizar o impacto e o compartilhem nas redes sociais para que outras pessoas tomem conhecimento e também possam contribuir.

O que podemos fazer para evitar o aquecimento global?

Embora as decisões sobre fatores que contribuem para o aquecimento global dependam do governo de países do mundo, todas as pessoas podem colaborar. Veja a seguir algumas práticas que diminuem a emissão de gases estufa.

- Regulagem dos motores dos veículos para que funcionem com maior eficiência e gerem menos gases nocivos.
- Hábito de caminhar ou andar de bicicleta para evitar o uso de automóveis.
- Reciclagem do lixo (o lixo que não é reciclado acaba em aterros, gerando gases tóxicos).
- Plantio de árvores e de outras plantas, pois elas, por meio da fotossíntese, diminuem o dióxido de carbono (gás carbônico) do ar e liberam gás oxigênio.
- Controle do consumo exagerado (quanto mais produtos industrializados a sociedade consome, mais energia é gasta na produção e mais poluentes são liberados).
- Conhecimento das leis instituídas pelo Conselho Nacional do Meio Ambiente (Conama) que estão relacionadas à poluição atmosférica, como as Resoluções Conama nº 241/1998, nº 242/1998, nº 382/2006 e nº 436/2011, que estabelecem os limites máximos de emissão de poluentes, e a resolução Conama nº 016/1995 que institui, em caráter nacional, o Programa de Controle da Poluição do Ar por Veículos Automotores.
- Mobilização da sociedade civil para cobrar ações efetivas dos governantes, com o objetivo de reduzir a emissão de gases de efeito estufa.

← As queimadas são proibidas, pois emitem gás carbônico para a atmosfera, aumentando o efeito estufa.

O que tem destruído a camada de ozônio?

O principal fator é a liberação de **gases CFCs** (clorofluorocarbonetos), compostos de cloro, flúor e carbono que eram usados em aparelhos de refrigeração (geladeira e aparelho de ar-condicionado) e aerossóis. Esses gases fazem parte do grupo dos halocarbonetos e são prejudiciais porque, quando chegam à estratosfera, são decompostos pelos raios ultravioleta provenientes do Sol e liberam cloro, que reage com o ozônio. Felizmente, após campanhas e acordos, esses gases não têm sido mais usado em refrigeradores, aparelhos de ar-condicionado e aerossóis.

CURIOSO É...

Acordo internacional para proteção da camada de ozônio

O Protocolo de Montreal foi um acordo feito entre vários países com o objetivo de diminuir ou substituir o uso de gases que destroem a camada de ozônio, principalmente os CFCs.

O tratado foi assinado em 16 de setembro de 1987 e mais de 150 países adotaram o protocolo, sendo um sucesso. Depois de alguns anos do acordo, já foram percebidas quedas nas emissões globais das substâncias prejudiciais para a camada de ozônio.

O Brasil é o quinto país que mais reduziu a emissão de CFCs após o protocolo, tendo tomado várias iniciativas para conseguir cumpri-lo.

AQUI TEM MAIS

Fotoproteção

Você já ficou exposto ao Sol por muito tempo? Podemos notar a sensação de "calor" e as alterações na nossa pele, como bronzeamento, manchas e até mesmo envelhecimento precoce. Isso acontece por causa da radiação ultravioleta (UV): quanto mais formos expostos a ela, mais efeitos negativos na nossa pele ela pode causar. Além disso, o câncer de pele está relacionado à exposição ao Sol, por isso é importante tomar cuidado. Veja algumas dicas a seguir.

Saiba como se prevenir

As cores, as distâncias e as dimensões utilizadas na ilustração não são as observadas na realidade.

↑ Use chapéu, camiseta e filtro solar.

↑ Evite a exposição à luz solar entre 10h e 16h.

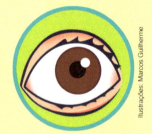
↑ Observe regularmente a pele para ver se há pintas ou manchas suspeitas.

Ilustrações: Marcos Guilherme

1. O texto relata alguns danos à saúde do ser humano que podem ser causados pela exposição por longos períodos à radiação ultravioleta. Quais são eles?

2. Como as pessoas podem se prevenir dos danos causados pela exposição prolongada à radiação ultravioleta?

3. Faça uma pesquisa sobre os benefícios de se expor à radiação UV e de que forma essa exposição deve ser feita. Na sala de aula, apresente quais práticas você descobriu que podem ser positivas. A turma pode escolher um dos hábitos saudáveis apresentados e lançar um desafio para todos seguirem essa prática por um período de 30 dias, analisando posteriormente os resultados.

Chuva ácida

Você sabia que algumas construções e estátuas se deformam quando expostas às chuvas?

O ar da atmosfera é poluído de diversas formas. Uma delas é pela queima de carvão mineral e derivados do petróleo, como gasolina e óleo diesel. Na composição da fumaça que é liberada por essa queima, há enxofre e nitrogênio que, mediante reações químicas, podem formar fortes ácidos que poluem o ar: ácido sulfúrico e ácido nítrico.

→ Fotografia de estátua da Catedral de Notre-Dame. Paris (França), julho de 1922.

← Após 96 anos, a mesma estátua apresenta desgaste causado pela exposição às chuvas. Paris (França), julho de 2018.

Quando há formação de chuva, as águas carregam esses ácidos fortes, espalhando-os sobre a superfície da Terra. É o que chamamos de **chuva ácida**.

Ao caírem na superfície, alteram a composição química do solo e das águas, o que afeta cadeias alimentares, e destrói florestas e lavouras. Assim, provocam danos ao ambiente e aos seres vivos, bem como ao patrimônio das cidades, pois corroem pouco a pouco prédios, monumentos e estruturas metálicas.

O avanço industrial e o consequente aumento na queima de combustíveis fósseis têm agravado os problemas relativos à formação de chuva ácida.

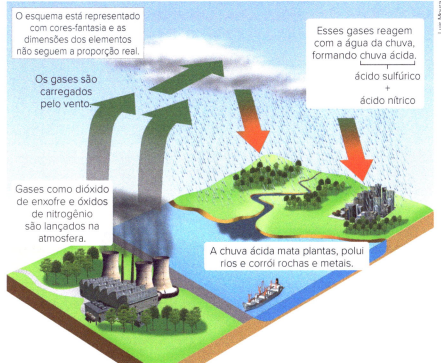

← Esquema que representa a formação da chuva ácida.

POSSO PERGUNTAR?

Onde é mais comum a ocorrência de chuva ácida?

Inversão térmica

A **inversão térmica** é um fenômeno que acontece principalmente em centros urbanos. É quando uma camada de ar frio é impedida de circular por uma camada de ar quente. Essa camada de ar frio fica então retida nas regiões próximas à superfície da Terra.

A inversão térmica é um fenômeno natural, mas é agravado em centros urbanos por ter muitos prédios, asfaltos e pouca arborização, favorecendo a reflexão dos raios solares e o aquecimento do ar sobre a superfície. Essas áreas podem perder calor rapidamente à noite para as camadas superiores e, então, a camada de ar frio pode ficar concentrada mais próxima à superfície e presa por uma camada de ar quente.

O problema é que justamente nesses centros urbanos são emitidos muitos gases poluentes, pela concentração de fábricas e automóveis. Quando há inversão térmica, os poluentes não se dispersam, ficam concentrados nessa camada de ar frio e podem até formar uma faixa de cor cinza, dependendo da concentração de poluentes. Essa camada próxima à superfície deixa um ar nocivo para os seres vivos, com riscos de doenças respiratórias, irritação dos olhos, intoxicações e outras consequências.

Os esquemas estão representados com cores-fantasia e as dimensões dos elementos não seguem a proporção real.

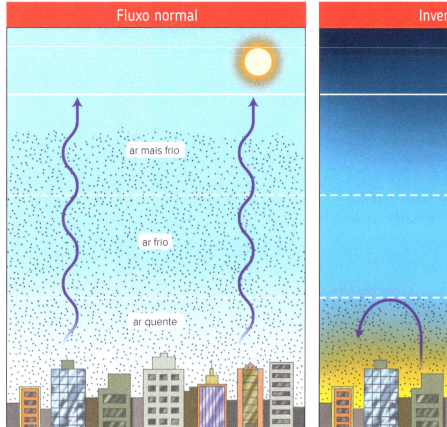
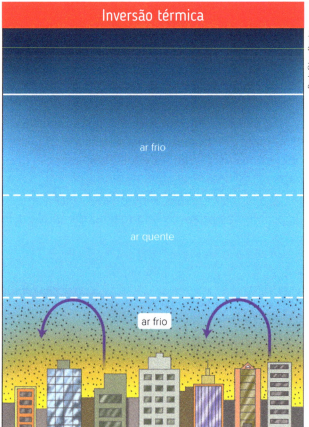

↑ Ilustração que mostra o fluxo normal das camadas de ar e o fenômeno da inversão térmica.

A inversão térmica também ocorre em áreas rurais ou com poucas indústrias, porém, a concentração de poluentes que afeta as grandes cidades torna o fenômeno bastante prejudicial à qualidade de vida das pessoas.

Como esse fenômeno é cada vez mais comum, os pesquisadores buscam soluções alternativas para diminuir seus impactos, sendo que a maioria delas está ligada diretamente à adoção de políticas visando diminuir o nível de poluição do ar nas grandes cidades. Exemplos de soluções são substituir combustíveis fósseis por energia elétrica e conscientizar as pessoas da necessidade de trocar o transporte individual (carro) pelo transporte público (ônibus e metrô), reduzindo ainda mais o problema.

ATIVIDADES

SISTEMATIZAR

1. Qual é a importância do efeito estufa para a vida na Terra?
2. Qual é o maior risco do agravamento do efeito estufa?
3. Estabeleça uma relação entre efeito estufa e aquecimento global.
4. Mencione algumas consequências do aquecimento global.
5. Que medidas os governantes podem tomar para combater o aquecimento global? E os indivíduos?
6. Por que a chuva ácida preocupa os ambientalistas?

REFLETIR

1. Que atitudes os cidadãos podem tomar para minimizar a emissão de poluentes, em relação aos meios de transporte?
2. Você usa transporte público no dia a dia? Discuta com os colegas como é o transporte público em sua cidade. Ele oferece boas condições? Se necessário, busque informações em jornais e na internet.
3. Leia o texto, analise a charge ao lado e responda às questões.

O gás metano responde por metade da emissão de gases de todo o agronegócio, que, sozinho, é responsável por 25% das emissões globais de gases de efeito estufa.

Esse gás, que resulta de digestão realizada por animais como vacas, cabras e ovelhas, é liberado na atmosfera por flatulência e arroto. Além disso, segundo estimativa, a decomposição do estrume de cerca de 1,3 bilhão de bois e vacas do planeta também é responsável por produzir 100 milhões de toneladas de gás metano.

  a) Após a leitura do texto, como você interpreta a charge sobre o aquecimento?
  b) Você concorda totalmente com a ideia expressa pelo artista? Justifique.

DESAFIO

1. Observe a ilustração da estufa na página 32. Discuta com um amigo e juntos elaborem um texto explicando o que ocorre com a propagação da radiação emitida pelo Sol ao penetrar o interior de uma estufa.

39

FIQUE POR DENTRO

A poluição do ar

O ar é composto de uma grande mistura de gases e partículas, proveniente de fontes variadas. Os gases e as partículas podem ser gerados por fontes naturais, como as plantas ou os vulcões, mas também podem ser gerados por atividades humanas. Alguns desses gases são essenciais para a nossa sobrevivência; outros podem prejudicar a saúde dos seres vivos. Leia, neste infográfico, mais informações sobre fontes poluidoras do ar.

AUTOMÓVEIS

Os automóveis liberam pelos escapamentos dois dos mais nocivos gases que causam o efeito estufa: o monóxido de carbono e o dióxido de carbono. Ambos estão presentes na atmosfera em quantidade muito maior do que o recomendado, o que afeta decisivamente a saúde das pessoas. Além disso, os automóveis causam congestionamentos que dificultam a locomoção da população nas grandes cidades.

INDÚSTRIA

Cerca de 30% dos gases que poluem o ar são emitidos pelas indústrias. Embora algumas medidas sejam tomadas para reduzir a emissão de gases poluentes, as indústrias ainda têm grande parcela de responsabilidade pelos problemas relacionados à poluição atmosférica.

CHUVAS

O efeito estufa e o aquecimento global, decorrentes, em grande parte, da poluição da atmosfera, interferiram de forma fundamental na ocorrência das chuvas e no aumento das temperaturas nas últimas décadas. Isso sem falar no fenômeno da chuva ácida...

QUEIMADAS

Grande parte da agricultura praticada no Brasil ainda se vale de métodos como a queimada para limpar e preparar o solo antes do plantio. Além do mal causado ao sistema cardiorrespiratório dos humanos, os gases resultantes da queimada prejudicam muito a natureza. Quase um terço dos gases de efeito estufa liberados na atmosfera vêm da atividade agrícola.

PECUÁRIA

Quanto pior a qualidade do pasto ocupado pelos bovinos, maior a liberação de gás metano por esses animais. O gás metano, além de ser um dos maiores causadores do efeito estufa, contribui significativamente para a destruição da camada de ozônio.

Erika Onodera

1. Quais atitudes podemos adotar para diminuir a poluição atmosférica? Em grupo, pesquisem e tragam suas contribuições.

2. Depois, elaborem uma redação sobre a poluição do ar que integre causas, consequências e atitudes positivas. No final, cada grupo deve ler seu texto para os demais colegas.

PANORAMA

FAÇA AS ATIVIDADES A SEGUIR E REVEJA O QUE VOCÊ APRENDEU.

Neste tema, você estudou as propriedades do ar e pôde constatar, com base nas atividades e discussões, que o ar tem massa, ocupa lugar no espaço, é elástico, pode se expandir e pode ser comprimido.

Viu também que a camada de ozônio funciona como um filtro dos raios ultravioleta e que estava sendo destruída pelos gases CFCs.

O efeito estufa é agravado por gases como o carbônico e é uma das prováveis causas do aquecimento global – fenômeno climático cuja principal consequência é o aumento da temperatura média do planeta.

A chuva ácida altera a composição química do solo e das águas, afeta as cadeias alimentares, destrói florestas e lavouras e danifica o patrimônio das cidades.

Inversão térmica é um fenômeno meteorológico natural em que não ocorre a circulação de ar quente e ar frio na atmosfera. Em áreas em que muitos poluentes são lançados no ar, esse fenômeno pode causar a retenção de parte do ar poluído próximo da superfície.

1. Complete corretamente as lacunas.
   a) O ar tem massa. Para medir seu ▓▓▓ considera-se a ação da gravidade.
   b) Podemos comparar a ▓▓▓ de gases e líquidos por meio de um experimento simples. Por exemplo, preenchemos duas seringas, uma com água e outra com ar, tampamos a ponta da seringa e empurramos os êmbolos. Se em vez de empurrar, os êmbolos fossem puxados, a propriedade comparada seria ▓▓▓.

2. Um grupo de amigos fez uma trilha até o alto de uma montanha. Eles levaram, entre outros alimentos, sacos de batata frita industrializada.
   Ao chegarem no alto da montanha, sentaram para descansar e comer, mas notaram, surpresos, que os sacos de batata estavam inflados. Por que isso ocorreu?

3. Observe as duas ilustrações a seguir. O que elas retratam do ponto de vista da poluição e das atitudes humanas?

4. O que significa dizer que o ar está poluído?

5. Considerando sua resposta à pergunta anterior, explique:
   a) Quais são as principais fontes de poluição do ar?
   b) Como uma pessoa que mora em um grande centro urbano pode contribuir para a diminuição da poluição do ar?

6. Analise a ilustração ao lado. Ela é uma representação simplificada do que ocorre com a radiação solar que atinge a Terra.

   a) A radiação que fica retida na atmosfera cria um fenômeno importante para a vida. Qual é o nome dele e como ele ocorre?

   b) Quando esse fenômeno é considerado um problema? Por quê?

   c) Que medidas podem ser tomadas para amenizar esse problema?

→ Esquema que representa o que ocorre com a radiação solar que atinge a Terra.

7. A dispersão dos gases na atmosfera depende de vários fatores, incluindo a temperatura ambiente e a velocidade e direção do vento. O esquema à direita representa um fenômeno que pode agravar as condições do ar atmosférico.

   a) Que fenômeno é esse?

   b) Esse fenômeno é provocado pelo ser humano? Ocorre em qualquer época do ano?

   c) Por que ele representa um perigo à saúde nos centros urbanos?

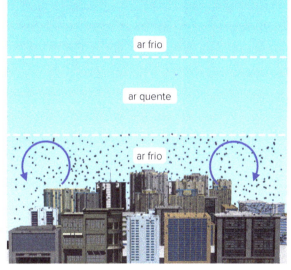

→ Esquema da movimentação do ar.

DICAS

▶ ASSISTA

6 graus que podem mudar o mundo. EUA, 2007. Direção: Ron Bowman, 90 min. Documentário produzido pela National Geographic que mostra os impactos ambientais que podem ocorrer no mundo se a temperatura aumentar 6 °F.

Uma verdade inconveniente. EUA, 2006. Direção: Davis Guggenheim, 118 min. No documentário, o cineasta Davis Guggenheim acompanha Al Gore, ex-candidato à presidência dos EUA, em palestras de conscientização sobre o aquecimento global.

Up – Altas aventuras. EUA, 2009. Direção: Pete Docter, 135 min. No filme, um vendedor de balões, decepcionado por alguns eventos ao longo de sua vida, enche milhares de balões e faz sua casa voar, chegando ao Paraíso das Cachoeiras, onde vive diversas aventuras.

📖 LEIA

Clima e meio ambiente, de José Bueno Conti (Atual). A obra explica as relações entre clima e meio ambiente e mostra que a modificação no equilíbrio aumenta o efeito estufa, com graves consequências em nível planetário.

Uma aventura no ar, de Samuel Murgel Branco e outros (Moderna). No formato de história em quadrinhos, o livro aborda o fato de que estamos no "fundo de um oceano de ar", mas não nos damos conta disso. Explica a estrutura da atmosfera, suas características e as implicações para a manutenção da vida.

📍 VISITE

Museu da Vida: Avenida Brasil, 4365 – Manguinhos, Rio de Janeiro (RJ). Localizado na Fundação Oswaldo Cruz, tem várias exposições sobre ciência, cultura e sociedade. Em particular, você pode visitar o Parque da Ciência, que traz, entre outros, experimentos divertidos sobre a maneira como o som se propaga pelo ar. Para mais informações: <www.museudavida.fiocruz.br>.

↑ Vista de região de San Andreas, Califórnia (Estados Unidos).

TEMA 2

Movimentos na superfície terrestre

NESTE TEMA
VOCÊ VAI ESTUDAR:

- fenômenos geológicos;
- placas tectônicas;
- movimentos e transformações na superfície da Terra.

1. Você já ouviu dizer que as partes superficiais da Terra tremem? Por que você acha que isso acontece?

2. Você já viu ou ouviu algo sobre terremotos, vulcões e *tsunamis*? O que sabe sobre eles?

3. Que fenômeno está registrado nesta imagem? Como ele ocorre?

45

CAPÍTULO 1

Eventos que chacoalham a Terra

> Neste capítulo, você vai estudar as placas tectônicas, os movimentos que realizam e as transformações no relevo que elas podem causar.

EXPLORANDO O TREME-TREME DA TERRA

Joana estava jogando *video game* na sala de sua casa quando a estante onde se encontrava a televisão começou a tremer; livros caíram, copos se espatifaram no chão e o lustre começou a balançar. Felizmente, o tremor foi muito rápido; durou apenas 5 segundos.

Com muito medo, Joana escondeu-se embaixo da mesa!

Ilustrações: Claudia Marianno

Logo que o tremor passou, ela olhou pela janela. Algumas pessoas saíram às ruas para tentar entender o que havia acontecido. Estavam impressionadas com o ocorrido!

Agora é sua vez.

1. O que fez a casa de Joana tremer?
2. Comente o que as pessoas podem ter visto nas ruas quando saíram de casa.
3. Se esse fenômeno da natureza fosse mais intenso, poderia causar grandes transformações na região? De que tipo?

Placas tectônicas

Você já sentiu um tremor no ambiente? Tremores são vibrações que ocorrem em uma superfície e podem ser transmitidas – inclusive para nossos corpos. Por exemplo, quando um carro trafega por uma superfície toda irregular, ele treme, assim como os corpos das pessoas que estiverem dentro dele; elas sentem todas as vibrações.

Esses tremores podem acontecer por diversos motivos: o tráfego de um veículo muito pesado cuja vibração se sente nas superfícies ao redor, deslizamentos de rochas ou algum tipo de explosão que ocorra por perto, como nas pedreiras, ou também por causas geológicas.

Mas e os tremores que, em algumas regiões, são sentidos diretamente no chão? Há algo em movimento e vibrando abaixo dos nossos pés que justifique esses tremores de terra em várias partes do planeta? Por que eles ocorrem mais frequentemente no Japão do que no Brasil?

Nosso planeta, que parece ser tão inerte visto por imagens de satélites, pode apresentar muitos tipos de fenômenos naturais, tanto em suas camadas internas quanto na superfície. É devido a esses movimentos internos que ocorrem os terremotos.

A litosfera engloba a crosta terrestre e parte do manto superior, que correspondem à camada mais externa do planeta, constituída em sua maior parte por rochas em estado sólido. Essa camada não é contínua; ela é fraturada em várias partes chamadas de **placas tectônicas** ou **placas litosféricas**. Essas placas deslizam sobre o manto – mais especificamente sobre a **astenosfera** – que, devido a suas características maleáveis, permite que elas estejam em constante movimentação. As placas têm diversos formatos e tamanhos e se movimentam de forma independente umas das outras.

GLOSSÁRIO

Astenosfera: parte superior do manto terrestre, que se encontra logo abaixo da litosfera.

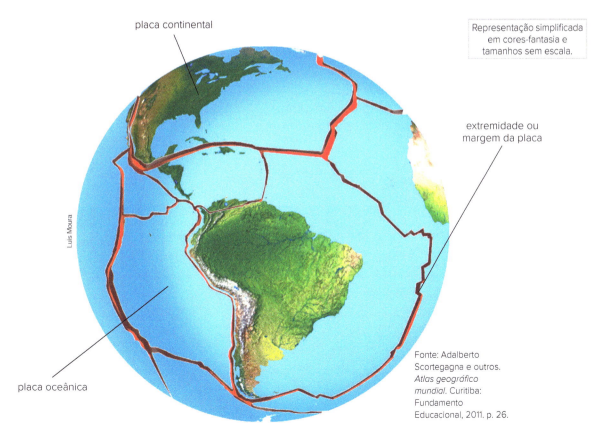

Representação simplificada em cores-fantasia e tamanhos sem escala.

Fonte: Adalberto Scortegagna e outros. *Atlas geográfico mundial*. Curitiba: Fundamento Educacional, 2011. p. 26.

↑ Representação das principais placas litosféricas no globo terrestre.

Apresentando as placas tectônicas

A movimentação das placas tectônicas ocorre muito lentamente, o que dificulta bastante a detecção de seu deslocamento. Entretanto, notamos em nosso relevo algumas transformações causadas pelo movimento e pelo encontro das placas. Se você reparar bem, a forma como os continentes estão dispostos no globo pode ser explicada pela **teoria das placas tectônicas**.

Essa teoria foi apresentada ao longo do século XX, quando cientistas decidiram investigar e provar o suposto afastamento dos continentes. Utilizando o conhecimento que tinham à época sobre as estruturas internas da Terra, explicaram que as correntes de convecção que ocorrem no manto geram enorme pressão no interior do planeta.

As correntes de convecção geram energia e movimentam o magma, podendo fraturar grandes placas e criando constantemente crostas oceânicas. Esse novo assoalho oceânico empurra as placas litosféricas em direção contrária. Os espaços entre as placas servem para liberar parte dessa pressão terrestre interna; nessas áreas, podemos testemunhar a maioria dos eventos geológicos que conhecemos: conjuntos de montanhas, vulcões, falhas continentais, terremotos etc.

O material que escapa do interior da Terra, ao entrar em contato com o exterior, resfria e se solidifica. O ponto-chave da teoria foi a comprovação de que a datação dos materiais rochosos encontrados nas bordas das placas é mais antiga que a dos que estão mais próximos da fenda. O material vindo do interior do planeta cria um novo assoalho que separa os continentes, como o africano e o sul-americano diante do crescimento do assoalho do Oceano Atlântico.

Atualmente, reconhecemos 52 placas tectônicas, sendo 14 principais e maiores. Em um **planisfério**, podemos observar a disposição de algumas placas.

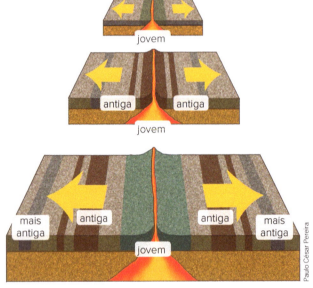

↑ Esquema que mostra a idade das rochas formadas conforme as placas tectônicas se afastam, em uma escala de milhões de anos.

Esquema com concepção artística dos elementos, sem reproduzir cores naturais ou seguir a proporção real entre as dimensões.

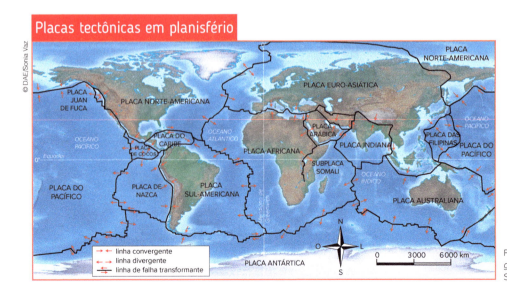

GLOSSÁRIO

Planisfério: mapa do globo terrestre representado em uma superfície plana.

Fonte: Graça M. L. Ferreira. *Atlas geográfico espaço mundial*. São Paulo: Moderna, 2010. p. 19.

O movimento das placas tectônicas

O manto terrestre se divide em superior (externo) e inferior (interno). A diferença entre eles é a temperatura e a composição física. O manto superior é mais frio e pastoso, enquanto o manto inferior é mais quente e **liquefeito**. Em razão da força da gravidade e da pressão, a densidade do manto inferior é maior e, consequentemente, a movimentação dos fluidos é mais intensa. Se pudéssemos descer em direção ao núcleo da Terra, perceberíamos que as temperaturas tendem a aumentar conforme a profundidade. A Terra apresenta três camadas principais: crosta, manto e núcleo. O núcleo, que tem altas temperaturas, fornece muito calor para o manto; por isso, o material rochoso que o compõe tem consistência sólida comprovada pelas ondas sísmicas.

Esquema de camadas da Terra
- Crosta terrestre
- Manto superior
- Manto inferior
- Núcleo externo
- Núcleo interno

GLOSSÁRIO

Liquefeito: que se reduziu a líquido; derretido.

Dessa maneira, o manto terrestre realiza movimentos no interior da Terra. O magma que está mais próximo à crosta se esfria e desce em direção ao núcleo, onde se aquece novamente e sobe em direção à crosta; esse movimento é contínuo.

Para entender melhor esse mecanismo, lembre-se do processo de circulação do ar estudado anteriormente. O ar quente é mais leve e, por esse motivo, ele sobe; o ar frio é mais pesado e desce – por isso os aquecedores das casas ficam no chão e os aparelhos de ar condicionado são instalados no alto das paredes.

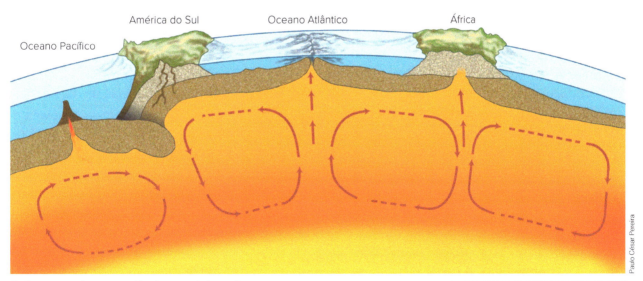

↑ Correntes de convecção do material que forma o manto terrestre.

Os esquemas de representação simplificada desta página foram feitos em cores-fantasia e tamanhos sem escala.

A movimentação contínua do magma (as correntes de convecção) abaixo da crosta terrestre faz com que o manto terrestre trabalhe como uma "esteira rolante", forçando o deslocamento das placas tectônicas posicionadas na litosfera. Os movimentos de convecção ocorrem de forma cíclica. Um ciclo de uma corrente no interior da Terra pode demorar centenas de anos para se realizar.

A dinâmica de movimentação das placas durante bilhões de anos é responsável por inúmeros processos de transformação, como a movimentação dos continentes, a formação das cadeias montanhosas, o vulcanismo etc.

Classificação das placas

São muitas as placas em constante deslocamento e é inevitável que, em algum momento, elas acabem se chocando.

Mas será que se chocam sempre da mesma forma? E como classificá-las?

As interações entre as placas são classificadas conforme o movimento entre elas, que pode causar diferentes modificações na superfície, como descrito a seguir.

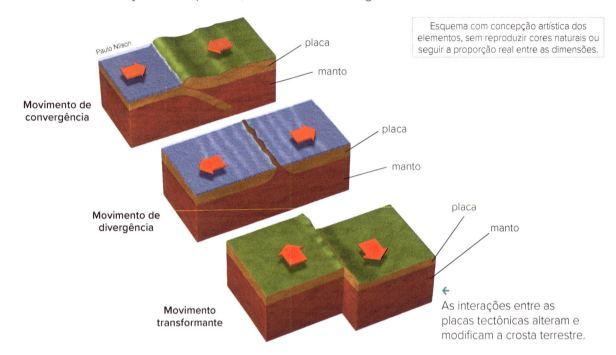

Esquema com concepção artística dos elementos, sem reproduzir cores naturais ou seguir a proporção real entre as dimensões.

As interações entre as placas tectônicas alteram e modificam a crosta terrestre.

1. **Movimento de convergência:** movimento de aproximação entre as placas, ou seja, uma se movimenta em direção a outra, podendo causar colisões. Ao se chocarem, a borda de uma delas afunda, enquanto a outra, que ficou por cima, se enruga, dando origem a cadeias de montanhas.
2. **Movimento de divergência:** movimento de afastamento entre as placas, ou seja, elas se movimentam em direções opostas. Enquanto duas placas se afastam, a camada de rocha sólida se abre, formando uma rachadura na superfície. A fenda é preenchida pelo magma, que, ao se solidificar, forma novas rochas.
3. **Movimento transformante:** movimento de deslizamento lateral entre duas placas. Esse deslizamento pode gerar o enrugamento de suas bordas, originando também cadeias de montanhas.

Classificação dos movimentos convergentes das placas

Convergência de duas placas oceânicas: quando duas placas oceânicas colidem, a placa mais densa mergulha sob a placa menos densa em direção ao manto, onde seu material será fundido.

Convergência de duas placas continentais: nesse caso, por causa da densidade das placas, é muito difícil que uma mergulhe sob a outra. O que ocorre, em muitos casos, é o movimento de obducção, em que uma placa sobrepõe-se a outra, ou a colisão entre as placas.

Convergência de uma placa oceânica e continental: ocorre quando, em uma colisão, a placa oceânica (mais densa) mergulha sob a placa continental. Quando isso acontece, normalmente formam-se fossas abissais ou um arco vulcânico continental.

Os movimentos das placas

Nos **movimentos convergentes**, a placa de maior densidade acaba se movendo para baixo da placa de menor densidade, criando as chamadas zonas de subducção. Esse encontro transforma significativamente o relevo, com formação de cadeias de montanhas, como a Cordilheira dos Andes, região em que a Placa Sul-Americana se sobrepõe à Placa de Nazca.

↑ A interação entre as placas tectônicas de Nazca e Sul-Americana formou a Cordilheira dos Andes. Vista aérea da Cordilheira dos Andes (Chile), 2015.

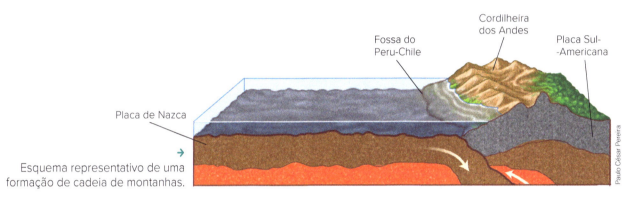

→ Esquema representativo de uma formação de cadeia de montanhas.

Nos **movimentos divergentes**, o afastamento das placas faz surgir espaços chamados de dorsais oceânicas. Esses espaços são preenchidos pelo magma, que se resfria e solidifica criando novas camadas de crosta formadas por minerais que estavam no interior do planeta.

Já nos **movimentos transformantes**, as placas não se chocam ou se afastam, elas deslizam lateralmente entre si. Os atritos do deslizamento causam os terremotos, pequenas montanhas e falhas geológicas, como a Falha de San Andreas, na Califórnia, Estados Unidos, e a de Almannagjá, em Thingvellir, Islândia. Geralmente, esse tipo de movimento não altera drasticamente o relevo na litosfera, como ocorre com os terremotos.

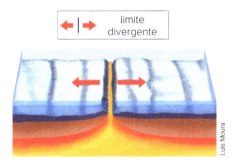

↑ Movimento divergente de placas tectônicas.

POSSO PERGUNTAR?

Por que em alguns lugares, como o Japão, há muitos terremotos e em outros eles nunca ocorrem ou ocorrem raramente?

← Falha geológica de Almannagjá, Thingvellir (Islândia), 2017. O afastamento ocasionado pelos movimentos divergentes das placas tectônicas é observado pela formação de falhas geológicas.

Como se formam as montanhas?

Já parou para pensar em como se formam esses enormes aglomerados de rochas e solos?

As montanhas são formadas ao longo de milhares de anos; algumas podem estar se constituindo neste exato momento. Surgem como consequência de colisões entre as placas tectônicas ou devido a erupções vulcânicas. Essas atividades, que ocorrem na crosta terrestre, contribuem para as transformações no relevo como o conhecemos.

Como já vimos, a crosta terrestre tem várias falhas e é dividida em placas. Quando duas ou mais placas se chocam, ocorrem eventos geológicos como terremotos, vulcões e também a formação de montanhas.

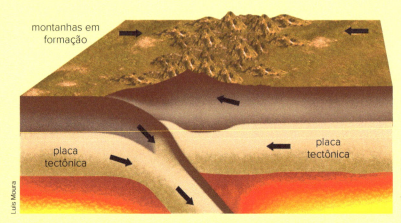

Esquema com concepção artística dos elementos, não reproduz cores naturais nem segue a proporção real entre as dimensões.

Esquema de formação de montanhas.

↑ Montanha vulcânica Kirkjufell (Islândia), 2015.

As montanhas podem levar milhões de anos para se formarem e não têm formato definido. Quando originadas pela colisão entre as placas, surgem em conjunto. Já quando encontradas na superfície de forma unitária, geralmente são de origem vulcânica.

A Cordilheira dos Andes, por exemplo, é o conjunto de montanhas mais próximo do Brasil. Margeia quase a totalidade da costa ocidental da América do Sul, abrangendo sete países: Venezuela, Colômbia, Equador, Peru, Bolívia, Chile e Argentina.

A mais alta cadeia montanhosa do mundo é a famosa Cordilheira do Himalaia, onde está localizado o Monte Everest (montanha mais alta do mundo com 8 848 metros de altura). O crescimento dos montes foi comprovado quando foram encontrados vestígios de fósseis e restos de animais marinhos no topo das montanhas.

Fique atento: apesar de lento, o movimento das placas nunca para; é possível observar o constante crescimento das montanhas do Himalaia, por exemplo, que aumentam de 8 a 10 milímetros por ano, continuamente.

1. Por que no Brasil não há grandes cadeias de montanhas?

2. Você conhece alguma montanha próxima a sua residência? Ou já visitou alguma? Como acha que essa montanha se formou?

3. Forme um grupo com alguns colegas e pesquisem quais foram as placas tectônicas que deram origem à Cordilheira do Himalaia.

Ocorrem terremotos no Brasil?

O Brasil está localizado no centro da Placa Sul-Americana, que atinge até 100 km de espessura. Devido à distância do território brasileiro da borda da placa, sentimos em menor intensidade os tremores de terra resultantes dos movimentos convergentes.

Nas regiões das bordas das placas, os efeitos dos choques entre elas são mais intensos; consequentemente, essas áreas estão mais vulneráveis a eventos geológicos. O encontro entre a Placa de Nazca, no Pacífico, e a Placa Sul-Americana, no Atlântico, afeta mais os países localizados próximos das bordas (Chile, Peru, Equador e Colômbia).

Embora no Brasil os abalos causados pelos choques entre as placas não tenham intensidade suficiente para sentirmos os tremores de terra, não significa que eles não ocorram.

A água (chuva, rios ou lagos) é o agente externo que mais causa desgastes no solo, o que contribui para a ocorrência de alguns fenômenos naturais como as erosões e a sedimentação (deposição) do solo. Além disso, a Placa Sul-Americana, sobre a qual está localizada a América do Sul, tem muitas falhas e fossas, que podem gerar tremores causados pelo deslocamento de grandes massas de terra.

Em 2007, houve um tremor causado por uma falha geológica que foi sentido na cidade de Itacarambi, no norte do estado de Minas Gerais. Apesar da baixa intensidade, ocasionou a primeira vítima desse tipo de evento no país de que se tem registro.

De maneira geral, por estar localizado no centro da placa, no Brasil não há vulcões, *tsunami* e terremotos de alta magnitude, pois são eventos que ocorrem frequentemente nas bordas das placas.

Planisfério indicando limites entre as placas tectônicas

Fontes: Vera Caldini e Leda Ísola. *Atlas geográfico Saraiva*. 4. ed. São Paulo: Saraiva, 2013. p. 169; *Mapamundi con placas tectónicas*. Disponível em: <http://mapamundi.co/mapamundi-con-placas-tectonicas>. Acesso em: 9 abr. 2019.

Teoria da deriva continental

Há notícias de que vários animais e plantas do território brasileiro também foram encontrados na África. Mas como podemos explicar a migração para outro continente? Se o Brasil está separado da África pelo Oceano Atlântico, como você explicaria esse fato? Houve tempos em que os continentes estiveram "ligados"?

O processo conhecido como a **teoria da deriva continental**, propõe que há aproximadamente 400 milhões de anos, toda a crosta continental do planeta estava agrupada em um supercontinente, chamado Pangeia. Ao longo de milhares de anos os continentes se afastaram uns dos outros, até chegarem à configuração atual.

Há 225 milhões de anos, formou-se uma fenda no sentido leste-oeste, dividindo Pangeia em dois grandes continentes: Laurásia, ao norte – contendo as porções de terra hoje conhecidas como América do Norte, Europa, Ásia –, e Gondwana, ao sul – agrupando as terras da América do Sul, África, Índia, Austrália e Antártica. Depois disso, as fragmentações continuaram acontecendo, dividindo os continentes, juntando a Índia com a Ásia e separando a América do Sul da África, ao sul, e a América do Norte da Laurásia, ao norte.

Estudos apontam que, há 100 milhões de anos, a América do Sul desligou-se completamente da África, a Groenlândia começou a se separar da Europa, e a América do Norte se afastou da massa de terra conhecida como **Eurásia**. A Índia teria se chocado com a Ásia há cerca de 60 milhões de anos.

Atualmente, a deriva dos continentes continua. As montanhas rochosas e as cordilheiras, dos Andes e do Himalaia, por exemplo, são resultado desse processo. Essas cadeias de montanhas são dobras na superfície terrestre provocadas pelos choques entre placas oceânicas e continentais durante seu deslocamento.

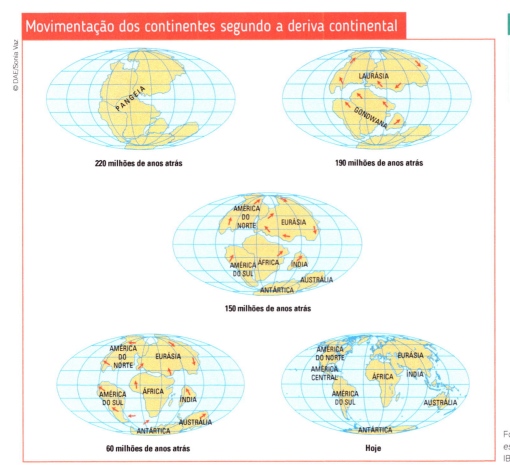

Movimentação dos continentes segundo a deriva continental

Fonte: *Atlas geográfico escolar*, 7. ed. Rio de Janeiro: IBGE, 2016. p. 12.

GLOSSÁRIO

Eurásia: a massa de terra formada pelos continentes Europa e Ásia.

Evidências da teoria da deriva continental

Sabemos que os movimentos das placas tectônicas ocorrem de forma lenta e levam milhões de anos para se tornarem evidentes. Dessa forma, como foi descoberta a "dança dos continentes" se não estávamos aqui há milhões de anos para registrar esses movimentos?

Alfred Wegener, em 1912, propôs a teoria de deriva continental após observar a presença dos mesmos tipos de fósseis, rocha e vegetação em diferentes regiões do planeta e perceber o "encaixe" do contorno da costa da América do Sul no contorno da costa da África.

Outras evidências ajudaram na aceitação da teoria, como a semelhança no relevo da litosfera, com destaque para a Serra do Cabo, na África do Sul, que é uma cadeia de montanhas posicionada no sentido leste-oeste, e a Sierra de la Ventana, na Argentina.

Há exemplos também de rochas, fósseis de animais e vegetações extintas em ambos os continentes, como o mesossauro – réptil que viveu a 300 milhões de anos atrás na região que hoje corresponde à América do Sul e África. Exemplos como esses de fauna e relevo semelhantes em ambos os continentes contribuíram para a aceitação da teoria de que, em algum momento, os continentes estiveram unidos.

↑ Exemplos de animais pré-históricos que habitavam as regiões onde hoje se encontram os continentes africano e sul-americano, a Oceania, a Antártida e a India.

Mas é importante saber que, durante décadas, essa teoria foi rejeitada no meio científico. Somente 15 anos após a morte de Wegener, em 1940, com a confirmação do movimento do assoalho oceânico e, depois, do movimento das placas tectônicas, a teoria foi aceita.

Ao observar um mapa com os continentes próximos, fica mais fácil percebermos as semelhanças dos elementos entre eles.

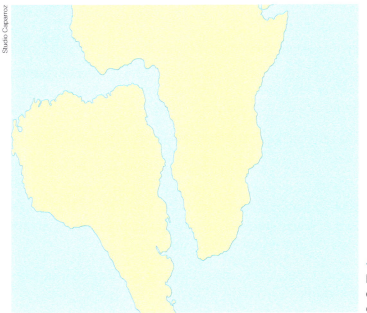

Esquemas com concepção artística dos elementos, sem reproduzir cores naturais ou seguir a proporção real entre as dimensões.

← Esquema que mostra as regiões de encaixe entre os continentes africano e sul-americano.

PENSAMENTO EM AÇÃO — CONSTRUÇÃO DE MODELO

O desenho do globo terrestre sempre foi o mesmo?

Nesta atividade, você vai construir um modelo para representar o globo terrestre, os continentes e os movimentos das placas tectônicas. Não se preocupe em fazer algo semelhante ao do colega; é importante que você trabalhe com suas próprias ideias.

Material:

- bacia ou fôrma retangular grande;
- material que flutue sobre a água para representar as placas tectônicas (papelão, poliestireno expandido, garrafa plástica etc.);
- água;
- corante ou tinta guache laranja.

Procedimentos

1. Construa com o material selecionado as principais placas tectônicas. Você pode imprimir ou desenhar o molde das placas em uma folha de papel e colá-lo sobre o material. Depois, recorte-o para destacar as placas umas das outras.

2. Construa a representação dos continentes da mesma forma que as placas tectônicas, ou seja, imprima ou desenhe em uma folha o formato dos continentes para colar sobre o material a ser utilizado; assim ficará mais fácil de recortar e destacar. Preferencialmente, procure não fixar os continentes nas placas tectônicas, apenas colocar por cima.

3. Dentro da bacia, coloque o material que representará o manto terrestre. Você pode utilizar corante ou um pouco de tinta guache laranja na água para ficar semelhante à cor do magma.

4. Posicione os continentes sobre as placas tectônicas.

5. Coloque as placas tectônicas com os continentes na água da bacia cuidadosamente, para não danificar o material.

6. Observe a representação dos movimentos das placas tectônicas sobre o magma e o possível deslocamento dos continentes sobre elas.

↑ Recortes das placas tectônicas com os continentes sobre uma placa.

↑ Modelo de representação do globo terrestre montado.

Reflita e registre

1. Com base no seu modelo sobre a movimentação das placas e, consequentemente, dos continentes, seria possível o surgimento de novos continentes no futuro ou o desaparecimento de algum que conhecemos atualmente? Proponha, utilizando o seu modelo, algumas possíveis configurações desses novos continentes.

2. Ao final deste tema, compare seu modelo com o dos colegas e identifique o quanto ele se aproxima da teoria científica estudada.

ATIVIDADES

SISTEMATIZAR

1. Sobre qual camada interna da Terra ocorrem os movimentos das placas tectônicas? Explique os diferentes tipos de colisão que podem ocorrer entre as placas.

2. Os movimentos das placas tectônicas e as colisões entre elas podem causar transformações no relevo. Pesquise e descreva algumas dessas transformações.

3. Por que no Brasil há menos incidência de terremotos?

4. Além das colisões entre as placas tectônicas, que outros motivos podem fazer o chão tremer?

REFLETIR

1. Leia a história a seguir.

   "Moro próximo a um viaduto em construção e faz muito barulho o dia inteiro. Estava assistindo televisão no quarto da minha mãe quando a água de dentro do copo começou a vibrar; senti um tremor e o lustre se moveu levemente. Saí correndo ao encontro de minha mãe: 'Terremoto! Terremoto!'. Assustada, minha mãe pegou o telefone e ligou para minha tia que mora no bairro ao lado, na mesma cidade. Logo em seguida, ela desligou o telefone e me tranquilizou dizendo: "Calma, meu filho, isso não foi terremoto não, tenho certeza!"."

   - Como a mãe do menino da história teve certeza de que esse tremor não foi um terremoto, depois de tudo vibrar?

DESAFIO

1. Forme uma dupla ou um grupo com os colegas e observem o mapa ao lado, no qual são mostrados os movimentos tectônicos das placas mais conhecidas.

Fonte: Graça M. L. Ferreira. *Atlas geográfico espaço mundial*. São Paulo: Moderna, 2010. p. 19.

Como podemos classificar os tipos de encontro entre as placas mencionadas abaixo? Descrevam o tipo de relevo que se espera encontrar nessas regiões. Pesquisem quais são os países mais afetados em cada encontro. Justifiquem suas respostas para cada item.
- Placa de Nazca e Placa Sul-Americana
- Placa Sul-Americana e Placa Africana
- Placa do Pacífico e Placa Norte-Americana

CAPÍTULO 2

Terremotos, tsunamis e vulcões

> Neste capítulo, você vai estudar os terremotos, *tsunamis* e vulcões, e as condições para que esses fenômenos naturais ocorram.

EXPLORANDO TAREFAS DOMÉSTICAS

— Lucas!!! Lucas!!! Ajude aqui, menino, parece que finalmente vai parar de chover. Ajude-me a levar as roupas sujas ao tanque, pois a máquina de lavar está quebrada e preciso lavar roupas. — grita o pai.

Lucas logo chegou e avisou o pai sobre o que havia escutado no noticiário:

— Olhe, pai, ouvi no telejornal que vai fazer muito "calor" devido a um vulcão em erupção; e é possível que ocorra um terremoto também. Alertaram que vai chacoalhar tudo bem forte. Então, deixa a roupa aí no tanque que a vibração do terremoto vai batê-la e o "calor" do vulcão vai fazer secar rapidinho!

— Pare de bobeira, menino. Onde já se viu terremoto e vulcão no Brasil?

Enquanto ajudava com a roupa, Lucas disse:

— Olhe, pai, deixe o resto da roupa no tanque para o terremoto e o vulcão terminarem o serviço e vamos descansar!

O pai olhou desconfiando que Lucas apenas não estava a fim de ajudar nas tarefas domésticas e perguntou:

— O que é que você sabe de vulcão e terremoto, menino? Desde quando aqui no Brasil acontecem esses fenômenos? Vamos, me ajude!

Sem muito o que argumentar, Lucas coçou a cabeça como se duvidasse do pai, mas logo começou a ajudá-lo, já que o vulcão e o terremoto não viriam.

Agora é sua vez.

1. O que você acha da afirmação do pai de Lucas sobre nunca acontecer terremotos e vulcões no Brasil? Você conhece ou já presenciou alguns desses fenômenos em sua região?

2. Você acha que realmente esses fenômenos poderiam ajudar a bater e secar as roupas como Lucas esperava?

3. Estudar a estrutura de nosso planeta e conhecer o movimento das placas tectônicas possibilita aos seres humanos evitar terremotos e outros fenômenos naturais? É possível impedi-los? Justifique.

Alguns fenômenos da natureza

Tudo está em movimento em nosso planeta: a atmosfera, as massas de ar, os oceanos, as correntes marítimas e até mesmo os continentes e a superfície terrestre. Como consequência desses movimentos ocorrem vários **fenômenos naturais**: terremotos, vulcões, *tsunamis*, mudanças no relevo etc. Compreender a estrutura do planeta nos ajuda a entender como tais fenômenos surgem e se comportam.

As transformações na Terra não ocorrem apenas onde há vida, que representa uma estreita camada na estrutura do planeta. Constantes transformações ocorrem, inclusive, neste instante, abaixo de nossos pés e acima de nossas cabeças. Já pensou nisso? Pois é, essas transformações modelam o relevo como o conhecemos, influenciam no clima e podem até mesmo servir de inspiração para criarmos novas tecnologias.

↑ Os terremotos ocorrem devido à movimentação das placas tectônicas, que causam grandes prejuízos às cidades. Celebes (Indonésia), 2018.

↑ A erupção vulcânica ocorre do interior da Terra para a superfície, quando há o extravasamento do magma em forma de lava, além de gases e fumaça. Lampung (Indonésia), 2018.

Uma chuva simples e fraca de verão ou uma furiosa tempestade com raios, uma onda leve na beira da praia ou um violento *tsunami*, uma pequena vibração sob nossos pés ou um devastador terremoto, todos esses eventos que ocorrem no planeta são chamados de fenômenos naturais. São todas as manifestações da natureza em que não há intervenção humana.

Eles podem estar relacionados a uma ou mais condições naturais decorrentes do comportamento das camadas estruturais da Terra. Por esse motivo, o avanço nos estudos sobre o planeta nos permite compreender tais eventos, seja para evitarmos grandes catástrofes, seja para utilizarmos essas forças a nosso favor.

Os fenômenos naturais influenciam diretamente nossa vida, pois interferem nas condições meteorológicas e podem ser responsáveis por desastres naturais e até mesmo epidemias.

Neste capítulo, você vai estudar os fenômenos naturais ocasionados pelo movimento das placas tectônicas: terremotos, *tsunamis* e vulcões. Já parou para pensar nas diferenças entre esses fenômenos? Por que eles ocorrem? É possível impedir que ocorram? Encontre essas respostas a seguir.

Os terremotos

Também conhecidos como abalos sísmicos, os **terremotos** são tremores de terra, na maioria das vezes rápidos. Os choques entre as placas tectônicas são a principal causa, mas não a única. O aumento de material magmático no interior dos vulcões eleva a pressão interna e pode fazer a terra ao seu redor vibrar; um desabamento de terra causa o deslocamento de grandes quantidades de materiais e também pode produzir tremores. Entretanto, nesses dois casos, os abalos sísmicos são de baixa intensidade quando comparados aos tremores causados pela interação das placas tectônicas.

Os terremotos inevitavelmente se vinculam a grandes catástrofes, pois quando atingem áreas povoadas podem derrubar e danificar prédios, pontes e comprometer a infraestrutura das cidades. Além dos prejuízos materiais, podem causar mortes.

Atualmente, não conseguimos prever os terremotos antes que ocorram devido à falta de sinais evidentes de uma ruptura. Mas utilizando os sismógrafos conseguimos medir sua magnitude e determinar seu epicentro (origem). A partir dele é que as ondas sísmicas se propagam, viajando por quilômetros e espalhando os tremores de terra por grandes áreas.

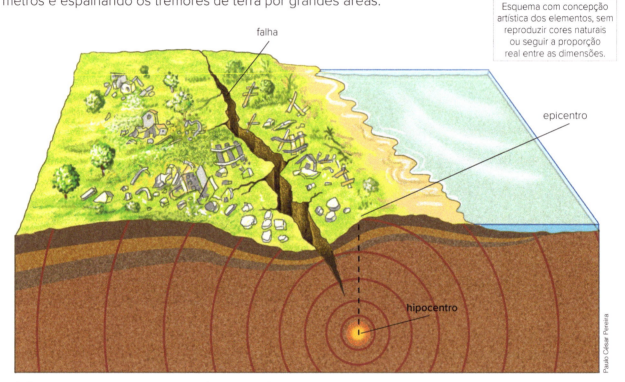

Esquema com concepção artística dos elementos, sem reproduzir cores naturais ou seguir a proporção real entre as dimensões.

↑ Esquema que mostra o epicentro e hipocentro de um terremoto.

Os terremotos podem ser sentidos em qualquer parte do mundo, mas são mais frequentes próximo às bordas das placas tectônicas. No Japão, em 2017, foram registrados mais de 2 000 terremotos com magnitudes que variaram de 0 a 7 na **escala Richter**. Mas será que os terremotos têm alguma função que beneficia os seres humanos?

GLOSSÁRIO

Escala Ritcher: usada para medir a magnitude de terremotos.

Os terremotos são um importante meio de dissipação da energia acumulada nas placas tectônicas – o grande problema acontece quando essa energia é liberada de uma só vez, gerando terremotos de alta intensidade. A ação continuada dos ventos e dos mares e o desgaste da superfície da Terra a tornaria lisa, homogeneizando o relevo e diminuindo a diversidade de regiões e climas. O movimento das placas tectônicas gera novos dobramentos na superfície, fazendo aparecer cadeias de montanhas.

Os *tsunamis*

Os ***tsunamis*** ou maremotos são fenômenos oceânicos reconhecidos por sua característica principal: ondas gigantes. Essas ondas são geradas, na maioria das vezes, por terremotos que ocorrem abaixo do leito marinho.

Quando ocorre um abalo sísmico de alta magnitude, há o deslocamento de grande volume de água (quanto maior a magnitude, maior será a massa de água deslocada). As ondas podem invadir o litoral, arrastando e destruindo tudo por onde passam.

Mas como saber quando se trata de uma onda normal ou de um *tsunami*? Um *tsunami* pode durar horas ou dias, e as ondas geradas por ele podem atingir velocidades próximas de 800 km/h. Numa onda normal, a duração é de alguns segundos, no máximo minutos, e a velocidade atingida é de menos de 10 km/h. A distância entre os dois picos de uma onda normal pode chegar a 150 m; num *tsunami* chega a 500 km. Em relação à altura, conforme avança em direção às regiões litorâneas mais rasas, o *tsunami* vai ficando maior e pode atingir mais de 10 m.

Foram registradas várias ocorrências de *tsunami* ao redor do mundo. A região no globo onde há o maior número de ocorrências são os oceanos Pacífico e Índico (cerca de 80%), devido às altas atividades sísmicas. Podemos encontrar muitas notícias sobre essas ondas gigantes atingindo a costa do Japão, Indonésia, Nova Zelândia e algumas regiões da Ásia. Em 1960, um terremoto de 9.5 graus na escala Richter, cujo epicentro foi próximo do Chile, gerou um forte *tsunami* que percorreu todo o Pacífico até atingir e devastar a costa do Japão.

Mas não são apenas os terremotos que geram *tsunami*. Eventos de menor magnitude, como deslizamentos de terra e erupções vulcânicas, também são capazes de criar perturbações em uma grande massa de água, produzindo ondas que podem se deslocar a grandes distâncias.

Tsunami invade a cidade de Miyako (Japão), 2011.

Vista da cidade de Miyako, quase um ano após o *tsunami* devastar a área. Miyako (Japão), 2012.

Como funcionam os detectores de *tsunamis*?

Sistemas de monitoramento de *tsunami* foram desenvolvidos principalmente nos países costeiros do Pacífico e da Ásia. Consistem em inúmeros sensores (indicado com o número 1 na figura abaixo) espalhados no fundo do mar (em profundidades que podem chegar a 6 000 m). Eles medem a variação de pressão das grandes ondas e transmitem todas as informações medidas em tempo real, por meio de ondas sonoras (número 2). Cada receptor (número 3), instalado em boias na superfície, transmite os dados para satélites, que mantêm as centrais de monitoramento sempre atualizadas. São monitorados dados como massa de água deslocada, pressão, velocidade de deslocamento e comprimento da onda. Esse monitoramento é importante para prevermos qual será a trajetória e o tempo que os *tsunamis* levarão para chegar a áreas povoadas.

Quando um *tsunami* que pode nos trazer perigo é detectado, são enviados alertas para evacuação das áreas com potencial de serem atingidas. Assim, a população pode se deslocar para zonas de segurança antecipadamente.

No Brasil, não temos centros de monitoramento de *tsunami* devido à baixa frequência de terremotos no Atlântico. Como os eventos sísmicos que ocorrem entre as placas Sul-Americana e da África estão muito afastados de nosso litoral, o risco de essas ondas gigantes chegarem até aqui é muito baixo, sobretudo porque o movimento entre a Placa Sul-Americana e a Placa Africana é divergente; por isso, os terremotos nessa zona são de baixa magnitude.

Esquemas com concepção artística dos elementos, sem reproduzir cores naturais ou seguir a proporção real entre as dimensões.

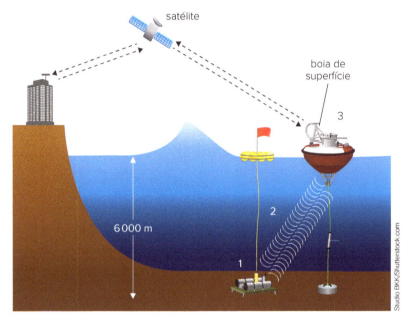

→ Esquema do funcionamento de um sistema de detecção de *tsunamis*.

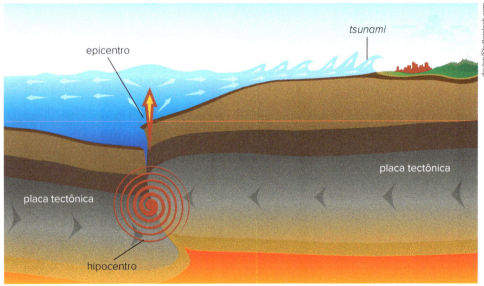

← Esquema de *tsunami* causado por terremoto.

DIÁLOGO

Alertas de *tsunami* disparam em todo o Pacífico após terremoto

Os sistemas de alerta contra maremotos de vários países foram reforçados depois do grande *tsunami* que sacudiu o Oceano Índico em dezembro de 2004, matando 200 mil pessoas em países como Sri Lanka, Índia e Indonésia. Esses sistemas se baseiam no fato de que as ondas gigantes do *tsunami* viajam a uma velocidade entre 500 e 1 000 quilômetros por hora. Isso significa que elas podem demorar algumas horas para atingir uma cidade distante.

[...]

O problema dos alertas emitidos pelos sismógrafos é que um terremoto raras vezes é sinônimo de *tsunami*. Se as sirenes fossem disparadas cada vez que um abalo sísmico é detectado, a população rapidamente deixaria de reagir a elas. A sucessão de alarmes falsos acabaria abalando a confiança no sistema. Para evitar isso, um sistema bastante mais complexo é empregado.

[...]

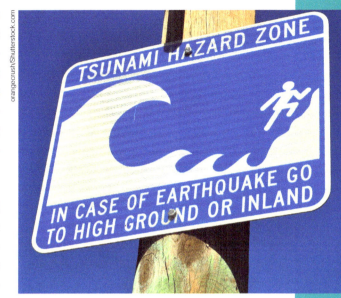

↑ Placa de alerta para área com risco de *tsunami*. A placa diz: "Área de risco de *tsunami*; em caso de terremoto, vá para um terreno alto ou para o interior".

Ele inclui estações de monitoração em regiões costeiras e também detectores oceânicos montados em boias. Os Estados Unidos possuem 39 dessas boias [...]. Outras são operadas por países como Austrália, Chile, Indonésia e Tailândia.

Cada boia funciona ligada, por um cabo, a um sensor instalado no fundo do mar. O sensor detecta variações na pressão da água, que são transmitidas à superfície. De lá, os dados seguem, via satélite, para centros de monitoração em cada um dos países. Em condições normais, as boias transmitem dados a cada 15 minutos. Quando um grande abalo é detectado, como acontece agora, elas passam a operar em modo de emergência, transmitindo dados a cada minuto, até que a situação se normalize. [...]

Os dados captados pelas estações de monitoração são processados por computadores para que uma previsão de *tsunami* seja gerada. [...]

Aviso no celular

Para quem vai viajar para uma cidade litorânea do Oceano Índico ou do Pacífico, a empresa alemã A3M oferece um serviço de alerta sobre *tsunami* por SMS. Quando há risco significativo de maremoto, três torpedos com avisos são enviados em sequência ao assinante.

Maurício Grego. Alertas de *tsunami* disparam em todo o Pacífico após terremoto. *Exame Abril Comunicações S.A.*, 11 mar. 2011. Disponível em: <https://exame.abril.com.br/tecnologia/alertas-de-tsunami-disparam-no-pacifico-apos-terremoto/>. Acesso em: 9 abr. 2019.

1. Discuta a questão a seguir com os colegas e o professor.

   O jornal inglês *The Sun* publicou a história de uma garota inglesa que estava de férias com sua família em uma ilha na Tailândia e conseguiu salvar a vida de muitos turistas, pois sabia prever um *tsunami*. Pesquise e discuta quais são as características que possibilitam perceber a chegada de um *tsunami*, para alertar as outras pessoas.

Vulcões

Os **vulcões** são mais uma das consequências da interação das placas tectônicas. O constante movimento do material magmático que existe abaixo da crosta terrestre, em alguns momentos, pode gerar enorme pressão contra a superfície; para aliviá-la, uma porção de magma, gases e partículas (como cinzas e rochas) é liberada para a superfície, durante a erupção.

O magma chega à superfície atravessando fissuras na crosta que dão origem às estruturas geológicas conhecidas como vulcões. Assim que atinge a superfície, o magma é chamado de lava. A lava começa a se resfriar e, quando se solidifica, forma as rochas vulcânicas.

As atividades vulcânicas podem causar danos tanto aos seres humanos como a animais e plantas. Embora hoje existam meios de previsão de erupções relativamente eficazes, é inevitável que erupções próximas a áreas povoadas destruam construções e ponham em risco a vida das pessoas.

Os gases e outras substâncias expelidos nas erupções vulcânicas causam impactos ao meio ambiente. As cinzas podem subir quilômetros de altura e, com a ajuda dos ventos, podem ser levadas a milhares de quilômetros de onde as erupções ocorreram. Em 2011, a erupção do vulcão chileno Puyehue lançou cinzas na atmosfera que impediram aviões de circular pelo sul da América do Sul, devido à redução da visibilidade.

A principal substância presente nas cinzas é o dióxido de enxofre, que contribui para o aquecimento global e provoca chuvas ácidas, além de afetar diretamente nossa saúde causando problemas respiratórios e cardiovasculares.

Contudo, também há aspectos positivos nas erupções. A lava liberada contém uma diversidade de minerais, o que contribui para o desenvolvimento de um solo fértil para atividades agrícolas. A erupção vulcânica também forma as jazidas de minerais como cobre, zinco, chumbo, magnésio etc.

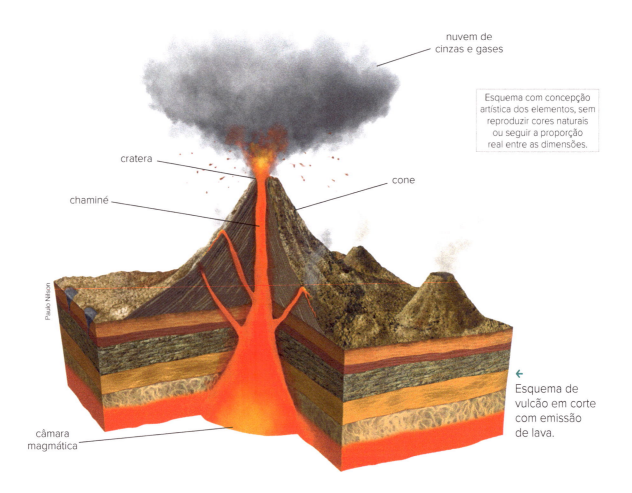

Esquema com concepção artística dos elementos, sem reproduzir cores naturais ou seguir a proporção real entre as dimensões.

Esquema de vulcão em corte com emissão de lava.

Conhecendo um vulcão

O manto terrestre em temperatura e pressão estável, se encontra em estado sólido. Quando ocorre o deslocamento de placas tectônicas e há formação de fissuras na crosta terrestre, a diminuição de pressão faz com que esse material passe para o estado líquido, formando o magma. O magma sobe pela fissura e fica acumulado em reservatórios, chamados de câmara de magma. Conforme se acumula nessas câmaras, a pressão aumenta e, quando se torna suficiente para vencer a resistência das rochas do teto da câmara, o magma é liberado para a chaminé.

Atividade vulcânica

erupção efusiva

erupção explosiva

erupção mista

Representação simplificada em cores-fantasia e tamanhos sem escala.

Na chaminé, o magma atravessa diretamente da câmara magmática para a superfície. Dependendo da pressão interna nos vulcões, podem surgir pequenas chaminés para facilitar a saída do material. No topo da chaminé, temos a cratera ou a "boca do vulcão", orifício por onde o magma é jorrado para a superfície. Existem crateras de diversos tamanhos; algumas chegam a medir mais de 30 km de diâmetro. Na erupção são liberados diferentes materiais como: cinzas, lava, partículas quentes de alguns minerais e pedaços de rochas.

Os vulcões são classificados de acordo com a intensidade de suas atividades, a forma com que suas erupções ocorrem, a quantidade de material expelido e o formato da nuvem de gases. Esses dados nos permitem classificar as erupções em: explosivas, efusivas ou mistas.

Nas **erupções efusivas**, ocorre a emissão de um magma mais líquido, em grande quantidade e que se espalha apenas por derrames de lava; a fumaça de gases é menor e não há lançamento de materiais a longas distâncias. Já nas **erupções explosivas**, o magma é mais viscoso e escorre com dificuldade, ocorrem grandes explosões devido ao acúmulo de gases e à alta pressão, por isso é uma erupção geralmente violenta. Há ainda as **erupções mistas**, de nível intermediário, nas quais as fases explosivas se alternam com fases efusivas.

Mais de 500 vulcões foram registrados em todo o planeta, tanto em áreas continentais como oceânicas. Nas bordas das placas tectônicas há grande concentração de atividade vulcânica, especialmente no Oceano Pacífico, em uma região geográfica denominada Círculo de Fogo. A interação entre as placas tectônicas nessa região gera a intensa atividade vulcânica e terremotos.

PENSAMENTO EM AÇÃO | CONSTRUÇÃO DE MODELO

Construindo nosso próprio vulcão

Nesta prática, vamos analisar o processo de erupção e classificar os tipos de atividade vulcânica. Utilizaremos uma reação química causada pela mistura de materiais para simular uma erupção.

Material:

- fôrma retangular de assar bolo ou acessório similar;
- garrafa PET de 600 mL;
- água oxigenada;
- água natural;
- fermento químico;
- suco em pó sem açúcar (escolha uma cor de destaque, como vermelho, roxo, laranja);
- detergente;
- tiras de papel feitas com folhas de jornal ou revista;
- tinta guache;
- funil;
- 1 copo.

Procedimentos

Parte I – Construção do molde do vulcão

1. Coloque a garrafa PET no centro da fôrma.
2. Use tiras de papel amassadas para modelar seu vulcão (a boca da garrafa não pode ser obstruída).
3. Utilize guache para colorir seu molde e deixe-o secar.

↑ Etapas da construção de um modelo de vulcão.

Parte II – Confecção do magma a ser expelido

4. Coloque um funil na boca do vulcão e adicione 150 mL de água natural misturada com suco em pó de sua escolha.
5. Adicione 200 mL de água oxigenada no vulcão. Peça ajuda de um adulto para manipular essa substância.
6. Em seguida, adicione 100 mL de detergente.
7. Use o copo para misturar 2 colheres de sopa de fermento químico com 4 colheres de água natural. Dissolva bem e despeje o conteúdo dentro do vulcão.
8. Remova o funil rapidamente e se afaste. Observe o vulcão e anote como ocorreu a liberação da lava.

ATENÇÃO!

Não ingira ou inale os materiais utilizados nem os resultantes da atividade.

Simulação do processo de liberação da lava do modelo de vulcão.

Reflita e registre

1. Em um relatório, descreva o método de construção do modelo. Compare seu modelo com o esquema representado na imagem ao lado e também com os dos colegas. Anote as semelhanças e as diferenças entre eles.

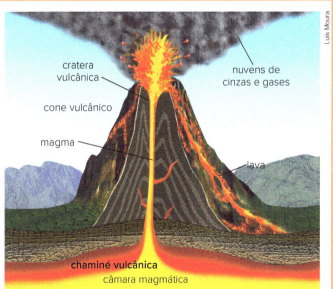

Esquema de seção transversal do vulcão.

2. Classifique o tipo de erupção do seu modelo e indique quais os pontos que não puderam ser simulados corretamente quando comparados aos tipos reais de vulcão.

3. Indique no caderno o que representa, no seu modelo de vulcão, a cratera vulcânica, a lava, o cone vulcânico e a câmara magmática.

 **AQUI TEM MAIS**

Falha geológica pode ter causado tremor em Poços de Caldas, segundo UnB

Geofísico [...] da Universidade de Brasília (UnB) explica ocorrência de tremor [...] sentido na cidade nesta terça-feira (17)

O Observatório Sismológico da Universidade de Brasília (UNB) confirmou [...] a ocorrência de um tremor de terra de magnitude 2.2, sentido por moradores de Poços de Caldas (MG) [...]. A região, segundo o observatório, tem atividade sísmica relativamente frequente.

[...]

A UnB monitora os abalos sísmicos e, segundo estudos [...]. O mais intenso foi em janeiro de 2017, quando o fenômeno de 3.2 de magnitude foi sentido na cidade.

"Este tipo de magnitude não é uma preocupação grande. As pessoas vão sentir, mas em regiões no máximo 150 km da região de atividade. [...], comenta o geofísico.

[...]

"A terra de uma forma geral é muito difícil entender. As regiões no extremo dos continentes sentem mais abalos, é onde tem terremoto. Em uma região central também tem pressão na terra, como no Brasil, que é no meio de placas. E só vai movimentar onde tem rachaduras, ou falhas, como deve ser o caso de Poços de Caldas".

[...]

Fernanda Rodrigues. Falha geológica pode ter causado tremor em Poços de Caldas, segundo UnB. *G1*, 18 jul. 2018. Disponível em: <https://g1.globo.com/mg/sul-de-minas/noticia/2018/07/18/falha-geologica-pode-ter-causado-tremor-em-pocos-de-caldas-segundo-unb.ghtml>. Acesso em: 9 abr. 2019.

Fenômenos naturais em nosso território

Outros fenômenos naturais acontecem em regiões brasileiras e estão relacionados a falhas geológicas e à própria estrutura do continente. Observe a seguir dois exemplos de fenômenos geológicos que ocorrem no Brasil.

↑ Vista de falha geológica em região do Cânion de Itaimbezinho (RS), 2018.

← Deslizamento de massa de terra em pista da rodovia PR-444, Arapongas (PR), 2016.

1. O Brasil é composto de cinco regiões. Pesquise os fenômenos naturais típicos de cada uma delas e os registros geológicos encontrados.

ATIVIDADES

SISTEMATIZAR

1. Cite alguns fenômenos naturais que ocorrem na litosfera.

2. Pesquise três fenômenos naturais que já ocorreram em sua cidade. Escreva as causas desses fenômenos, o que ocasionam e as medidas que ajudariam a evitá-los ou a diminuir suas consequências para as populações atingidas.

3. Quais modificações ocorrem na superfície terrestre em decorrência dos contínuos movimentos das placas litosféricas?

4. Como se forma um vulcão?

REFLETIR

1. Vemos no mapa os locais em que foram registrados tremores de terra; como apresentado no capítulo, não temos registros de epicentros em nosso território. Ondas sísmicas podem viajar a longas distâncias, permitindo que sejam sentidos tremores em São Paulo de um terremoto de escala 6.8 com epicentro na Bolívia, por exemplo, como ocorreu em 2018. Se as ondas podem se propagar por quase toda a placa, por que não sentimos os tremores em todo o território nacional, em vez de apenas em alguns pontos? Por que registramos mais facilmente as vibrações em algumas regiões do que em outras? Pesquise e responda.

Atlas geográfico escolar. 7. ed. Rio de Janeiro: IBGE, 2016. p. 90. Reprodução. Marcelo Assumpção. IAG. Disponível em: <http://revistapesquisa.fapesp.br/2013/05/14/por-que-a-terra-treme-no-brasil/>. Acesso em: 9 abr. 2019.

DESAFIO

1. O filme *A onda* mostra o que poderia acontecer ao vilarejo de Geiranger (Noruega), um patrimônio mundial da Unesco, se ocorresse o deslizamento de parte de uma montanha. Pesquise outros filmes que abordem esse fenômeno e outros vistos no capítulo e, para cada um deles:

   - elabore uma ficha de apresentação da obra contendo dados como: direção, atores principais, tema abordado, conflitos, ambiente/local, tempo/ano da história, cena de maior impacto e desfecho;
   - escreva um texto sobre o fenômeno natural retratado e os impactos que ele causou na vida dos personagens;
   - liste os conceitos, termos e objetos ligados à ciência e à tecnologia que apareceram na obra;
   - avalie se esses fenômenos naturais poderiam ter sido evitados ou minimizados.

Deriva Continental

Em 1910, o geofísico Alfred Wegener sugeriu que os continentes se moviam. Essa ideia parecia uma fantasia: não havia como explicá-la. Apenas meio século depois, a teoria das placas tectônicas poderia explicar esse fenômeno. A atividade ígnea no fundo dos mares, as correntes de convecção e a fusão das rochas no manto seriam o motor da deriva continental que ainda hoje molda a superfície do planeta.

...180 MILHÕES DE ANOS
A placa norte-americana separou-se, assim como a Antártica. O supercontinente Gondwana (América do Sul e África) começa a separar-se formando o Oceano Atlântico Sul. A Índia se afasta da África.

Placas tectônicas
A primeira ideia de deriva continental postulava que os continentes flutuavam no oceano. Mas isso não ocorre. As sete placas tectônicas, que contêm porções oceânicas e continentais, movem-se sobre o manto derretido. Dependendo da direção em que se movem, os limites entre os continentes podem ser convergentes ou divergentes. Podem, ainda, ser transformantes, caso deslizem horizontalmente.

250 MILHÕES DE ANOS ATRÁS
As rochas que dariam origem aos atuais continentes formavam um único bloco (Pangeia) cercado pelo oceano.

Correntes de convecção da Terra
As correntes de convecção na rocha líquida impulsionam a crosta. Nas bordas divergentes surge um magma que gera nova crosta.

LIMITE CONVERGENTE
Na colisão de duas placas, uma entra sob a outra e forma uma zona de subducção, gerando dobras e vulcanismo.

Fossa de Tonga

Placa de Nazca

Dorsal do Pacífico Oriental

Fossa do Peru e Chile

Placa Indo-australiana

CORRENTES DE CONVECÇÃO
A rocha fundida mais quente desloca-se para cima, ao fazê-lo, esfria e desce novamente. Isso gera correntes constantes no manto.

DESLOCAMENTO
Devido à ação do magma, a placa desliza em direção a uma zona de subducção, na sua outra extremidade.

...100 MILHÕES DE ANOS

O Oceano Atlântico já está bem desenvolvido. A Índia dirige-se para a Ásia. A Austrália separa-se da Antártica.

...60 MILHÕES DE ANOS

Com uma disposição dos continentes semelhante à atual, o Mediterrâneo se abre. A Índia começa a colidir com a Ásia, e isso dá origem às dobras que formam hoje as mais altas cadeias montanhosas da Terra: a Cordilheira do Himalaia.

250 MILHÕES DE ANOS

Esse é o tempo que levará para a deriva continental fazer com que os continentes formem uma única massa novamente.

Placa Sul-Americana

Dorsal Centro-Atlântica

LIMITE DIVERGENTE
Quando duas placas se separam forma-se uma fenda. O magma preenche a fenda e se solidifica, renovando o fundo do mar. Foi assim que se formou o fundo do Atlântico.

Placa Africana

Fossa tectônica e Fenda Africana

Subplaca da Somália

Zona de subducção

Crosta Continental

DOBRAMENTOS
Nas bordas das placas divergentes, o magma sobe, formando uma nova crosta oceânica. A convergência gera dobramentos que formam as cadeias montanhosas.

1. Como as placas tectônicas estão relacionadas com a teoria da deriva continental?

2. Forme grupo com alguns colegas e pesquisem a velocidade, o sentido e a direção do movimento das placas tectônicas. Depois criem hipóteses sobre como poderá ser a disposição de alguns dos continentes daqui a milhões de anos.

 **PANORAMA**

FAÇA AS ATIVIDADES A SEGUIR E REVEJA O QUE VOCÊ APRENDEU.

 NO CADERNO

Neste tema, você estudou as placas tectônicas e os fenômenos geológicos.

Conhecemos as placas tectônicas, sua composição e os tipos de movimento, além dos eventos geológicos gerados pelo encontro dessas placas e como nosso relevo é afetado por eles.

Aprendemos que os encontros entre as placas podem ser classificados em movimentos convergentes, divergentes e transformantes. Cada movimento produz características marcantes na crosta terrestre, como cadeias de montanhas, dorsais, vulcões etc.

Estudamos também alguns fenômenos naturais, como terremotos, vulcões, *tsunamis* e outros fenômenos climáticos, que ocorrem tanto nas camadas internas como externas da Terra.

1. Como as camadas internas da Terra estão relacionadas ao surgimento das placas tectônicas? Justifique as teorias criadas sobre elas.

2. Muitas populações vivem nas proximidades de vulcões. Mesmo apresentando um grande risco, os vulcões também oferecem benefícios quanto à utilização do solo. Pesquise e descreva quais são os benefícios obtidos pelas populações por morarem em regiões de atividades vulcânicas.

3. Em 2010, um grande terremoto atingiu o Chile (8.8 graus na escala Richter). Um jornal local divulgou as seguintes informações: "O terremoto ocorreu devido ao movimento convergente entre placas tectônicas que circundam o país. O terremoto foi registrado com alta magnitude devido ao epicentro estar afastado do país, e foi decorrente do encontro das placas Nazca e Sul-Americana". Mas há afirmações equivocadas nessa reportagem. Com base no texto do jornal, quais afirmações podemos classificar em corretas e incorretas? Como podemos corrigir as informações incorretas?

4. Analise o gráfico abaixo e descreva o que ele indica. Depois, levante hipóteses para explicar a situação representada.

Fonte: Serviço Geológico dos Estados Unidos (USGS).

5. Quais são os tipos de movimento que as placas tectônicas podem executar e seus efeitos?

6. Analise as imagens abaixo e descreva quais os tipos de encontro de placas tectônicas que podem causar essas transformações no relevo.

7. Pesquise um mapa geográfico que mostre a distribuição e o movimento das placas tectônicas. Analise e responda às questões:
   a) Por que no Brasil não existem vulcões ou terremotos de grande magnitude?
   b) Descreva as áreas onde ocorrem frequentemente erupções vulcânicas e terremotos. Como você acha que é o relevo dessas áreas?
   c) Qual é o tipo de movimento entre as placas de Nazca e Sul-Americana? E qual é o movimento entre as placas Norte-Americana e Euroasiática?

8. Pesquise a pororoca e outros eventos naturais de mesma origem e depois verifique se há semelhanças entre esses fenômenos e a ocorrência de *tsunamis*. Justifique.

DICAS

ACESSE

Simuladores de desastres naturais: (Secretaria da Educação do Paraná) Disponível em: <www.geografia.seed.pr.gov.br/modules/conteudo/conteudo.php?conteudo=292>. Simuladores e animações que mostram um pouco das características de alguns desastres naturais. Acesso em: 9 abr. 2019.

ASSISTA

O dia depois de amanhã, EUA, 2008. Direção: Roland Emmerich, 120 min. O derretimento das calotas polares, causado pelo aquecimento global, provoca um desequilíbrio climático da Terra ocasionando uma nova era glacial. Pesquisadores e governantes se unem para discutir as opções disponíveis.

Tempestades negras, EUA, 2008. History Channel. O documentário apresenta as maiores tempestades registradas, analisa e mostra seus impactos no clima terrestre.

Terremoto – A falha de San Andreas, EUA, 2015. Direção: Brad Peyton, 112 min. Depois que um terremoto de grande intensidade destruiu a Califórnia, um piloto de helicóptero procura resgatar sua família. O filme mostra os impactos destrutivos que um abalo sísmico pode causar e como se comportar em tais eventos naturais.

Twister, EUA, 1996. Direção: Jan de Bont, 112 min. O filme relata como pesquisadores e caçadores de grandes tempestades investem na criação de dispositivos que possibilitem o estudo e mapeamento de furacões e tornados. Ressalta a importância do conhecimento sobre fenômenos naturais para preservar vidas.

Viagem ao centro da Terra, EUA, 2008. Direção: Eric Brevig, 93 min. O documentário explora e analisa as diversas camadas do interior terrestre e suas características.

LEIA

Abrindo a Terra, de Carlos Fioravanti (*Pesquisa Fapesp*). Disponível em: <http://revistapesquisa.fapesp.br/2012/08/10/abrindo-a-terra>. Acesso em: 9 abr. 2019.

Impactos da ação humana no meio ambiente, de Lívia Machado (Estado de Minas). Disponível em: <www.em.com.br/app/noticia/especiais/educacao/enem/2016/06/07/noticia-especial-enem,770256/impactos-da-acao-humana-no-meio-ambiente.shtml>. Acesso em: 9 abr. 2019.

O fabricante de terremotos, de Wilson Rocha (Ática).

Teodora e o mistério do vulcão, de Luísa Fortes da Cunha (Presença).

VISITE

Inmet (Instituto Nacional de Meteorologia): Eixo Monumental Sul Via S1 – Sudoeste – Brasília (DF). Para mais informações e agendamento de visitas monitoradas (máximo de 40 pessoas): <www.inmet.gov.br/portal/index.php?r=home/page&page=agenda>. Acesso em: 9 abr. 2019.

↑ Coleção de borboletas que vivem na Grã-Bretanha.

TEMA 3
Diversidade de seres vivos

NESTE TEMA
VOCÊ VAI ESTUDAR:

- a classificação animal e vegetal e sua importância para o conhecimento dos seres vivos;
- características gerais dos cinco reinos e dos seres vivos que os compõem.

1. Você reconhece os seres vivos da fotografia?
2. O que esses animais têm em comum para terem o mesmo nome? Eles são completamente iguais entre si?
3. Que outros animais você conhece que têm características semelhantes a estes? Explique as semelhanças e as diferenças.
4. Você acha importante classificarmos os seres vivos? Por quê?

75

CAPÍTULO

1 Classificação dos seres vivos

Neste capítulo, você vai estudar o que é a classificação biológica e como ela foi modificada ao longo da história.

EXPLORANDO OS CRITÉRIOS DE CLASSIFICAÇÃO

Manoela e Miguel são irmãos e compartilham o mesmo quarto e os mesmos móveis. O garoto anda se atrapalhando com a disposição dos objetos nos dois armários do quarto, que são iguais. Diz que está perdendo tempo demais para encontrar suas coisas.

Cada armário tem uma parte fechada e uma parte aberta, na qual há seis prateleiras. Manoela propôs a Miguel que cada um deles fique com um armário para guardar suas coisas. Miguel retrucou que isso não daria certo, porque ambos têm muitas coisas comuns – por exemplo, livros, enciclopédias, *video game*, bola de futebol, raquetes de pingue-pongue, material escolar, maletas e mochilas, entre muitas outras.

Ele faz então outra proposta: cada um deles ficaria com uma parte fechada para guardar os objetos pessoais. As prateleiras abertas seriam de uso comum. Eles classificariam os objetos comuns e colocariam cada tipo em uma prateleira. Começaram então a definir critérios para saber onde colocar cada tipo de objeto.

Agora é sua vez.

1. Como você organiza seus objetos em casa?

2. Você acha que conseguiria organizar tudo sem antes fazer uma classificação?

3. Os seres vivos são organizados para facilitar seu estudo. Você conhece alguma forma de classificá-los? Descreva. Se não, considerando os organismos que conhece, pense em como faria essa classificação.

Diversidade de seres vivos

É grande a diversidade dos seres vivos que existem em nosso planeta, sem falar na quantidade de espécies já extintas. Dos mais simples microrganismos aos mais complexos animais e plantas, somam-se cerca de 2 milhões de espécies catalogadas por cientistas, que continuam trabalhando na identificação e na atualização do catálogo de novas espécies, pois acreditam existirem outros tantos milhões ainda desconhecidos.

Com tanta diversidade, torna-se necessária a classificação dos seres vivos para a organização de nosso conhecimento sobre tudo o que existe na natureza.

Classificação dos seres vivos

Em todas as áreas da ciência, os especialistas, de acordo com diferentes critérios, estabelecem sistemas de classificação e de **nomenclatura** para os objetos de seu estudo. Assim, os cientistas nomeiam e classificam os seres vivos.

O trabalho de classificação de seres vivos mais antigo de que temos conhecimento foi realizado na Grécia Antiga. Aristóteles (384 a.C.-322 a.C.) chegou a descrever mais de 400 animais diferentes, classificando-os em dois grupos: os **sanguíneos**, ou animais "com sangue" (vertebrados), e os **exangues**, ou animais "sem sangue" (invertebrados).

No século XVIII foi consolidada uma **sistemática** de classificação e nomenclatura, proposta por Carl von Linné (também conhecido como Lineu). Em sua obra *Sistema Naturae*, de 1735, ele classificou os seres vivos em dois reinos: **animal** e **vegetal**.

> **GLOSSÁRIO**
>
> **Nomenclatura:** conjunto de termos próprios de um campo do conhecimento.
> **Sistemática:** estudo dos sistemas de classificação dos organismos, de sua diversidade e das relações de parentesco entre eles.

O critério básico para Lineu era a anatomia dos seres vivos e não seus ambientes ou comportamentos. Nos animais, o cientista considerou principalmente a coluna vertebral, classificando-os em dois grandes grupos:

- **vertebrados**, que são dotados de coluna vertebral;
- **invertebrados**, que não têm coluna vertebral.

Nas plantas, ele considerou como mais relevante a presença ou não de flor, o órgão reprodutor, classificando-as em: plantas **com flores** e **sem flores**.

Com base na proposta de Lineu, os cientistas passaram a trabalhar com critérios comuns, necessários para agrupar os seres vivos aproximadamente da mesma maneira. Com muitas modificações, parte da proposta de Lineu ainda é utilizada, como a classificação por níveis, indo de grupos maiores até grupos menores, e a nomenclatura padronizada para as espécies.

No entanto, a separação dos seres vivos em dois grupos – animais e vegetais – proposta por Lineu foi superada. Em 1969, o cientista Robert Whittaker (1920-1980) modificou o sistema de classificação dos seres vivos organizando-os em cinco reinos, com base em critérios como as características celulares de seus organismos. Nessa classificação, os seres procariontes foram separados em um reino chamado Monera e os seres eucariontes foram divididos em outros quatro reinos. Todos serão estudados nos próximos capítulos.

Atualmente, os sistemas de classificação dos seres vivos consideram fundamentais, para a formação de grupos, as relações de parentesco evolutivo entre as espécies, ou seja, o quanto elas são próximas dentro do processo de evolução, e a estrutura de seus corpos.

↑ Carl von Linné (1707-1778), cientista sueco que propôs o primeiro sistema de classificação amplamente aceito pela comunidade científica.

Ordenando os seres vivos

O sistema atual de classificação dos seres vivos desenvolvido por Lineu pressupõe os seguintes conjuntos básicos de organismos: reino, filo, classe, ordem, família, gênero e espécie. Partindo do conjunto do reino em direção ao das espécies, os organismos são mais semelhantes entre si.

Observe, no modelo ao lado, a classificação do gato doméstico, animal da espécie *Felis catus*, segundo o sistema de Lineu.

O sistema lineano, com base na anatomia comparada, mostrou-se relativamente eficiente para organizar os seres vivos. Após o surgimento da teoria da evolução, estudos minuciosos mostravam que, quanto mais dois organismos se assemelhassem, mais "aparentados" eles seriam.

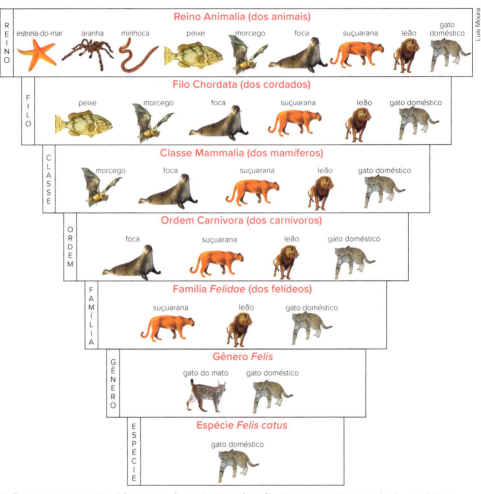

O esquema está representado com cores-fantasia e as dimensões dos organismos não seguem a proporção real.

↑ Esquema que indica diferentes níveis de classificação do sistema desenvolvido por Lineu.

Com base nessa constatação, o alemão Willy Hennig (1913-1976) propôs um novo critério para classificar os seres vivos: suas respectivas histórias evolutivas e, consequentemente, o grau de parentesco entre eles. Assim, o critério para agrupá-los em uma mesma categoria é terem um ancestral comum.

De modo geral, as semelhanças de forma, a organização interna, os aspectos citológicos (relativos às células) e moleculares (principalmente relativos ao material genético) refletem as relações de parentesco entre os seres vivos. Assim, todas essas características, em conjunto, determinam se um ser vivo pertence a um ou a outro grupo taxonômico. Em outras palavras, quanto mais um organismo for estudado e conhecido, mais claramente conseguiremos classificá-lo.

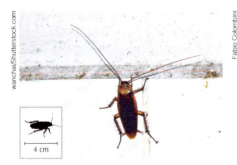

↑ Uma barata (à esquerda) e um gafanhoto (à direita) são mais aparentados entre si do que um gafanhoto e uma pomba, já que aqueles pertencem à classe dos insetos, e a pomba, não. Isso ocorre porque a barata e o gafanhoto partilham um ancestral comum mais próximo do que o ancestral comum entre eles e a pomba. Apesar dessas diferenças, os três pertencem ao reino animal.

Os reinos de seres vivos

O sistema de classificação em reinos utilizado neste livro foi proposto por Robert Whittaker em 1969, modificado por ele mesmo dez anos depois e acrescido das contribuições de Margulis e Schwartz em 1988.

Embora novas propostas estejam sendo preparadas à medida que os estudos avançam, ele tem sido um modelo adotado em grande parte dos livros didáticos. Segundo esse sistema, os seres vivos são classificados em **dois domínios** (acima de reino) e em **cinco grandes reinos**.

Domínio Procariontes

Reino Monera – É o reino das bactérias e das cianobactérias (antigamente chamadas de algas azuis). Trata-se de organismos microscópicos, unicelulares e sem membrana nuclear.

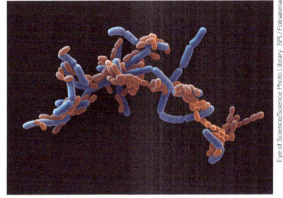

Fotomicrografia eletrônica de varredura da bactéria *Lactobacillus paracasei*, usualmente adicionada a iogurtes. Colorizada artificialmente. Ampliação aproximada de 3 500 vezes.

Domínio Eucariontes

Reino Protoctista – Esse reino engloba seres unicelulares e multicelulares. Como exemplos temos os protozoários (paramécio, ameba etc.) e as algas.

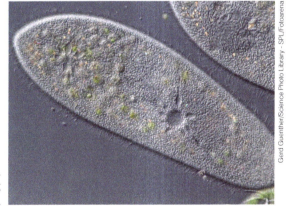

Protozoário *Paramecium caudatum*. Fotografia obtida em microscópio óptico; ampliação aproximada de 230 vezes.

Reino Fungi (fungos) – Os fungos são unicelulares ou, predominantemente, multicelulares. Embora alguns os confundam com plantas, eles são heterótrofos (não produzem o próprio alimento), alimentando-se de matéria orgânica em decomposição. O cogumelo e o mofo (ou bolor), por exemplo, são fungos.

O cogumelo é um exemplo de fungo.

Reino Animalia (animais) – É o reino no qual estão agrupados os animais. São multicelulares e heterótrofos, ou seja, se alimentam de outros organismos.

Reino Plantae (plantas) – Esse reino inclui todos os tipos de plantas, sempre multicelulares. Trata-se de seres autótrofos, isto é, produzem o próprio alimento, por meio da fotossíntese.

Árvore filogenética

A imagem a seguir apresenta uma **árvore filogenética** ou cladograma. Nela você encontra a trajetória evolutiva dos cinco reinos já descritos, podendo entender a história de cada um. Podemos observar que primeiro surgiram os moneras, depois os protoctistas, em seguida os fungos, as plantas e os animais. Em cada novo ramo são identificadas novidades evolutivas.

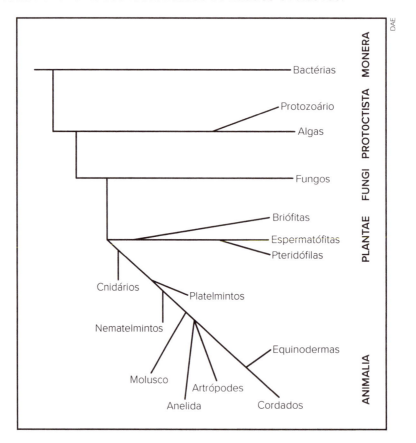

!) CURIOSO É...

Vírus, um caso à parte

Os vírus têm, ao mesmo tempo, características de seres vivos e de matéria inanimada. Entretanto, eles não são classificados em nenhum reino, uma vez que não são formados por células. Para se reproduzirem, os vírus utilizam uma célula viva de outro organismo, por isso, são considerados parasitas obrigatórios, que causam doenças chamadas genericamente de viroses.

↑ À esquerda, vírus bacteriófago e, à direita, vírus do mosaico do tabaco.

Os vírus apresentam uma cápsula feita de proteína, na qual fica alojado o material genético (DNA ou RNA). Na superfície dessa cápsula, encontramos os **antígenos**, proteínas que provocam, nos seres contaminados, a produção de **anticorpos** específicos.

🔖 GLOSSÁRIO

Anticorpo: proteína especial produzida no sangue que atua na defesa e combate aos antígenos. É específico para cada tipo de antígeno.

Antígeno: substância ou microrganismo estranho ao corpo que causa reações como alergias ou intoxicações.

ATIVIDADES

SISTEMATIZAR

1. Em uma livraria, para comprar um livro de Ciências devemos procurá-lo na prateleira de Ciências. Fazemos isso porque, geralmente, as obras estão organizadas de acordo com o assunto. Além da importância de manter a loja arrumada, qual é a outra vantagem de organizar os livros à venda em uma livraria? Qual é a importância da classificação para os cientistas?

2. Considerando a hierarquia das categorias taxonômicas, é correto afirmar que dois animais que fazem parte da mesma ordem obrigatoriamente pertencerão:
   a) à mesma ordem, à mesma classe, ao mesmo filo e ao mesmo reino.
   b) à mesma classe, à mesma família, ao mesmo gênero e ao mesmo reino.
   c) ao mesmo gênero, à mesma classe, ao mesmo filo e ao mesmo reino.

3. O cão doméstico (*Canis familiaris*), o lobo (*Canis lupus*) e o coiote (*Canis latrans*) pertencem a uma mesma categoria taxonômica. Esses animais fazem parte:
   a) de um mesmo gênero.
   b) de uma mesma espécie.
   c) de uma mesma raça.
   d) de uma mesma subespécie.

   Justifique sua resposta.

4. À medida que subimos na escala de espécie para reino, as semelhanças entre os seres vivos que a compõem aumentam ou diminuem? Exemplifique.

5. Com base na proposta de Lineu, os especialistas convencionaram adotar uma série de regras para a nomenclatura dos seres vivos. Em dupla com um colega, pesquise sobre as regras para o nome das espécies, leia as frases a seguir com atenção, identifique e corrija o que não estiver adequado a essas regras.
   a) No Sul do Brasil, depois de décadas de desmatamento, a *Araucaria angustifolia* (pinheiro-do-Paraná) está ameaçada de extinção.
   b) Crotalus Terrificus é uma víbora perigosa, pois seu veneno pode levar uma pessoa à morte.
   c) Os cachorros, animais domesticados há milhares de anos, têm parentesco próximo com o CANIS LUPUS.

REFLETIR

1. Neste capítulo você percebeu a importância da classificação dos seres vivos para a ciência. Considerando tudo o que aprendeu, como você interpreta a frase "classificar para preservar"?

DESAFIO

1. Os museus de Zoologia abrigam coleções de seres vivos preservados de diversas maneiras, como em formol, álcool, empalhados, entre outras. Essas coleções são estudadas e possibilitam aos cientistas aperfeiçoar a classificação dos organismos. Forme um grupo com colegas e pesquisem sobre um museu de Zoologia em sua cidade ou na cidade mais próxima. Investiguem que coleções há nesse museu e como são preservadas.

CAPÍTULO 2
Moneras, protoctistas e fungos

Neste capítulo você vai estudar os seres dos reinos Monera, Protoctista e Fungi e suas principais características.

 EXPLORANDO O IOGURTE

Já era fim de tarde e Osvaldo estava estudando em casa quando sentiu um pouco de fome. Chegando à cozinha, percebeu que sua mãe estava tomando iogurte e resolveu tomar também, para matar a fome até a hora do jantar. Então foi procurar na geladeira e, como não o encontrou, perguntou:

— Mãe, não tem mais iogurte? Eu também queria!

— Tem sim filho, você não achou porque este não é comprado; não vem em potinhos. Fui eu quem preparou e está no pote de vidro com tampa vermelha.

— Você que preparou? Como assim?

— Na verdade eu não, "os meninos"!

A mãe deu uma risadinha e completou:

— Não é exatamente um iogurte, é muito melhor! É o *kefir*, um alimento vivo, muito bom para o intestino, composto e produzido por um conjunto de microrganismos: lactobacilos, fungos e bactérias.

— Bactérias vivas? Isso não pode fazer mal para minha saúde?

Sua mãe explicou que esses microrganismos fazem bem à saúde. Contou também que, em nosso organismo, há uma quantidade enorme de bactérias que são benéficas.

Ela disse que ele podia tomar o *kefir* à vontade, que não havia problema nenhum nisso.

Osvaldo ficou aliviado com as explicações da mãe e voltou a tomar o iogurte. Afinal, estava uma delícia!

Claudia Marianno

Agora é sua vez.

1. Você tomaria o iogurte do Osvaldo? Por quê? E outros iogurtes?
2. É comum encontrar seres vivos habitando nosso organismo? Que seres são esses?

O reino Monera

Todos os seres do **reino Monera** são unicelulares, isto é, constituídos de uma só célula. Essa única célula é procarionte (ou procariótica): não apresenta a membrana que separa o material genético do restante do conteúdo celular.

As bactérias são seres microscópicos do reino Monera. Assim como os fungos, dos quais falaremos adiante, as bactérias são seres decompositores nas cadeias e teias alimentares dos ecossistemas. Esses seres apresentam formatos diversos: arredondados (cocos), em forma de bastões (bacilos), semelhantes a uma vírgula (vibriões), espiralados (espirilos). As bactérias também podem se agrupar em **colônias**.

As bactérias têm diversas formas, podendo ser arredondadas, cilíndricas, achatadas etc. Na fotografia, vemos a bactéria *Helicobacter pylori*, que pode causar gastrite.

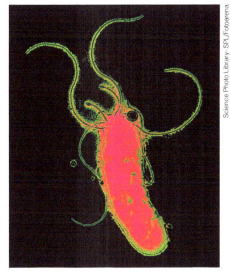

↑ As bacterias apresentam diversas formas, podendo ser arredondadas, cilindricas, achatadas etc. Na fotografia, vemos a bacteria *Helicobacter pylori*, que pode causar gastrite. Ampliação de cerca de 9 500 vezes.

Os moneras são encontrados em ambientes diversos, em praticamente todos os ecossistemas da Terra. Há bactérias que habitam o corpo humano, adaptadas a temperaturas próximas a 37 °C, assim como bactérias de vida livre, que vivem à temperatura ambiente. Elas também são encontradas em rochas ou no solo úmido. Alguns tipos de bactérias vivem no corpo de animais. No intestino humano, por exemplo, existem bactérias que produzem vitaminas do complexo B.

Há ainda representantes dos moneras que vivem em meios extremos, como águas de **fontes termais** com temperaturas próximas a 75 °C ou lagos gelados. Algumas espécies resistem à alta **salinidade**, enquanto outras sobrevivem a períodos de seca.

↑ Fotografia de *Staphylococcus aureus* obtida em microscópio eletrônico e colorizada artificialmente. Aumento de 2 400 vezes.

GLOSSÁRIO

Colônia: conjunto de organismos da mesma espécie que vivem juntos em determinado local.
Fonte termal: local de onde águas subterrâneas aquecidas pelo calor interior da Terra saem para a superfície.
Salinidade: quantidade de sal em determinado local.

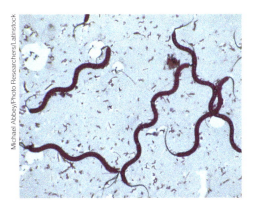

↑ Fotografia da bactéria *Spirillum volutans* obtida em microscópio óptico e colorizada artificialmente. Aumento de 250 vezes.

← As cianobactérias são organismos que produzem o próprio alimento ao receber energia luminosa, ou seja, fazem fotossíntese. Na fotografia ao lado elas estão organizadas em uma colônia. Fotografia obtida em microscópio óptico. Ampliação aproximada de 370 vezes.

O reino Protoctista

Os **protoctistas**, assim como as plantas, animais e fungos, são seres eucariontes, ou seja, são formados por células com material genético envolvido por membranas nucleares. A maioria dos protoctistas vive na água ou em ambientes úmidos do solo.

As algas

As **algas** são protoctistas capazes de fazer fotossíntese. Elas podem ser unicelulares ou multicelulares. Todas as algas têm pigmentos, que são levados em conta para classificá-las, assim como outras características. Alguns dos principais filos de algas são: Dinophyta (algas unicelulares flageladas), Euglenophyta (algas unicelulares, com dois flagelos), Chlorophyta (algas verdes), Rhodophyta (algas vermelhas) e Phaeophyta (algas pardas). Outro critério bastante usado na classificação é o tamanho.

A alface-do-mar é uma alga verde multicelular comum no litoral brasileiro. O pigmento predominante nessas algas é verde.

Os protozoários

Os **protozoários** são unicelulares e não fazem fotossíntese, por isso dependem de outros seres vivos para se alimentar. Existem espécies de vida livre e espécies parasitas.

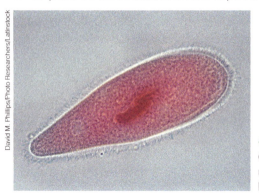

Podem ser classificados quanto ao tipo de estrutura locomotora que possuem em diferentes filos: Sporozoa (sem estrutura locomotora), Sarcodina (pseudópodos), Ciliophora (cílios), Mastigophora (flagelados).

O paramécio é um protozoário do filo Ciliophora. Para se locomover utiliza filamentos curtos denominados cílios.
Note os cílios ao redor do organismo.

O reino Fungi

Os fungos são encontrados em ambientes diversos, desde que haja matéria orgânica, umidade e pouca luz. Também podem ser encontrados sobre partes de outros, como frutas e troncos de árvore apodrecidos. Eles podem ser decompositores, parasitas ou viver associados a outros seres.

Os seres vivos do reino **Fungi** são eucariontes – suas células têm membrana nuclear.

Podem ser unicelulares e multicelulares.

O reino Fungi apresenta organismos com grande variedade de formas e tamanhos. Na imagem vemos fungo conhecido como orelha-de-pau.

84

ATIVIDADES

SISTEMATIZAR

1. Elabore uma tabela comparativa entre bactérias, algas, protozoários e fungos quanto à presença/ausência de membrana nuclear, número de células e tipo de nutrição.

2. Explique a frase: Os seres do reino Protoctista são mais complexos que as bactérias.

3. A que reinos pertencem os organismos responsáveis pela decomposição da matéria orgânica?

4. As algas já foram classificadas anteriormente como plantas. Atualmente, a qual reino dos seres vivos elas pertencem? Quem mais faz parte desse reino?

REFLETIR

1. Leia o texto a seguir e faça o que se pede.

Doenças transmitidas por alimentos (DTA) são causadas pela ingestão de alimentos e/ou água contaminados. Existem mais de 250 tipos de DTA no mundo, sendo que a maioria delas são infecções causadas por bactérias e suas toxinas, vírus e outros parasitas.

[...] Existem ainda as intoxicações causadas por toxinas naturais, como por exemplo cogumelos venenosos, toxinas de algas e peixes ou por produtos químicos prejudiciais que contaminaram o alimento, como chumbo e agrotóxicos.

É considerado surto de DTA quando duas ou mais pessoas apresentam doenças ou sintomas semelhantes após ingerirem alimentos e/ou água da mesma origem, normalmente em um mesmo local. Para doenças de alta gravidade, como botulismo e cólera, apenas um caso já é considerado surto.

Doenças transmitidas por alimentos. *Ministério da Saúde*. Disponível em: <http://portalms.saude.gov.br/saude-de-a-z/doencas-transmitidas-por-alimentos>. Acesso em: 10 abr. 2019.

a) A armazenagem do alimento está diretamente ligada ao aparecimento do bolor. Qual é o ambiente propício ao aparecimento desse fungo?

b) Pesquise melhor esse assunto e cite fatores que influenciam na proliferação e contaminação de alimentos por agentes patógenos.

DESAFIO

1. As bactérias são muito associadas a doenças, porém estão também presentes em diversos aspectos de nossa vida. Em grupos, façam uma pesquisa inicial sobre a relação da sociedade com as bactérias.
Com base no que encontrarem, coletivamente, levantem os principais assuntos que podem ser abordados e com eles elaborem uma série de minidocumentários. Por exemplo, o uso das bactérias na produção de alimentos e medicamentos; as bactérias causadoras de doenças, prevenção e formas de tratamento; a importância das bactérias decompositoras e outros assuntos que julguem relevantes.
Cada grupo fica responsável por um assunto. Elaborem um resumo inicial. Se necessário, assistam a algum documentário para se inspirar e poder estruturar melhor o roteiro de seu minidocumentário. Depois de pronto, apresentem o resultado final aos demais grupos. Ele pode ser disponibilizado na internet ou apresentado em seções para os alunos da escola.

CAPÍTULO 3
Animais invertebrados

Neste capítulo você vai iniciar os estudos sobre o reino animal. Vai conhecer alguns dos principais grupos de animais invertebrados e suas características principais.

 EXPLORANDO AS ESPONJAS

Ilustrações: Claudia Marianno

Todos os dias, durante o banho, César utiliza uma esponja artificial que o ajuda na higiene pessoal. Um dia, durante a aula de Ciências, ele ficou surpreso quando o professor disse que nas próximas aulas eles estudariam os animais do filo Porífero, também conhecidos como esponjas.

"Será que são aquelas que uso no banho?", ele se perguntou.

Voltando para casa, César correu para o banheiro, pegou a esponja que usa no banho e ficou observando-a. "Como essa esponja poderia ser um animal?", pensou intrigado. Para ele, animal era, por exemplo, o seu cão, Bimbo. "Mas a esponja de banho? Onde está a boca? E os olhos?", refletiu, percebendo que teria muitas perguntas para a próxima aula de Ciências.

Na aula seguinte, ele levou a esponja e expôs sua dúvida para o professor, que, após analisar o objeto, afirmou que aquela esponja era sintética, isto é, artificial.

No fim das contas, ele ficou até aliviado:

– Ainda bem que não estou usando um bichinho para ficar me esfregando, né?

E todos riram muito.

Agora é sua vez.

1. Você utiliza esponja durante o banho? Sabe se ela é artificial ou natural?

2. A esponja utilizada por César durante o banho é a mesma à qual se referia o professor?

3. Em sua opinião, existe uma relação entre os animais conhecidos como esponjas e o uso das esponjas para higiene pessoal?

Reino animal

O **reino dos animais**, ao qual os seres humanos também pertencem, abrange mais de 1 milhão de espécies descritas. Muitas estão extintas, como os dinossauros, e outras ainda não foram identificadas pelos cientistas, em meio à enorme diversidade da biosfera.

Todos os animais são multicelulares, ou seja, formados por muitas células (dezenas a milhões) de diversos tipos. Essas células são eucarióticas, isto é, têm um núcleo organizado envolvido pela membrana nuclear. Além disso, são heterótrofos: obtêm seu alimento de outros seres vivos.

Na **Zoologia**, uma das formas de classificar os animais é separando-os em dois grandes grupos: **vertebrados** (que apresentam crânio e coluna vertebral) e **invertebrados**.

GLOSSÁRIO

Zoologia: ciência que estuda os animais. Em grego, *zoo* significa "animal", e *logos*, "estudo".

Características gerais dos animais invertebrados

Os **invertebrados** não apresentam crânio nem coluna vertebral, embora alguns possuam esqueletos externos (exoesqueletos) ou internos (endoesqueletos). Os insetos, por exemplo, têm um exoesqueleto constituído por uma substância resistente chamada quitina, que forma uma casca endurecida. Os ouriços-do-mar, por outro lado, têm um revestimento interno próximo da superfície do corpo, que é um endoesqueleto calcário.

Evolução dos invertebrados

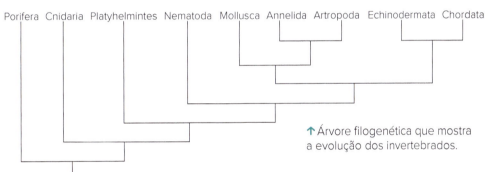

↑ Árvore filogenética que mostra a evolução dos invertebrados.

Os animais invertebrados, de acordo com suas características principais, estão organizados em filos. A seguir você conhecerá alguns deles.

Filo dos poríferos

Acredita-se que os **poríferos** estejam entre os primeiros animais que surgiram na Terra. Os representantes desse filo não têm sistemas nem órgãos e são animais sésseis, isto é, vivem fixos a rochas ou a materiais como cascos de navios, pedaços de madeira, conchas abandonadas etc.

São animais aquáticos e o nome porífero se deve ao fato de apresentarem poros na superfície do corpo, pelos quais a água passa carregando partículas que servem de alimento.

→ Fotografia de uma colônia de esponjas vivas fixas ao assoalho marinho.

Filo dos cnidários

Os **cnidários**, também chamados de celenterados, são os primeiros organismos a apresentar tecido, ou seja, células dependentes umas das outras, que se unem para realizar a mesma função. Todos os animais que vamos estudar a partir de agora são formados por tecidos.

Eles são também animais exclusivamente aquáticos e os primeiros na história evolutiva cujos adultos se locomovem.

O corpo dos cnidários pode ter a forma de medusa ou de pólipo. A forma de medusa, que nada livremente, assemelha-se a um guarda-chuva aberto; já o pólipo ocorre nos cnidários sésseis, que vivem fixados em superfícies duras.

← A água-viva é um exemplo de cnidário de vida livre.

Filo dos platelmintos

Os **platelmintos** são vermes de corpo achatado (*plati* significa "achatado", e *helminto*, "verme") e alongado, medindo desde poucos milímetros até metros de comprimento.

→ As tênias parasitam os seres humanos e outros mamíferos, como cães e gatos.

Existem platelmintos de vida livre, como a planária, e os parasitas, como as tênias e os esquistossomos.

← Representação artística uma planária, evidenciando o tubo digestório. Note que a faringe da planária consegue se estender para fora da boca, o que possibilita selecionar melhor o alimento, em geral pequenos animais ou restos orgânicos.

Filo dos nematódeos

Os **nematódeos** são vermes cilíndricos, alongados, que têm as extremidades afiladas. Seu nome vem do grego *nemato*, que significa "filamento". Podem ter vida livre ou ser parasitas. A maioria das espécies é invisível a olho nu, chegando até 2 mm de comprimento. Alguns parasitas, no entanto, são bem maiores, medindo entre 7 cm e 30 cm.

O corpo desses vermes é protegido por uma cutícula bastante resistente, camada de quitina.

Os nematódeos parasitas humanos mais comuns são o oxiúro, a lombriga, a filária e o ancilóstomo.

↑ A ascaridíase é a doença provocada pelo nematódeo *Ascaris lumbricoides*, popularmente conhecido como lombriga. Esse parasita, que pode chegar a 30 cm de comprimento, vive no intestino dos humanos parasitados.

Filo dos anelídeos

O filo dos **anelídeos** inclui vermes com o corpo segmentado, dividido em anéis, o que deu origem ao nome do grupo. Os exemplos mais conhecidos de anelídeos são a minhoca e a sanguessuga.

Entre os anelídeos encontramos espécies que medem desde milímetros de comprimento, como algumas sanguessugas, até animais de grande porte, como o minhocuçu, que pode chegar a 2 metros.

Na natureza, encontramos anelídeos no ambiente terrestre (solo úmido) e aquático, de água doce ou salgada.

O corpo desses vermes é revestido de uma pele fina e úmida, graças à presença de glândulas que produzem muco. Na pele, há uma fina camada de quitina. As trocas gasosas com o ambiente ocorrem pela pele, isto é, o gás carbônico é liberado e o gás oxigênio captado diretamente no sangue. Essa é a chamada respiração cutânea ("cútis" significa pele).

↑ Poliqueto errante marinho, que também pertence ao filo dos anelídeos.

O corpo dos anelídeos é segmentado em anéis, com músculos que possibilitam a contração independente de cada um deles, o que dá maior mobilidade e flexibilidade ao animal. Em cada segmento do corpo há um par de nefrídios, órgãos excretores que encaminham os resíduos para fora do corpo pelos poros.

Filo dos moluscos

Os **moluscos** (do latim *mollis*, "mole") representam um filo de invertebrados de corpo mole encontrados nos ambientes marinho, de água doce e terrestre, cujos representantes mais conhecidos são caramujos, ostras, polvos e lulas.

Os moluscos apresentam cabeça com órgãos sensoriais, um pé muscular na porção ventral do corpo e uma massa visceral coberta por uma espécie de pele, chamada manto. O pé é uma estrutura muscular com o qual podem se deslocar, cavar, nadar ou capturar presas. A massa visceral contém os órgãos dos sistemas digestório, respiratório, excretor, circulatório, nervoso e reprodutor.

↑ Os gastrópodes, como o caracol, possuem concha única, em espiral, por exemplo, o caracol e o caramujo. A lesma é uma das exceções da classe, por não apresentar concha ou tê-la muito reduzida.

O manto dos moluscos, camada epidérmica que possui glândulas que secretam estruturas calcárias, é responsável pela produção da concha. Esta não é uma parte viva do molusco e pode variar de forma, tamanho e número de peças. Um dos critérios utilizados na classificação dos moluscos é a presença ou ausência de concha e seu tipo, podendo assim ser separados em classes: gastrópodes, bivalves e cefalópodes.

Filo dos artrópodes

Esses animais invertebrados têm características comuns que os colocam em um mesmo filo. Sua principal característica são as **pernas articuladas**. Esses pés articulados, como os do louva-a-deus, foram importantíssimos no sucesso evolutivo desses animais, pois possibilitam movimentos precisos e elaborados, além de auxiliarem na defesa, na captura de alimento e nos rituais da reprodução.

Os artrópodes apresentam também um exoesqueleto (esqueleto externo), uma "casca" resistente, impermeável, composta de sais e quitina.

↑ A joaninha é um inseto.

↑ O escorpião é um aracnídeo.

Para efeito de estudo, usando critérios como o modo de divisão do corpo e o número de pernas, os **artrópodes** podem ser organizados em classes: crustáceos, aracnídeos, quilópodes, diplópodes, insetos etc. Pesquise mais sobre cada uma delas.

Filo dos equinodermos

Os **equinodermos** apresentam grande diversidade de cores e formas. São animais exclusivamente marinhos. Representantes desse filo são estrelas-do-mar, ofiúros, pepinos-do-mar, lírios-do-mar, ouriços-do-mar, bolachas-do-mar, entre outros.

↑ Estrela-do-mar.

↑ Ouriço.

ATIVIDADES

SISTEMATIZAR

1. Por que os poríferos são considerados os representantes mais simples do reino animal?
2. Por que consideramos os cnidários mais complexos que os poríferos?
3. Qual é a principal característica dos artrópodes?

REFLETIR

1. Leia o texto a seguir e depois faça o que se pede.

Acidentes com água-viva e caravelas

No litoral é muito comum ocorrerem queimaduras acidentais causadas por cnidários, as quais resultam em ardência, vermelhidão na pele e dor, podendo evoluir para sintomas mais graves. Essas queimaduras são decorrentes de uma substância urticante produzida pelos cnidócitos, células encontradas na superfície do corpo desses animais.

Texto elaborado especialmente para esta obra.

Forme um grupo com uns colegas e, juntos, elaborem uma hipótese que explique a função dessa substância para o animal. Depois pesquisem o assunto e verifiquem se a hipótese se confirma.

DESAFIO

1. O Movimento Brasil sem Parasitose é um projeto de controle de parasitoses intestinais. Por meio do *site*, das redes sociais e do atendimento gratuito à população em uma Unidade Móvel de Saúde, visa levar orientação e informação à população.
Em grupos, acessem o *site* do movimento <www.brasilsemparasitose.com.br/conheca.html#imbsp> (acesso em: 10 abr. 2019) e identifiquem o que são parasitoses intestinais e como evitá-las. Depois, com as parasitoses citadas no *site*, elaborem um quadro que identifique o causador e sua classificação (reino e filo).

2. A imagem ao lado retrata a criação de minhocas, conhecida como minhocultura. Forme grupo com seus colegas e, juntos, pesquisem esse processo. Busquem saber como é feito um minhocário e qual é a sua função.

→ Ao manipular a criação de minhocas deve-se sempre utilizar avental e luvas.

CAPÍTULO 4

Animais vertebrados

Neste capítulo você vai estudar as principais características dos vertebrados e sua divisão em classes: peixes, anfíbios, répteis, aves e mamíferos.

EXPLORANDO OS ANIMAIS DO ZOOLÓGICO

Amália foi convidada para passear no zoológico com suas duas primas mais velhas. Os programas que ela costumava fazer eram muito diferentes desses. Ela gostava de ir ao *shopping* encontrar com amigas na lanchonete, ficar horas na internet ou conversando pelos aplicativos do celular.

Ficou pensativa quanto ao convite: "Puxa! Zoológico? Ver animais, que coisa pouco glamourosa! Eu vou, vai, minhas primas são umas queridas! Mas não terei coragem de postar as fotos na rede social...".

Porém, com 10 minutos no zoológico ela se perguntava como pôde ter passado tanto tempo da sua vida sem ter ido a um. Era incrível poder ver de perto tantos animais que ela só via em fotografias e na televisão. E como eles eram diferentes uns dos outros: tamanhos, cores, e o que mais chamou sua atenção: o comportamento de cada um. Que mundo fascinante! Tirou várias fotografias. E todas foram parar na sua página na rede social...

Natalia Forcat

Agora é sua vez.

1. Você já foi a um zoológico? Sabe quais grupos de animais costumam ter maior representação nos zoológicos? Liste os mais comuns.

2. Qual é a importância dos zoológicos?

Características gerais

Os **vertebrados** fazem parte do filo dos cordados. São os animais que apresentam crânio e coluna vertebral. Enquanto o crânio protege o **encéfalo**, a coluna é um eixo de sustentação interna do corpo, formado por peças articuladas denominadas vértebras.

Por meio do estudo dos fósseis podemos acompanhar a história evolutiva dos seres vivos. Por isso sabemos que depois dos peixes surgiram os anfíbios e, posteriormente, os répteis, as aves e os mamíferos.

O esquema a seguir representa essa sequência histórica.

Encéfalo: é a parte central do sistema nervoso. Nos vertebrados, é formado pelo cérebro e outras estruturas, como o cerebelo.

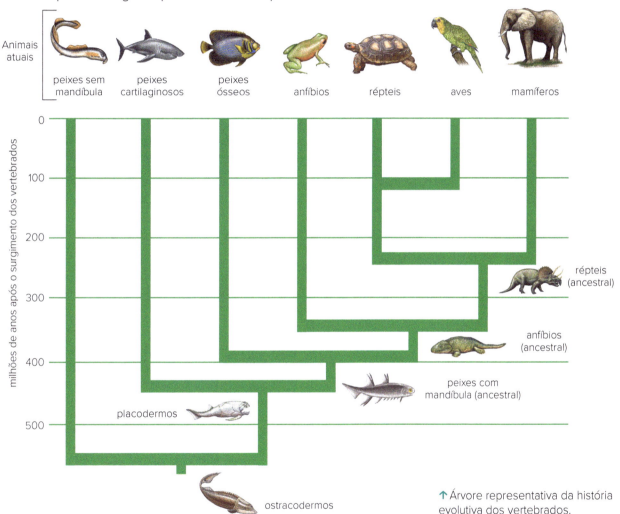

↑ Árvore representativa da história evolutiva dos vertebrados.

Evolução dos vertebrados

A história dos vertebrados começou no mar, há mais de 500 milhões de anos. Segundo o registro fóssil, os primeiros vertebrados a aparecer na Terra foram os ostracodermos. Eles eram protegidos por uma carapaça óssea e, assim como as lampreias atuais, não tinham maxilas. Os peixes do grupo que surgiu em seguida, os placodermos, tinham mandíbulas, nova característica que os tornou eficientes predadores. Por meio do estudo dos fósseis podemos acompanhar a história evolutiva dos seres vivos. Dessa forma, sabemos que depois dos peixes surgiram os anfíbios, em seguida os répteis, as aves e os mamíferos.

Agora você conhecerá algumas características das principais classes de vertebrados.

Peixes

Os **peixes** constituem o maior grupo dos vertebrados e são animais exclusivamente aquáticos. Os dois principais grupos são: peixes ósseos (classe dos osteíctes) e peixes cartilaginosos (classe dos condrictes).

Os peixes ósseos são maioria; apresentam esqueleto formado por ossos e ocupam ambientes de água doce ou marinhos. Alguns exemplos são sardinha, bacalhau, atum, pescada, bagre, carpa, cavalo-marinho, piramboia. Já os cartilaginosos, como o tubarão e a raia, possuem esqueletos formados por cartilagem; a maioria são marinhos.

↑ A piranha (à esquerda) é um exemplo de peixe ósseo. A raia-jamanta (à direita) é um peixe cartilaginoso.

Anfíbios

↑ Quando nasce, o anfíbio tem forma de girino.

Na evolução dos vertebrados em nosso planeta, os **anfíbios** foram os primeiros a ocupar o ambiente terrestre, ainda que apenas em parte de seu ciclo de vida.

A ocupação de todos os ambientes terrestres não foi total, porque esses animais têm pele muito fina, que não protege contra a perda de água do corpo (desidratação). Além disso, dependem da água nas fases jovens e para reprodução, já que seus ovos não têm casca e ressecariam fora da água.

↑ O girino se desenvolve e dá origem a um indivíduo adulto, como ocorre com os sapos.

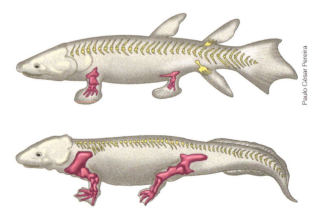

↑ Representação esquemática de um peixe crossopterígio e de um anfíbio primitivo. Fósseis indicam que os primeiros anfíbios podem ter evoluído dos peixes crossopterígios, que tinham nadadeiras carnosas com estrutura óssea, há cerca de 400 milhões de anos.

Répteis

Evidências científicas indicam que os **répteis** surgiram a partir da evolução de anfíbios. Graças à fecundação interna e ao ovo com casca que protege contra a desidratação, os répteis não dependem da água para a reprodução.

Possuem pele seca, impermeável à água. Eles podem ter escamas, escudos, carapaças ou placas ósseas. Crocodilianos, Escamados e Quelônios são exemplos de diferentes ordens de répteis. Faça uma pesquisa para saber quais as características de cada uma.

↑ A lagartixa é um exemplo de réptil da ordem dos escamados. Possui o corpo recoberto por escamas.

Aves

As **aves** são os únicos animais com o corpo recoberto por penas. Além disso, têm bico, um par de pernas e um de asas. A maioria delas consegue voar.

↑ Os bicos das aves variam nas espécies e desempenham vários papéis, como defesa, rituais no período de reprodução, construção de ninhos e alimentação.

Há uma grande diversidade de aves, e consequentemente de ordens às quais são classificadas, por exemplo, os passeriformes (gralha, tico-tico, sabiá e pardal), os psitaciformes (papagaios, maritacas e periquitos), os falconiformes (falcão, condor e águia) e os reiformes (ema).

↑ O joão-de-barro (*Furnarius rufus*) é um exemplo da ordem dos passeriformes. São aves canoras (que cantam) de pequeno porte.

← Concepção artística do *Archaeopteryx*, ancestral das aves considerado um elo evolutivo com os dinossauros.

Mamíferos

Os animais vertebrados da classe dos **mamíferos** têm a capacidade de produzir leite para amamentar seus filhotes. Essa é uma das características que os distinguem dos demais vertebrados.

Os mamíferos ocupam todo o planeta, tanto no ambiente aquático como no terrestre e em regiões de diferentes condições climáticas. Essa ocupação foi possível graças a um conjunto de características adaptativas. Existem mamíferos voadores, como os morcegos, com os membros anteriores modificados na forma de asas; mamíferos aquáticos, como as baleias, os botos e as focas, com membros em forma de nadadeiras; além de diversas outras formas adaptativas.

O corpo dos mamíferos é coberto de pelos, que oferecem proteção e isolamento térmico. Os pelos são formados de queratina, proteína que também está presente no bico e penas das aves, nas escamas dos peixes, na carapaça dos cágados etc. Os pelos também podem ser importantes na camuflagem, tornando o animal menos visível a presas e predadores.

Nos mamíferos aquáticos, como golfinhos e focas, os pelos são reduzidos ou ausentes. Em alguns casos, ocorrem só na fase embrionária. Essa característica foi vantajosa na evolução desse grupo de mamíferos, pois a pele lisa favorece o deslocamento na água.

Células mortas formadas também de queratina revestem externamente a pele dos mamíferos, evitando a excessiva perda de água do corpo e protegendo-os da entrada de microrganismos. Outras estruturas dos mamíferos, como chifres, garras, unhas, cascos, espinhos etc., são igualmente feitas de queratina.

De acordo com características morfológicas, comportamentos, hábitos alimentares e genética, os mamíferos são classificados em diferentes ordens, por exemplo: monotremados, marsupiais, cetáceos, artiodátilos, roedores, desdentados, carnívoros, primatas. Com seus colegas, liste os mamíferos que conhecem e, com base em pesquisas na internet, tente identificar a que ordens pertencem.

← Esquema de mama humana em corte de perfil que destaca estruturas relacionadas à produção e saída do leite. Nas fêmeas dos mamíferos, hormônios levam as glândulas mamárias a produzir o leite, que nutre os filhotes.

↑ O ornitorrinco é um exemplo de mamífero monotremado. Ele possui cloaca por onde bota ovos com casca.

ATIVIDADES

SISTEMATIZAR

1. O que caracteriza os animais vertebrados?

2. Acredita-se que os anfíbios evoluíram de peixes com nadadeiras carnosas há cerca de 400 milhões de anos e iniciaram a ocupação terrestre entre os vertebrados. Por que essa ocupação não foi completa?

3. Na ocupação efetiva do ambiente terrestre pelos répteis, dois aspectos da reprodução foram essenciais para a independência em relação à água. Quais?

4. Que característica distingue os mamíferos dos demais animais?

REFLETIR

1. Forme uma dupla com um colega e, juntos, façam uma pesquisa sobre as adaptações das aves que possibilitam o voo. Depois respondam às questões.

    a) Observe o esquema ao lado, que representa o esqueleto de uma ave. Trata-se de ave voadora ou não? Por quê?

    b) Esse esqueleto poderia pertencer a uma ema? Por quê?

    c) Que outras adaptações estão relacionadas ao voo?

2. Leia o texto e depois responda à questão.
Um animal extinto, que viveu há cerca de 150 milhões de anos, pode ser o elo entre os dinossauros e as aves atuais. Trata-se do *Archaeopteryx*, que tinha penas, esqueleto e outras características das aves. Esse primeiro fóssil de "dinossauro emplumado" foi descoberto em 1861, no sul da Alemanha, sendo considerado desde então um dos prováveis répteis ancestrais das aves. Além disso, foram encontrados outros fósseis de diferentes tipos de "dinossauros emplumados", os quais parecem ter uma relação evolutiva mais próxima com as aves atuais.

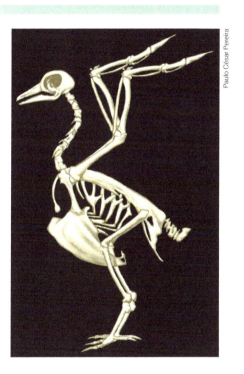

Por que animais extintos, como *Archaeopteryx*, podem ser considerados um elo evolutivo entre os dinossauros e as aves?

DESAFIO

1. Organizem-se em grupos de maneira que cada grupo fique responsável por realizar uma entrevista com pesquisadores de algum centro de ciência sobre uma das classes de animais estudados no capítulo (peixes, anfíbios, répteis, aves e mamíferos).
Não se esqueçam de elaborar o roteiro de entrevista e façam perguntas importantes, criativas, que não sejam respondidas com uma busca simples na internet.
Concluída a entrevista, organizem os registros para apresentá-los à turma, o que pode ser feito com cartazes, textos, mídia eletrônica e apresentação oral.

CAPÍTULO 5
Reino Plantae

Neste capítulo, vamos estudar os organismos do reino Plantae, como eles são classificados, as características gerais desse grupo e alguns aspectos de sua história evolutiva.

EXPLORANDO O PARQUE PERTO DE CASA

Flávio sempre frequentava o parque perto de sua casa, que tinha uma pista de *skate*. Como queria ser *skatista* profissional quando ficasse um pouco mais velho, ele passava as tardes inteiras de domingo fazendo altas manobras.

Mas sua mãe somente permitia que ele fosse andar de *skate* depois de ter feito toda a lição de casa. Ela dizia que se deve correr atrás dos sonhos, mas é necessário estudar, pois isso faz parte do desenvolvimento do ser humano.

Flávio, no fundo, dava razão a ela, fazia sua lição e partia para o parque. Uma coisa de que gostava era a grande quantidade de plantas no local. Havia árvores que se enchiam de flores em determinada época do ano, pinheiros, que nunca davam flores, mas produziam pinhas, muitos arbustos e plantas rasteiras.

Ilustrações: Wander Antunes

Agora é sua vez.

1. Você já parou para observar as plantas à sua volta? Viu como elas têm as mais diversas cores e formas nos mais variados ambientes? Por outro lado, elas têm algumas características em comum. Que características são essas?

2. Existem plantas fora do ambiente terrestre? Você conhece alguma?

Evolução e classificação das plantas

As **plantas** são seres multicelulares que provavelmente surgiram de algas verdes ancestrais, do grupo protoctista. As plantas colonizaram o ambiente terrestre, evoluíram e se diversificaram, compondo a flora que hoje cobre os continentes.

A conquista do ambiente terrestre pelas plantas só foi possível graças a características como raízes eficientes na captação de água do solo e na fixação de plantas de maior porte, estruturas que possibilitam a circulação de água e de nutrientes por todas as partes da planta e estruturas que impedem a perda excessiva de água. Depois que as plantas estavam consolidadas no ambiente terrestre, surgiram as sementes e, então, as flores e os frutos, estruturas que possibilitaram a propagação pelas diversas regiões da Terra. Observe a imagem a seguir, que apresenta a provável história evolutiva das plantas, com base em um ancestral comum.

A hipótese mais aceita sobre a origem das plantas é que elas tenham como ancestral comum um tipo de protoctista, que teria dado origem tanto às atuais algas verdes quanto a todas as plantas. Partindo desse ancestral comum, a reconstrução da história evolutiva com base no registro fóssil indica que ocorreu uma série de eventos, como podemos observar no esquema a seguir. Cada numeral indica o surgimento de uma característica, o que significa que à esquerda dele nenhum indivíduo apresenta tal característica, e à sua direita todos as possuem.

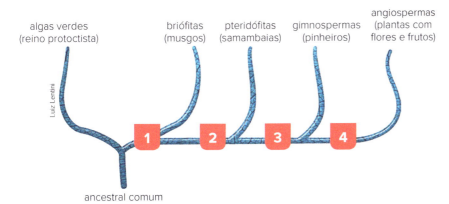

1. Surgimento das plantas terrestres que apresentam embrião, resultante do desenvolvimento do ovo (zigoto) na reprodução sexuada, há cerca de 500 milhões de anos.
2. Surgimento das primeiras plantas com vasos condutores de seiva – as plantas vasculares –, há cerca de 450 milhões de anos.
3. Surgimento das primeiras plantas com sementes, há cerca de 350 milhões de anos.
4. Surgimento das plantas com sementes que se desenvolvem dentro de frutos, há cerca de 150 milhões de anos.

↑ Árvore indicando os principais eventos que direcionaram a evolução das plantas.

A seguir, vamos conhecer algumas características dos grupos de plantas.

Briófitas

As **briófitas** são plantas sem vasos condutores e sem sementes, como musgos e hepáticas. Vivem preferencialmente em locais úmidos e próximos da água, pois dependem dela para sua reprodução. Isso explica o fato de haver briófitas em abundância em locais sombreados e de alta umidade.

Na história evolutiva das plantas, as briófitas foram as primeiras a conquistar o ambiente terrestre. Isso foi possível graças ao surgimento de estruturas capazes de absorver água e sais. A absorção e o transporte de água nas briófitas são feitos de célula a célula. Por isso seu tamanho é limitado: a maioria não ultrapassa 20 cm de altura.

→ Rochas recobertas por musgos.

Pteridófitas

As pteridófitas, assim como as briófitas, não têm sementes, frutos nem flores. Apesar disso, têm novas características evolutivas, como vasos condutores e folhas verdadeiras, que possibilitam o transporte mais rápido e eficiente de água e nutrientes pelo corpo, proporcionando maior crescimento em relação às briófitas. A avenca e a samambaia são exemplos de briófitas.

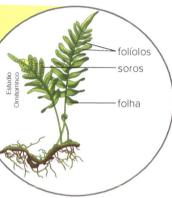

As pteridófitas não têm sementes. Sua reprodução depende de estruturas reprodutivas denominadas esporos. Estes são produzidos nos soros, os pequenos pontos marrons que vemos nas folhas.

Gimnospermas

Com as **gimnospermas** surgiram os grãos de pólen, que carregam os gametas masculinos e podem se dispersar pelo ambiente, e as sementes. Os grãos de pólen possibilitaram que a reprodução ocorresse sem a dependência da água, como ocorre com briófitas e pteridófitas.

A semente protege o embrião contra a desidratação, o calor, o frio e os predadores. Ela também armazena reservas nutritivas que garantem o desenvolvimento do embrião.

Estróbilos de pinheiro, *Pinus* sp. Os estróbilos (ramos modificados) são estruturas reprodutivas de gimnospermas, como os pinheiros, os ciprestes, as tuias, as sequoias e as araucárias.

Angiospermas

No curso da história da evolução das plantas, o grupo das **angiospermas** foi o último a surgir. Das plantas catalogadas pelos cientistas, dois terços são angiospermas, ocupando os mais diversos ambientes. A grande diversidade de espécies e a ampla distribuição geográfica das angiospermas refletem seu sucesso na conquista definitiva do ambiente terrestre.

A característica exclusiva desse grupo é a presença das flores e dos frutos, que envolvem as sementes.

Flor de maracujá. A flor é a estrutura reprodutora que produz os gametas, tanto os femininos como os masculinos. Os gametas masculinos encontram-se dentro dos grãos de pólen, já o feminino fica dentro do ovário. Há flores de sexos separados e as hermafroditas, aquelas que têm ambos os sexos. Depois de fecundada, a flor vai gerar fruto com sementes.

ATIVIDADES

SISTEMATIZAR

1. Nos ecossistemas de Mata Atlântica, que apresenta ambientes muito úmidos, é bastante comum encontrar plantas de apenas alguns centímetros, que crescem sobre os troncos de árvores e cobrem o solo de grandes áreas sombreadas.

    a) A que grupo de plantas o texto se refere?

    b) Que fator limita seu tamanho e a área onde essas plantas se desenvolvem?

2. Quais são as principais características evolutivas verificadas nas plantas gimnospermas?

3. Quais fatores foram responsáveis pelo sucesso adaptativo das angiospermas? Cite pelo menos dois desses fatores.

REFLETIR

1. Presença marcante da jardinagem nos anos 1980, as samambaias estão de volta! Arquitetos, decoradores e paisagistas abrem cada vez mais espaço para elas em seus projetos paisagísticos, e transformam o cantinho verde em verdadeiras "microflorestas".

    a) Busque e registre informações sobre onde e como cultivá-las.

    b) Atualmente é proibido utilizar o xaxim como vaso. Ele era feito de pedaços do caule da samambaiaçu. Esse produto foi substituído por vasos de fibra de coco. Por que essa proibição foi necessária?

DESAFIO

1. Entre outros usos, para identificar espécies de plantas, os cientistas recorrem a um herbário, local onde são armazenadas amostras de espécies vegetais prensadas e secas. É com base na comparação de suas amostras com as do herbário que eles fazem a identificação. Forme um grupo com alguns colegas e, juntos, pesquisem quais são os procedimentos de preparação de plantas em herbários. Com essas informações em mãos, montem individualmente a própria coleção de plantas. É importante que todos os grupos sejam representados: briófitas, pteridófitas, gimnospermas e angiospermas.

2. Margaret Mee foi uma artista nascida em 1909 na Inglaterra. Em 1952, mudou-se para o Brasil com o marido e, em 1956, fez sua primeira expedição à Floresta Amazônica, retratando em suas pinturas espécimes da flora local. Durante os 30 anos que se seguiram, fez outras 15 excursões à região. Ela foi uma das pioneiras a defender a preservação da Floresta Amazônica, e seu trabalho como artista serviu de testemunho da diversidade dessas áreas e da necessidade de sua conservação. É considerada uma das mais importantes ilustradoras botânicas do século XX.

    Reúna-se em grupo e discuta com os colegas os possíveis desafios que Margaret Mee enfrentou para seguir com sua carreira de botânica. Leve em consideração o fato de ela ser mulher e a época em que viveu.

↑ Margaret Ursula Mee (1909-1988).

FIQUE POR DENTRO

Árvore da vida

A árvore filogenética, também conhecida como árvore da vida, é uma representação de como os seres vivos estão interligados de acordo com as mudanças ocorridas em seus organismos no processo histórico da evolução.

Essa árvore possibilita visualizar uma "linha do tempo" que mostra alguns eventos na história da vida no planeta, como a evolução humana.

Embora seja apoiada por muitas evidências, a árvore filogenética não é imune a erros. Os cientistas reavaliam constantemente os ramos da árvore diante de novos dados.

Eucariontes
Esse grupo é representado por seres vivos que possuem em sua(s) célula(s) um núcleo que isola o material genético do citoplasma. Esses seres podem ser organismos unicelulares e multicelulares.

Animais
Esse grupo é representado por organismos pluricelulares e heterótrofos. Algumas de suas principais características são a mobilidade e o sistema de órgãos internos. Sua reprodução, com algumas exceções, é sexuada, e eles possuem metabolismo aeróbico.

Archaea
Seres vivos unicelulares procariontes. A maioria é anaeróbica e vive em ambientes extremos (por exemplo, lagos gelados e crateras de vulcões ativos). Há mais de 200 espécies conhecidas.

Plantas
Organismos multicelulares autótrofos. Suas células possuem parede rígida e são organizadas em tecidos especializados. Realizam fotossíntese por meio dos cloroplastos.

CNIDÁRIOS
Incluem espécies como as medusas, os pólipos e os corais.

BILATERALIDADE
Organismos simétricos bilateralmente.

NÃO VASCULARES
São plantas que não possuem sistema de vasos internos.

VASCULARES
São plantas que possuem sistema de vasos internos.

MOLUSCOS
Incluem os polvos, caracóis e ostras.

VERTEBRADOS
Possuem coluna vertebral, crânio para proteger o cérebro e um esqueleto.

COM SEMENTES
Existem plantas que possuem sementes desnudas e também as que possuem fruto protegendo a semente.

SEM SEMENTES
Possuem tecidos simples e caules próximos a superfícies.

TETRÁPODES
Possuem quatro membros.

Parentesco
Os cientistas evolucionistas defendem a hipótese de que todos os seres vivos atuais compartilham um ancestral comum no passado, ou seja, somos todos parentes. Acredita-se que o primeiro ser vivo deve ter sido unicelular procarionte.

PEIXES CARTILAGINOSOS
Incluem as raias, os tubarões e as quimeras.

ANGIOSPERMA
Apresentam o fruto protegendo as sementes, além de flores exuberantes para atrair a polinização.

ANFÍBIOS
Quando jovens, vivem na água, e durante toda a vida adulta vivem na terra.

Evolução biológica
A evolução biológica não é simplesmente mudança ao longo do tempo. Por exemplo, as árvores perdem suas folhas e as dunas das praias se modificam com os ventos. Entretanto, esses não são exemplos de evolução biológica, pois não envolvem descendência genética. Por meio da descendência com modificação, uma espécie comum ancestral originou a fantástica diversidade que vemos na Terra, tanto no registro fóssil como em torno de nós.

GIMNOSPERMA
Possuem sementes desnudas, isto é, sem fruto. São os pinheiros e as araucárias.

Aves e répteis são animais que nascem de um ovo amniótico (ovo com casca e membranas que impedem a secagem pela evaporação da água, bem como guardam reserva alimentar constituída pelo vitelo ou gema).

O ovo permitiu que tetrápodes se adaptassem a diferentes ambientes. Seus filhotes são capazes de nascer ou emergir da casca protetora do ovo, em um avançado estágio de desenvolvimento, relativamente aptos para cuidar de si mesmos.

Bactérias

Grupo das bactérias e das cianobactérias, organismos unicelulares que vivem em superfícies e em colônias. Apresentam em sua estrutura uma parede celular espessa e, geralmente, possuem muitos cílios. Acredita-se que elas existam há cerca de 4 bilhões de anos.

COCO
Bactérias com formato esférico.

BACILOS
Bactérias com formato de bastonete.

VIBRIÕES
Bactérias com forma de vírgula.

ESPIRILOS
Bactérias com forma espiral.

As imagens apresentadas nesta página estão sem escala.

Sol 90 images

Protoctistas

Este reino engloba seres unicelulares e multicelulares que não podem ser incluídos em outros grupos. São exemplos os protozoários (paramécio, ameba etc.) e as algas.

Fungi

Alguns fungos são unicelulares, mas a maioria é multicelular. São seres heterótrofos, ou seja, não produzem o próprio alimento (não fazem fotossíntese) e alimentam-se de matéria orgânica em decomposição.

COGUMELOS
São seres vivos com ampla variedade de formas, cores e tamanhos.

BOLOR
A maioria das espécies de fungo são bolores.

1. Na árvore genealógica de uma pessoa aparecem os nomes de seus ascendentes (pais, avós, bisavós...) e outros parentes. Qual é a diferença entre uma árvore genealógica e uma árvore filogenética, como a apresentada neste infográfico?

2. Devido à distância entre as linhas evolutivas das plantas e dos animais, pode-se afirmar que não houve um ancestral comum entre esses seres? Explique.

3. Os seres humanos têm grau de parentesco mais próximo com os cangurus ou com os insetos? Explique.

ARTRÓPODES
Animais com exoesqueleto (esqueleto externo) e patas articuladas.

INSETOS
Maior grupo evolutivo existente.

MIRIÁPODES
Representantes: centopeias e piolho-de-cobra.

PEIXES ÓSSEOS
Possuem esqueleto ósseo.

CRUSTÁCEOS
Representantes: caranguejos, lagostas, camarões e cracas.

ARACNÍDEOS
Representantes: aranhas, escorpiões e ácaros.

AMNIOTA
São espécies que nascem de um ovo amniótico.

MAMÍFEROS
Os filhotes são alimentados com leite materno.

PLACENTÁRIOS
O embrião desenvolve-se completamente na placenta, dentro do corpo da mãe.

AVES E RÉPTEIS
Espécies ovíparas. Os répteis são ectotérmicos, e as aves homeotérmicas.

MARSUPIAIS
O embrião desenvolve-se dentro do corpo da mãe, mas a fase final ocorre fora, dentro do marsúpio ("bolsa").

TARTARUGAS
São répteis mais arcaicos.

LAGARTOS
Incluem também os crocodilos.

SERPENTES
Possuem escamas e corpo alongado.

MONOTREMADOS
O desenvolvimento do embrião ocorre completamente fora do corpo da mãe, dentro do ovo. Único mamífero ovíparo. São os representantes mais primitivos dos mamíferos.

O ser humano

Pertence à classe dos mamíferos e placentários. Seu embrião se desenvolve totalmente dentro do corpo da mãe, alimentando-se através da placenta. Após o seu nascimento, depende do leite materno. Pertence, também, à ordem dos primatas.

Os parentes mais próximos dos homens são os grandes hominoides, como os chimpanzés e os gorilas.

Observação: este infográfico não apresenta todos os grupos de organismos. Estão ausentes os nematódeos (como a lombriga) e os anelídeos, como a minhoca, por exemplo.

103

PANORAMA

FAÇA AS ATIVIDADES A SEGUIR E REVEJA O QUE VOCÊ APRENDEU.

Neste tema aprendemos que os seres vivos podem ser organizados nas seguintes categorias taxonômicas: reino, filo, classe, ordem, família, gênero e espécie. Os cinco reinos são: Monera, Protoctista, Fungi, Plantae e Animalia. Cada reino – e, portanto, cada ser vivo – tem uma história evolutiva que é compartilhada com outros seres vivos.

Conhecemos características dos principais filos, classes e algumas ordens dos seres vivos.

1. Existem animais de diferentes tipos e formas. Contudo, todos têm características em comum que os agrupam no mesmo reino de seres vivos. Quais são?

2. Classifique os animais a seguir em invertebrados ou vertebrados.

    a) abelha (artrópode)

    b) tubarão (peixe)

    c) polvo (molusco)

    d) morcego (mamífero)

3. Que semelhanças existem entre os ovos das aves e os de répteis?

4. Que característica dos anfíbios deu origem ao nome dessa classe de vertebrados?

5. Considerando aspectos biológico e evolutivo, responda: Quem nasceu primeiro, o ovo ou a galinha?

6. Os primeiros vertebrados a conquistar definitivamente o ambiente terrestre foram os répteis, por apresentarem adaptações que possibilitam "resolver", com eficiência, os problemas da vida fora da água. Que adaptação está relacionada ao tipo de ovo nessa classe de animais?

7. Os pelos estão ausentes ou reduzidos nos mamíferos aquáticos, como os cetáceos. Explique por que isso é vantajoso para esses animais.

8. Um estudante precisa selecionar imagens de vertebrados para um trabalho escolar. Ajude-o indicando da lista a seguir quais animais podem ser utilizados na tarefa. Escreva as alternativas em seu caderno.

    a) sardinha

    b) planária

    c) estrela-do-mar

    d) galinha

    e) abelha

    f) minhoca

    g) porco

    h) rã

    i) macaco

    j) água-viva

    k) jabuti

9. Acredita-se que protoctistas aquáticos sejam os ancestrais tanto das algas verdes como das plantas. Que características foram desenvolvidas no processo de evolução das plantas para que pudessem habitar o meio terrestre?

10. Considerando o cladograma representado a seguir sobre a evolução das plantas, responda: Qual grupo é evolutivamente mais recente? Explique.

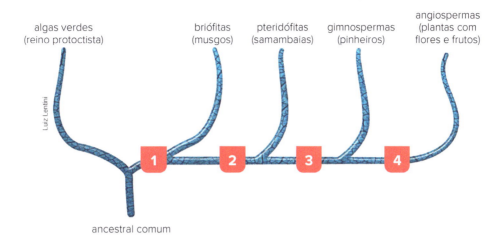

11. Observe a imagem da atividade 10. Explique o que significam os numerais e, com base neles, compare angiospermas e pteridófitas.

12. Observe a imagem ao lado. Ela mostra uma planta que faz parte do primeiro grupo a colonizar o ambiente terrestre. Que grupo é esse, e que características possibilitaram essa colonização?

DICAS

ACESSE

As aventuras de Sammy. Bélgica, 2010. Direção de Ben Stassen, 85 min. A história de uma tartaruga marinha, desde seu nascimento, em 1959, até a maturidade, em 2009. Ela viaja pelos oceanos do mundo inteiro em uma jornada e testemunha as consequências do aquecimento global, assim como as principais alterações que o ser humano está causando ao planeta.

LEIA

Enciclopédia Vida na Terra – Peixes, de Georgina Osorio (Impala). Livro rico em imagens e informações sobre o variado mundo dos peixes, que podem ser predadores ou presas.

Répteis e anfíbios, de Simon Mugford (Libris – Coleção Descoberta Fantástica). Livro com ampla variedade de fotografias e fatos curiosos sobre os répteis e os anfíbios.

VISITE

Museu Oceanográfico do Instituto Oceanográfico da Universidade de São Paulo (IOUSP). Praça do Oceanográfico, 191 – Cidade Universitária USP – CEP 05508-120 – São Paulo – SP. Tel.: (11) 3091-6587/3091-7149. Exposição permanente com acervo dividido em módulos que evidenciam a dinâmica, a estrutura e a biodiversidade dos oceanos. Para mais informações, acesse: <http://www.io.usp.br/index.php/infraestrutura/museu-oceanografico/apresentacao>. Acesso em: 10 abr. 2019.

Vista de paisagem do Pantanal. Corumbá (MS), 2017.

TEMA 4
Ecossistemas

NESTE TEMA
VOCÊ VAI ESTUDAR:

- o conceito de ecossistema;
- as adaptações dos seres vivos ao ambiente;
- as relações entre os seres vivos e destes com o ambiente;
- os principais ecossistemas brasileiros.

1. Você conhece ambientes semelhantes ao da imagem? No município onde você mora há algum ambiente semelhante? Qual?
2. Quais elementos compõem este ambiente?
3. Em sua opinião, os seres vivos desta imagem se relacionam uns com os outros e com o ambiente físico? De que forma?

107

CAPÍTULO

Ecossistemas

Neste capítulo, você vai estudar o conceito de ecossistema, destacando as interações dos seres vivos com o ambiente e entre si, fluxo de energia e ciclagem de nutrientes.

EXPLORANDO OS ECOSSISTEMAS

A professora do 8º ano pediu aos alunos que pesquisassem o tema: "Em que ecossistema você vive"?

Como o trabalho deveria ser realizado em grupos, Emília convidou os colegas para se reunirem em sua casa, no sábado, às 14 horas, para fazer a pesquisa. Combinaram que levariam seus livros de Ciências e Geografia, além de revistas que pudessem ser recortadas. Folha de cartolina e canetas coloridas para a confecção do cartaz para ilustrar o trabalho não eram necessárias, pois Emília já as tinha em casa.

Após muito lerem, Emília revelou que pouco havia conseguido concluir sobre a pergunta da professora:

— Ainda não sei dizer em que ecossistema nós vivemos. Às vezes, acho que nosso ecossistema é a Mata Atlântica, mas em alguns textos a Mata Atlântica é chamada de bioma. Vejam o mapa que encontrei no *site* de um professor.

Arthur, que também estava com dúvidas, assumiu: — Eu também ainda não sei explicar; nós vivemos na cidade; aqui não tem mata, só os jardins das casas e algumas praças!

Animada, observando o mapa, Sofia disse aos colegas:

— O livro de Ciências também vai ajudar! Escutem: "A Mata Atlântica, por exemplo, é um bioma que contém diversos ecossistemas".

→ Alunos fazendo atividades escolares.

Agora é sua vez.

1. Você já ouviu os termos ecossistema e bioma? Sabe dar exemplos?
2. Em que ecossistema você vive? Quais são suas características?

O que é um ecossistema?

No **Explorando** da página anterior os alunos ficam em dúvida sobre o que são biomas e o que são ecossistemas. E você, sabe a diferença?

Ecossistema é um conceito relacionado à interação de um conjunto de elementos vivos (animais, plantas, bactérias, algas, fungos, protozoários) e não vivos (tipo de solo, temperatura, umidade, luminosidade) em certa região do espaço terrestre. Essa interação diz respeito aos seguintes fatores: obtenção de alimento (ou produção, no caso das plantas), abrigo, espaço, luz e reprodução.

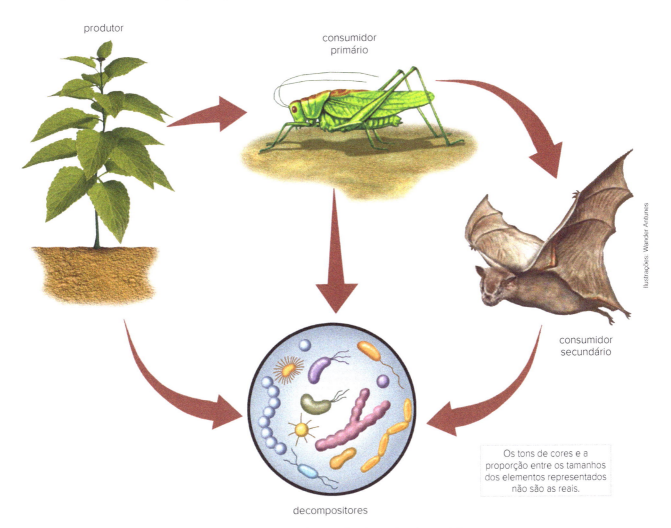

Os tons de cores e a proporção entre os tamanhos dos elementos representados não são as reais.

↑ Numa cadeia alimentar, as plantas são chamadas de produtores porque são capazes de produzir o próprio alimento. Os consumidores primários (animais herbívoros) alimentam-se de plantas e servem de alimento para os consumidores secundários (carnívoros ou onívoros), e assim por diante. Com isso, ocorre o que chamamos de **fluxo de energia**: a passagem da matéria de um organismo a outro para a obtenção de energia. Os seres decompositores desempenham importante papel nos ecossistemas, pois tornam os nutrientes novamente disponíveis às plantas para a manutenção da cadeia.

Um ecossistema pode ser desde uma árvore em interação com animais, outras plantas, fungos e demais elementos vivos, com o solo de onde retira os nutrientes e também com a luminosidade – importante no processo de fotossíntese –, até uma região ocupada por manguezais que se estende por muitos quilômetros do litoral brasileiro.

Ecossistemas brasileiros

O Brasil é um país com dimensões continentais e apresenta variações de clima, relevo e tipo de solo ao longo de sua extensão. Essas características contribuem para uma grande diversidade de ecossistemas. Assim, características típicas de onde você mora ou de locais próximos a seu município podem corresponder a ecossistemas costeiros, como o manguezal, ou a outros ecossistemas, como a restinga, o ecossistema da Mata Atlântica de encosta, da Mata Atlântica de interior, Campos, Cerrado e Cerradão, da Floresta Amazônica, da Mata de Cocais, da Mata de Araucárias, dos Pampas e das planícies alagadas do Pantanal.

Biomas

Os **biomas** são conjuntos de ecossistemas definidos principalmente por ocuparem áreas de grandes dimensões e apresentarem tipos de solo e altitude semelhantes e clima característico. A vegetação de cada bioma corresponde a um dos componentes mais importantes da classificação dessas áreas. Os diferentes aspectos do bioma determinam os ecossistemas que o compõem.

O Ministério do Meio Ambiente classificou no território brasileiro seis biomas principais: a Floresta Amazônica, a Mata Atlântica, a Caatinga, o Cerrado, o Pampa ou campos sulinos e o Pantanal.

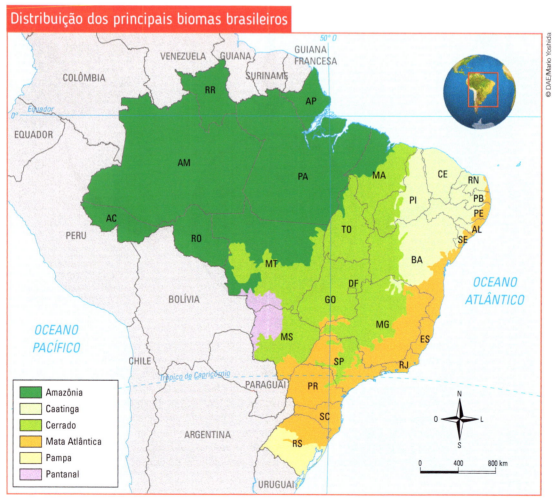

Fonte: *Atlas geográfico escolar*. Rio de Janeiro: IBGE, 2009. p. 18.

Nos biomas brasileiros, encontramos grande diversidade de ecossistemas e, como vimos anteriormente, em um mesmo bioma pode haver mais de um ecossistema.

ATIVIDADES

SISTEMATIZAR

1. Segundo o Ministério do Meio Ambiente, no território brasileiro existem seis biomas. Analise o mapa da página 110 e, no caderno, responda às questões a seguir.
   a) Qual é o bioma mais extenso, considerando o território brasileiro?
   b) Qual é o que ocupa a região mais próxima do litoral?
   c) Qual é o que se situa no extremo sul do território brasileiro?
   d) Qual é o bioma predominante em seu estado?

2. O que forma um ecossistema?

3. Cite três exemplos de ecossistemas que você conhece.

4. O que são biomas?

5. Explique a importância do fluxo de energia e da ciclagem de nutrientes nos ecossistemas.

6. Por que os seres que fazem fotossíntese são importantes para os ecossistemas?

7. As algas, assim como as plantas, são organismos produtores. Em um ecossistema aquático, o que aconteceria se elas desaparecessem? Justifique.

REFLETIR

Os limites geográficos entre os biomas alteram-se gradativamente, havendo uma região de transição em que podemos encontrar espécies comuns aos dois biomas. Analise as imagens a seguir e indique qual delas representa uma área de transição entre diferentes biomas. Explique sua resposta.

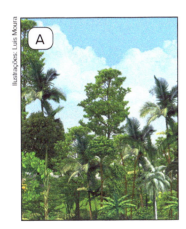

Ilustrações: Luis Moura

DESAFIO

Em grupos, façam uma pesquisa em livros, revistas ou na internet sobre os biomas mundiais, localizando-os no mapa ou em um globo terrestre. Discutam as diferenças entre eles.

111

FIQUE POR DENTRO

Hábitos & teias

Na Região Nordeste do Brasil predomina o clima semiárido, que é seco e com pouca quantidade de chuvas em grande parte do ano. A vegetação típica é seca e espinhosa, isto é, xerófila, adaptada às condições impostas pelo clima. Este é o ambiente da Caatinga, que compreende porções dos estados do Piauí, Ceará, Rio Grande do Norte, Paraíba, Pernambuco, Alagoas, Sergipe, Bahia e Minas Gerais e é o hábitat de uma grande diversidade de seres vivos que se relacionam entre si e com o ambiente.

Ameaças
As principais ameaças à preservação da paisagem catingueira e à sua biodiversidade são a exploração inadequada de recursos, o desmatamento e a caça predatória. Espécies como a onça-parda, o tatu-bola, a ararinha-azul, entre outras, correm risco de extinção na natureza.

Hábitos
Os hábitos dos animais variam de acordo com sua alimentação. Alguns preferem buscar alimento durante o dia – como o corrupião, o carcará e as abelhas-irapuã –, ao passo que outros durante a noite – como o morcego, o tatupeba e a suçuarana.

carcará

abelha-irapuã

corrupião

xique-xique

pombinha branca

coroa-de-frade

mandacaru

112

Animais

As condições adversas do ambiente da Caatinga levaram ao desenvolvimento de uma fauna única, formada por mais de 800 espécies de animais. Já foram registradas 510 espécies de aves, 148 de mamíferos, 154 de répteis e anfíbios e 240 de peixes – cada uma com sua estratégia específica quando o assunto é sobreviver à escassez de água.

Vegetação

Nesse ambiente geralmente as plantas têm cascas grossas e folhas pequenas ou modificadas em espinhos. Além disso, muitas delas, como o mandacaru, o umbuzeiro e o xique-xique, são capazes de armazenar água nas raízes ou no caule. Na paisagem da Caatinga predominam árvores baixas e arbustos, bem como várias espécies de cactos.

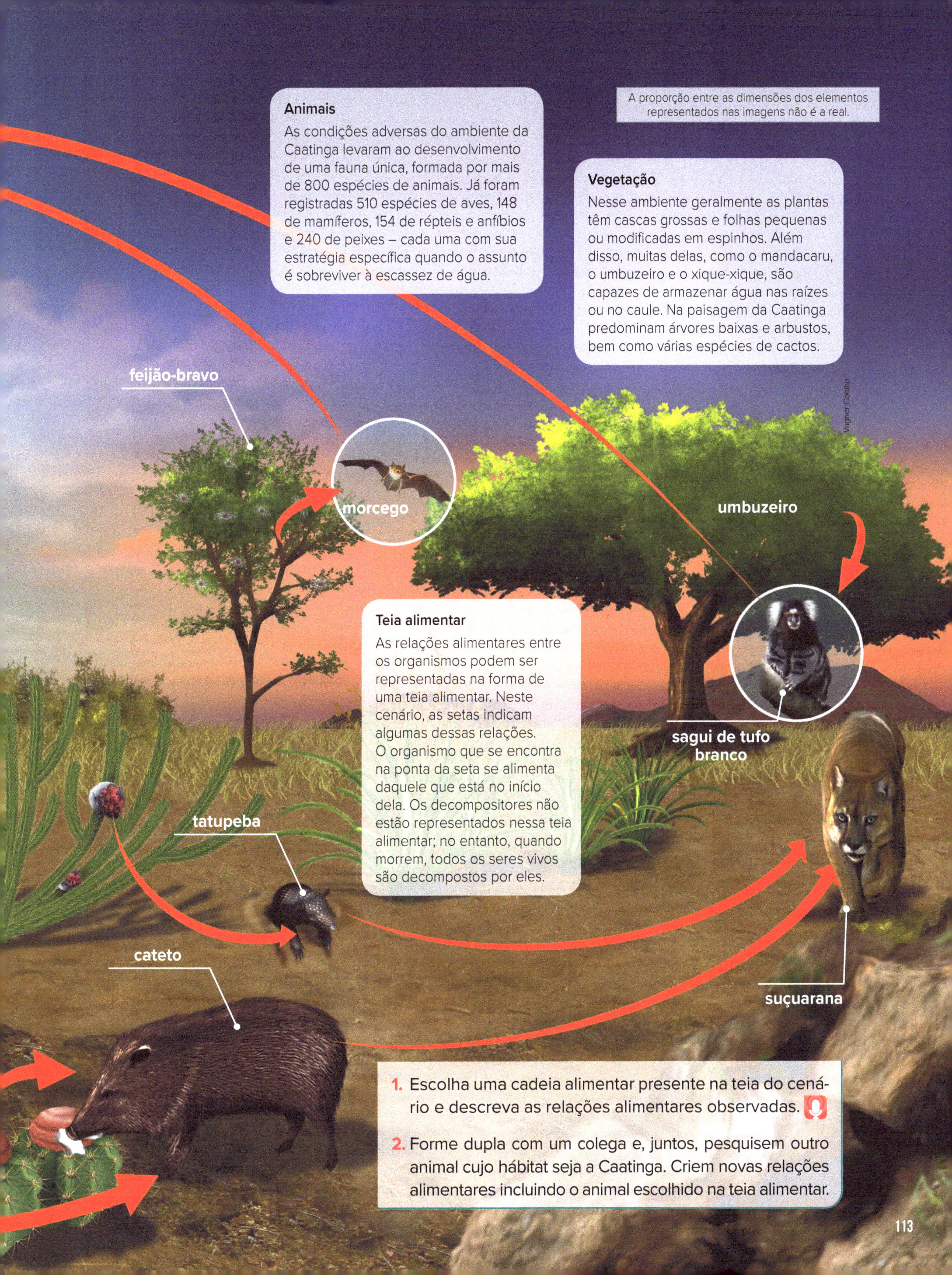

A proporção entre as dimensões dos elementos representados nas imagens não é a real.

feijão-bravo

morcego

umbuzeiro

Teia alimentar

As relações alimentares entre os organismos podem ser representadas na forma de uma teia alimentar. Neste cenário, as setas indicam algumas dessas relações. O organismo que se encontra na ponta da seta se alimenta daquele que está no início dela. Os decompositores não estão representados nessa teia alimentar; no entanto, quando morrem, todos os seres vivos são decompostos por eles.

sagui de tufo branco

tatupeba

cateto

suçuarana

1. Escolha uma cadeia alimentar presente na teia do cenário e descreva as relações alimentares observadas.

2. Forme dupla com um colega e, juntos, pesquisem outro animal cujo hábitat seja a Caatinga. Criem novas relações alimentares incluindo o animal escolhido na teia alimentar.

CAPÍTULO 2
Amazônia, Mata Atlântica e Pantanal

Nos capítulos anteriores, você estudou o conceito de ecossistema e as relações que nele se estabelecem. Neste capítulo, você vai conhecer os ecossistemas dos biomas Amazônia, Mata Atlântica e Pantanal.

EXPLORANDO A REGIÃO AMAZÔNICA

Ilustrações: Natalia Forcat

Alberto, pai de Omar, começou a trabalhar como guia turístico em Manaus; frequentemente leva visitantes de outras nacionalidades e até mesmo brasileiros para conhecer o encontro das águas entre os rios Negro e Solimões, os igarapés, o Instituto de Pesquisas da Amazônia e vários outros lugares que são encontrados somente nesta região.

Certo dia, ele acompanhou um grupo de idosos que estava passando férias em Manaus. Eles estavam ansiosos para conhecer as maravilhas do local, os seres vivos e o colorido dos pássaros que habitam as florestas de Manaus.

Quando chegou em casa, Alberto foi logo contar ao filho Omar sobre o dia incrível que havia passado junto ao grupo, que era muito animado. Contou que eles moravam em uma cidade grande e que nunca tinham visto tantos tipos de árvore e pássaro.

Omar ouviu atento tudo o que o pai contava sobre o passeio com o grupo de turistas, principalmente quando ele contou que o grupo ficou encantado em ver como a natureza estava próxima da cidade de Manaus.

Agora é sua vez.

1. Você conhece a região amazônica e seus ecossistemas? Como você descreveria essa região?

2. Pense em algumas espécies de animais que habitam a região amazônica. Como você as descreveria?

3. Qual o tipo de vegetação característica da região amazônica?

Ecossistemas amazônicos

A Floresta Amazônica é a maior floresta tropical da Terra e está associada ao clima quente e úmido, relevo baixo em grande parte de sua extensão e uma extensa rede de rios, sendo o maior deles o Rio Amazonas.

Embora grande parte da região da Floresta Amazônica esteja localizada sobre solo arenoso e pouco fértil, a matéria orgânica em abundância possibilita uma vegetação exuberante, com árvores de grande e pequeno portes, **epífitas**, arbustos e plantas rasteiras.

Espécies como o guaraná, o açaí e a castanha-do-pará são muito utilizadas na alimentação local. Ela também abriga uma infinidade de animais. Nos rios há plantas como a vitória-régia e animais característicos do local como o peixe-boi, o boto e o pirarucu.

Os ecossistemas da região amazônica variam de acordo com a disponibilidade de água e são organizados em: matas de terra firme, matas de várzea e **igapó**.

Fonte: *Atlas geográfico escolar*. Rio de Janeiro: IBGE, 2009.

As **matas de terra firme** estão localizadas em regiões não alagadas pelos rios e representam a maior parte da vegetação, com árvores de grande porte como a castanheira-do-pará e a palmeira.

Os **ecossistemas de igapó** são aqueles localizados em áreas quase sempre inundadas. Em decorrência disso, a vegetação é adaptada a estas condições e apresentam porte baixo. As vitórias-régias, símbolos da Amazônia, habitam estes locais.

Já o ecossistema de **mata de várzea** pode ser considerado uma transição entre os outros dois, pois estão localizados em áreas inundadas em determinadas épocas do ano. As partes mais altas deste ecossistema se assemelham às matas de terra firme e as partes mais baixas, aos igapós.

POSSO PERGUNTAR?

É verdade que a vitória-régia aguenta uma pessoa em cima dela?

GLOSSÁRIO

Epífita: planta que utiliza outras plantas de apoio, como orquídeas e bromélias.

Igapó: palavra da língua indígena tupi-guarani que significa "lugar alagado".

AQUI TEM MAIS

O peixe-boi da Amazônia e sua importância ecológica

O peixe-boi da Amazônia (*Trichechus inunguis*) é o menor dos peixes-boi e habita exclusivamente rios e lagos de água doce na bacia Amazônica. [...] pode ficar mais de 20 minutos em baixo d'água, sem respirar. Sua alimentação é constituída essencialmente de plantas aquáticas e semiaquáticas.

Assim como todos os animais, o peixe-boi da Amazônia apresenta grande importância ecológica, pois colabora para o equilíbrio do ecossistema em que vive. Como ele se alimenta de plantas aquáticas que ficam na superfície dos rios, impede que elas se proliferem, evitando o efeito chamado de "tapagem". Isso acontece quando um crescimento excessivo de matéria orgânica cobre toda a superfície do rio, impedindo a entrada do sol, o que ocasiona a mortandade de algas e animais que vivem no fundo.

Contudo, o peixe-boi da Amazônia é considerado uma das espécies mais ameaçadas de extinção no Brasil. As principais ameaças desse animal são a poluição e a degradação de seu *habitat* pela desordenada ocupação humana, além da caça indiscriminada. Por ser manso e curioso, torna-se uma presa fácil para caçadores que utilizam a carne, a gordura e o couro desses animais.

[...]

Aquário de São Paulo. O peixe-boi da Amazônia e sua importância ecológica. Disponível em: <www.aquariodesaopaulo.com.br/blog/index.php/o-peixe-boi-da-amazonia-e-sua-importancia-ecologica/>. Acesso em: 10 abr. 2019.

1. Pesquise ações de conservação do peixe-boi e de outros mamíferos aquáticos de ecossistemas amazônicos e explique como os projetos atuam para a preservação dessas espécies e quais ações são realizadas.

Mata dos Cocais

Há, ainda, entre os ecossistemas amazônicos a **Mata de Cocais**. É considerado um ecossistema de transição entre a Floresta Amazônica, a Caatinga e o Cerrado. Esse ecossistema é o hábitat de aves como a araracanga, e em seus rios podem ser encontrados animais como a ariranha e o acará-bandeira. Quanto à vegetação, nela predominam as palmeiras – como a carnaúba, o babaçu e o buriti –, a oiticica e outras plantas amplamente usadas para extração de óleos.

↑ Esta fotografia aérea mostra a exuberância da floresta e a extensa rede fluvial amazônica.

↑ Vista da Mata dos Cocais. Na fotografia, palmeiras de babaçu em Nazária (PI), 2015.

Ecossistemas da Mata Atlântica

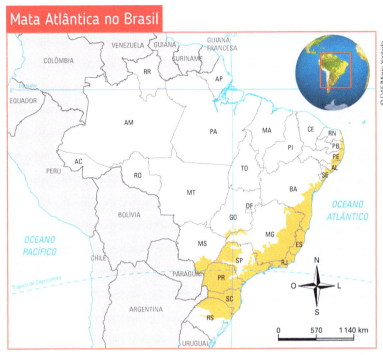

Fonte: Fundação SOS Mata Atlântica. Disponível em: <mapas.sosma.org.br>. Acesso em: 7 maio 2019.

A Mata Atlântica é uma floresta tropical e, assim como a Floresta Amazônica, destaca-se por sua biodiversidade. Seu clima é quente e úmido em grande parte do ano, sendo mais frio nas regiões ao sul do país. Diferentemente da Amazônia, seu relevo é diverso. Graças a essas condições e ao tipo de solo, a floresta abriga árvores altas – com mais de 30 metros de altura, como o jequitibá-rosa, cedro, ipê-roxo e ipê-rosa, pau-brasil, jacarandá e peroba, além de vegetação densa, como samambaias e palmeiras. Nos galhos das árvores é comum encontrar bromélias e orquídeas.

A fauna também é muito diversa: onça-pintada, anta, queixada, mico-leão-dourado, preguiça, gambás, serpentes, sapos, rãs e variadas espécies de aves.

Por conta das diferenças nos tipos de solo, relevo, clima e influências do oceano, por exemplo, apresenta uma grande variedade de ecossistemas, incluindo florestas úmidas com árvores de grande porte e folhagem densa, como as encontradas na Serra do Mar, as florestas de grande porte no interior do Brasil, também conhecida como mata de planalto, a mata de araucária, a vegetação de restinga e os manguezais, que são ecossistemas litorâneos.

Devido à intensa ocupação humana, seu território original foi extremamente reduzido, com diversas espécies ameaçadas de extinção, como a onça-pintada e a arara-azul.

↑ Vista panorâmica da Mata Atlântica na Serra do Mar. Morretes (PR), 2015.

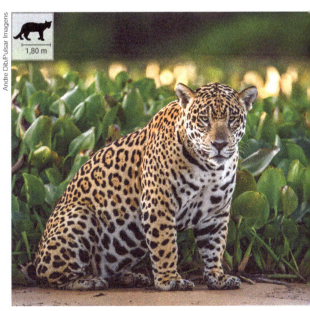

↑ Onça-pintada (*Panthera onca*), Poconé (MT), 2013.

Mata de Araucárias

O nome deste ecossistema já indica a árvore símbolo: araucária. Essa denominação se deve porque a araucária – ou pinheiro-do-paraná – é predominante na vegetação desse ecossistema. Sua floresta é fechada e composta principalmente por araucária, espécie de árvore que está entre as mais altas da floresta, compondo o que chamamos de dossel. Abaixo dele encontramos uma diversidade de árvores de porte inferior, além de arbustos e pequenas plantas. Toda esta diversidade varia de acordo com as condições do local.

↑ O conjunto de pinheiros-do-paraná forma a Mata de Araucárias. Araucárias em São José dos Ausentes (RS), 2013.

↑ A gralha-azul é um animal típico desse ecossistema. Foz do Iguaçu (PR), 2011.

Adaptada a temperaturas moderadas e invernos mais frios, esta vegetação está relacionada à altitude e solos férteis, profundos e com boa drenagem. Ocorre principalmente na Região Sul, estendendo-se pelos estados do Paraná, Santa Catarina e Rio Grande do Sul e com alguns resquícios nos estados de São Paulo e Minas Gerais.

Além das araucárias podemos citar como exemplos de árvores deste ecossistema: araçá (*Psidium cattleianum*), cedro-rosa (*Cedrella fissilis*), erva-mate (*Ilex paraguaiero*), embuia (*Ocotea porosa*) e pinheiro-bravo (*Podocarpus lambertii*).

Esse ecossistema está ameaçado pela exploração da madeira e pelo reflorestamento com outras espécies vegetais. A araucária apresenta dificuldade de regeneração, assim, os impactos no ecossistema são ainda mais agressivos, afetando também a fauna que depende do pinhão (a semente da araucária) para se alimentar. Cotias, pacas, ouriços, esquilos, papagaio-do-peito-roxo, gralha-azul e tucanos são alguns exemplos de animais que se alimentam do pinhão e que são responsáveis pela dispersão das sementes.

 **CURIOSO É...**

A gralha-azul auxilia na dispersão de sementes da araucária. O pinhão é o principal alimento da ave no inverno. Ela debulha a pinha, retira o pinhão das árvores, transporta para outros locais e enterra para estocar. Isso garante que novas araucárias germinem em outro local. Outra curiosidade da gralha-azul é que ela emite um grito de alerta avisando às demais aves a aproximação de um predador.

Manguezal

Os **manguezais** são ecossistemas costeiros de transição entre ambiente marinho e terrestre. São formações vegetais encontradas em áreas de transição entre a água doce e a água do mar, no **estuário** e na **foz** dos rios.

Seus terrenos são inundados diariamente por causa dos movimentos das marés. Suas águas são **salobras** e os solos lodosos e ricos em nutrientes. São encontrados em todo o mundo e estendem-se pela costa brasileira.

O manguezal é constituído por baixa diversidade vegetal, já que são poucas as plantas com adaptações que lhes possibilitam viver e se fixar nesse tipo de ambiente, como raízes-escoras, que partem do caule em direção ao substrato e contribuem para a fixação da planta no solo instável do manguezal, e as raízes respiratórias, que ficam fora da água, propiciando a troca de gases.

> **GLOSSÁRIO**
>
> **Estuário:** ambiente que se forma no local de encontro de um rio com o mar.
> **Foz:** ponto onde um rio termina desaguando no mar.
> **Salobra:** água mais salgada que a água doce e menos salgada que a água do mar.

↑ Aspecto da vegetação do ecossistema manguezal, caracterizada por plantas adaptadas ao solo alagado, principalmente por árvores de mangue. Trancoso (BA), 2016.

Por outro lado, este ecossistema tem grande importância na manutenção da biodiversidade porque se localiza em terreno parcialmente abrigado da ação das ondas, porém aberto para receber a água do mar e a água dos rios, que, com a alta incidência de luz solar e a alta disponibilidade de nutrientes, tornam o ecossistema altamente produtivo. É abrigo e berçário natural de muitas espécies de caranguejos, aves e peixes, que lá se reproduzem.

↑ Caranguejo-uçá, típico do mangue. Caravelas (BA), 2006.

CIÊNCIA, TECNOLOGIA E SOCIEDADE

Oceanóloga orienta sobre a preservação da restinga

Devido às grandes condições de adaptação, a restinga (vegetação costeira que pode ser encontrada ao longo de todo litoral) ocupa uma área significativa nas Praias Agrestes. Apesar de ser uma vegetação resistente aos fatores da natureza, é extremamente sensível à ação humana e possui características muito específicas que necessitam de mais cuidados. Por isso, a oceanóloga da Secretaria do Meio Ambiente (Semam), Patricia Zimmermann, dá dicas de como preservar essa vegetação, que garante um belo visual aos balneários do município.

De acordo com o Código Florestal Brasileiro, Lei 4.771, de 15 de setembro de 1995, as restingas são enquadradas em Áreas de Preservação Permanente (APP), o que permite que as mesmas não sejam devastadas. No entanto, a má conduta das pessoas pode prejudicar esta vegetação de diversas maneiras e acabar com a combinação do azul do mar e o verde da vegetação.

[...]

A restinga é um ecossistema costeiro formado por um conjunto de dunas e areias recobertos por uma vegetação. Ocupa um área significativa da faixa de areia, é de porte médio e possui grande densidade de elementos. É extremamente adaptada a condições adversas como salinidade, fortes ventos, altas temperaturas, incidência de chuvas ou até mesmo escassez de água. E além de servir como abrigo para diferentes espécies, a restinga é também a vegetação que pode controlar o avanço das dunas e areias e estabilizá-las, evitando que o movimento destas provoque prejuízos urbanos. Ou seja, danificar estas vegetações pode gerar problemas não apenas para a natureza, mas também para os seres humanos.

↑ Ambiente típico de restinga, com várias espécies de plantas, Parque Estadual de Itaúnas, Conceição da Barra (ES), 2010.

Oceanóloga orienta sobre a preservação da restinga. Disponível em: <https://www.clickcamboriu.com.br/geral/meio-ambiente/2014/01/oceanologa-orienta-sobre-a-preservacao-da-restinga-103524.html>. Acesso em: 10 abr. 2019.

1. Como as leis podem contribuir para a preservação desse ecossistema?

2. Reúna-se em grupo e, juntos, pesquisem em *sites* notícias atuais sobre a restinga brasileira a fim de identificar situações de preservação e de degradação e saber quais são os fatores relacionados à degradação desse ecossistema. Caso morem em regiões litorâneas, pesquisem se há ações de preservação na localidade. Organizem as informações que encontrarem e tragam para a sala de aula para discutir com os demais grupos os resultados das pesquisas.

Pantanal

O **Pantanal** recebe influência do Cerrado, da Mata Atlântica e da Amazônia. A riqueza de sua fauna pode ser visualizada facilmente, o que torna o ecoturismo uma de suas principais atividades econômicas.

↑ O Pantanal é a maior planície inundável do mundo (grande parte de sua área fica submersa durante o período das cheias). Existem mais espécies de aves no Pantanal do que na América do Norte. Na imagem, lagoa com bando de tuiuiús, cabeças-secas e garças-brancas. Cáceres (MT), 2010.

Fonte: *Atlas geográfico escolar*. Rio de Janeiro: IBGE, 2009.

AQUI TEM MAIS

A dinâmica das águas no Pantanal

Os tons de cores e a proporção entre os tamanhos dos elementos representados não são as reais.

O clima pantaneiro apresenta verões quentes e chuvosos e invernos frios e secos. Por ser uma região de baixa inclinação e cercada por serras e **chapadas**, no período de chuvas, que vai de outubro a março, ocorrem as cheias, na qual dois terços do terreno ficam alagados. Ao final (entre abril e setembro), tem início a vazante, época na qual o nível da água reduz gradativamente, restando apenas os rios e as lagoas permanentes.

GLOSSÁRIO

Chapadas: regiões que apresentam extensões geralmente planas.

← Esquema do terreno no Pantanal em período de cheia (à esquerda) e em período de vazante (à direita).

1. Em grupos, com base nas imagens, elaborem hipóteses sobre como o ambiente e os seres vivos podem ser beneficiados pela dinâmica das águas desse ecossistema. Depois, façam uma pesquisa sobre o assunto e confrontem as informações com as hipóteses elaboradas.

DIÁLOGO

A vida nos rios do Pantanal

↑ Vista aérea do encontro entre o Rio Paraguai e o Rio Sepotuba. Cáceres (MT), 2014.

[...]

A importância da flora para o ciclo de vida dos peixes é um dos dados já revelados pelo estudo, que vem sendo executado também em parceria com o ICMBio e a equipe da Estação Ecológica de Taiamã [...]. Muitas das espécies comerciais, como o pacu, a piraputanga, o pacu peva, a sardinha e lambari, além de dependerem das frutas das árvores que margeiam os rios para sua alimentação, executam um importante papel para a manutenção de toda área de mata ciliar do rio Paraguai. "Isso porque esses peixes funcionam como dispersores de sementes, e sua preservação está associada também à preservação das matas que margeiam os rios do Pantanal", explica Muniz. O desmatamento nas cabeceiras do rio Paraguai e o **assoreamento** foram revelados como as principais ameaças aos cursos-d'agua pantaneiros. Outra importante etapa da pesquisa é a descrição de novas espécies de peixes. Um novo bagre pode ter sido encontrado na região. [...]

> **GLOSSÁRIO**
>
> **Assoreamento:** acúmulo de areia, rochas e outros sedimentos em um rio, frequentemente causado pela retirada da vegetação.

Jornal Oeste. Pesquisadores encontram uma nova espécie de bagre em Cáceres. Disponível em: <www.jornaloeste.com.br/noticias/exibir.asp?id=29154&noticia=pesquisadores_encontram_uma_nova_especie_de_bagre_em_caceres>. Acesso em: 11 abr. 2019.

1. Após a leitura do texto, debata com os colegas sobre as informações apresentadas. A seguir, você encontra algumas questões para direcionar o debate:

   a) Qual a principal ameaça ao desaparecimento dos peixes na região de Cáceres e que ações seriam necessárias para evitá-la?

   b) O texto cita ainda que o estudo busca confirmar um novo bagre na região. Qual pode ser a consequência caso seja uma espécie invasora?

ATIVIDADES

SISTEMATIZAR

1. Indique três ecossistemas que compõem a Mata Atlântica e o tipo de vegetação predominante em cada um.

2. Coloque verdadeiro ou falso para as afirmações e corrija as respostas falsas.
   - Os organismos que vivem em ecossistemas costeiros, como a restinga e o mangue, são adaptados à alta variação de salinidade e variação da maré.
   - Os ecossistemas de Mata Atlântica, assim como os ecossistemas amazônicos, apresentam clima quente e úmido.
   - A Floresta Amazônica apresenta solo fértil, o que possibilita uma vegetação exuberante, com árvores de grande e pequeno portes, epífitas, arbustos e plantas rasteiras.
   - A Mata de Cocais é um ecossistema de transição entre Amazônia, Caatinga e Cerrado.

3. Explique quando ocorre e o que é a época de cheia e de vazante do Pantanal.

REFLETIR

1. Leia o texto e responda à questão.

   […]
   Apesar de sua importância, os manguezais no Brasil são vulneráveis a uma série de ameaças, tais como a perda e fragmentação da cobertura vegetal, a deterioração da qualidade dos *hábitats* aquáticos, devido sobretudo à ocupação, à poluição e às mudanças na hidrodinâmica. […]
   Estima-se que 25% dos manguezais em todo o Brasil tenham sido destruídos desde o começo do século 20. A situação é particularmente séria nas regiões Nordeste e Sudeste do Brasil, que apresentam um grande nível de fragmentação e onde estimativas recentes sugerem que cerca de 40% do que foi um dia uma extensão contínua de manguezais, foi suprimido.
   Por outro lado o esforço de conservação é significativo e crescente. O Brasil possui 120 unidades de conservação com manguezais no interior (sendo 55 federais, 46 estaduais e 19 municipais, dessas 83% são de uso sustentável e 17% de proteção integral) que cobrem uma área de 1 211 444 hectares
   […]

   Atlas dos manguezais do Brasil. Disponível em: <www.icmbio.gov.br/portal/images/stories/manguezais/atlas_dos_manguezais_do_brasil.pdf>. Acesso em: 10 abr. 2019.

   Considerando os fatores apresentados no texto como responsáveis pela degradação deste ecossistema, o que poderia ser feito para sua conservação?

DESAFIO

1. Reúnam-se em grupos, leiam o texto e façam o que se pede.

   […]
   "O tráfico de animais silvestres é uma das principais ameaças à biodiversidade brasileira e pode provocar a extinção de diversas espécies a médio e longo prazo. O comércio ilegal ocasiona desequilíbrios ecológicos e sofrimento aos animais. "Cada espécie tem uma função ecológica. […]

   Tráfico de animais contribui para extinção de espécies. Disponível em: <www.icmbio.gov.br/portal/ultimas-noticias/4905-trafico-de-animais-contribui-para-extincao-de-especies>. Acesso em: 10 abr. 2019.

   Pesquisem sobre animais dos ecossistemas estudados no capítulo que são vítimas do tráfico de animais silvestres e depois elaborem uma imagem criativa sobre o combate desta atividade para ser divulgado nas redes sociais e em aplicativos de mensagem.

2. Faça uma pesquisa na internet sobre como funcionam os Centros de Triagem de Animais Silvestres (Cetas) e os Centros de Reabilitação de Animais Silvestres (Cras) e elabore um texto explicando a importância desses locais para a preservação dos animais que são vítimas de tráfico.

CAPÍTULO

3 Caatinga, Cerrado e Pampas

No capítulo anterior, você estudou os ecossistemas da Amazônia, Mata Atlântica e Pantanal. Neste capítulo, você vai estudar os ecossistemas da Caatinga, do Cerrado e dos Pampas.

 EXPLORANDO A SERRA DA BABILÔNIA

Ilustrações: Natalia Forcat

Talita visitava pela primeira vez com sua família a cidade de Delfinópolis, MG. Região da Serra da Babilônia, onde fica localizado o Parque Nacional da Serra da Canastra. Chegaram na pousada Paraíso no finalzinho da tarde, com o Sol se pondo.

– Isso realmente é o paraíso! – Falou seu irmão do meio.

De fato, era: vegetação baixa, com galhos retorcidos e casca grossa, cascalhos brancos forrando o chão, algumas gramíneas e um certo colorido de florzinhas pelo chão. Entre a vegetação via-se o colorido avermelhado do sol. Era tudo maravilhoso.

No dia seguinte, preparados para a trilha pelas cachoeiras, lá foram os cinco: calça, bota, chapéu, protetor solar, água e um bastão de caminhada para ajudar na subida.

No caminho, cachoeiras e piscinas naturais de águas transparentes. Pequenas flores coloridas pelo caminho; muitas rochas expostas esculpidas pela ação do vento e da água, algumas cactáceas.

Lá pelas tantas, Talita ficou intrigada com os pedriscos brancos que formavam a trilha por onde caminhavam:

– Mãe, quem será que colocou essas pedrinhas de jardim aqui? Que trabalhão, hein?

Sua mãe riu: – Você está achando mesmo que foi alguém que colocou isso aqui? De onde você acha que vem as pedrinhas de jardim?

Agora é sua vez.

1. A partir da história, você consegue identificar que ecossistema os personagens visitaram? Justifique.

2. Você acha que alguém pode ter colocado os pedriscos na trilha? A que a mãe se referia quando disse: "De onde você acha que vem as pedrinhas de jardim"?

Caatinga

Fonte: *Atlas geográfico escolar*. Rio de Janeiro: IBGE, 2009.

Caatinga em tupi-guarani significa "mata branca", pois nos longos períodos de seca (devido à baixa umidade e pouca chuva) ocorre perda de folhas pela vegetação, que fica esbranquiçada.

O solo em geral é raso e pedregoso, rico em minerais, mas pobre em matéria orgânica. A vegetação é constituída de árvores baixas e arbustos, cactos como o mandacaru e o xiquexique, assim como outras plantas adaptadas às condições de seca, por exemplo, o umbuzeiro, o juazeiro e a bromélia caroá.

Parte da fauna da Caatinga tem hábitos noturnos por causa das altas temperaturas registradas durante o dia. É composta por aves como asa-branca e sofrê – ave endêmica da Caatinga, serpentes como cascavel e jiboia, roedores e outros animais, como o mocó, gambá, o veado-catingueiro e o tatu peba.

↑ A asa-branca habita de norte a sul do Brasil e tornou-se símbolo da Caatinga. Teodoro Sampaio (SP), 2012.

↑ Vista de ambiente de Caatinga, Barreirinhas (MA) 2007.

Cerrado

Fonte: IBGE. *Atlas geográfico escolar*. Rio de Janeiro: 2009.

O **Cerrado** apresenta clima quente, sem grandes variações na temperatura durante o ano, mas com maiores variações na precipitação, apresentando verão chuvoso e inverno seco.

No Cerrado o solo é profundo, mas sua superfície é muito desgastada pela ação do clima e baixa concentração de matéria orgânica. Às margens dos rios crescem as matas ciliares, onde a vegetação se apresenta mais densa. Em muitas regiões, formam-se cachoeiras e piscina naturais de água transparente.

→ Piscinas naturais e corredeiras em Catarata dos Couros, Alto Paraíso de Goiás (GO), 2017.

Podemos dividir o bioma em três principais ecossistemas: cerradão, com formação de floresta; cerrado, que é a formação vegetal mais comum (com herbáceas e arbustos retorcidos de pequeno porte); e os campos, com predomínio de gramíneas e vegetação de pequeno porte.

Hoje, grande parte desses ecossistemas encontram-se ameaçados por desmatamento (para a venda de madeira) e queimadas (feitas nas atividades agrícolas e pecuárias).

↑ Representação das fisionomias de plantas do Cerrado.

As principais espécies vegetais são o araçá, o ipê, a copaíba, o murici, o buriti e o pequi. No Cerrado vivem o lobo-guará, o tamanduá-bandeira, a onça-pintada, o veado-campeiro, a paca, a ariranha e a seriema.

↑ Lobo-guará, espécie típica do Cerrado.

↑ Aspecto do Cerrado no Parque Nacional da Chapada dos Veadeiros (GO), 2010.

DIÁLOGO

Queimadas na preservação do Cerrado

O único jeito de preservar a diversidade de espécies do Cerrado, um dos biomas mais ricos e ameaçados do Brasil, é queimá-lo de vez em quando. Sem a presença intermitente do fogo, as plantas típicas desse ambiente correm o risco de sumir, dando lugar a uma formação florestal relativamente empobrecida [...]

[...] As áreas de cerrado do município de Águas de Santa Bárbara (SP) que passaram três décadas sem serem tocadas pelas chamas devem ter perdido 27% de suas espécies vegetais e 35% de suas espécies de formigas (grupo muito diversificado, que serve como indicador da biodiversidade animal da região como um todo). [...]

Se a conta incluir somente os "especialistas" em Cerrado, que vivem apenas nesse bioma, o cenário fica ainda mais desanimador: perda de 67% das plantas e 86% das formigas. [...]

[...] De fato, diversas plantas desse ambiente precisam até de uma mãozinha do fogo para que suas sementes germinem. Outras, como os arbustos e as gramíneas, não conseguem crescer em áreas de vegetação mais fechada, e a queima periódica ajuda a manter o terreno livre para que prosperem. [...]

[...] Nas circunstâncias atuais, no entanto, as áreas que são reservas naturais tendem a adotar uma política restritiva de controle de incêndios, ao passo que os trechos de Cerrado nas mãos de proprietários rurais, além de já muito degradadas e fragmentadas, não queimam como antigamente.

[...] O ideal seria o manejo ativo do fogo nessas áreas. "Temos um conhecimento tradicional que poderia ser empregado para ajudar nisso, como o do manejo de pastos, dos próprios canaviais, e o utilizado pelas populações indígenas há séculos."

Reinaldo José Lopes. Queimadas ajudam a preservar diversidade de espécies no cerrado. *Folha de S. Paulo*, 1º set. 2017. Disponível em: <https://www1.folha.uol.com.br/ambiente/2017/09/1914805-queimadas-ajudam-a-preservar-diversidade-de-especies-no-cerrado.shtml>. Acesso em: 10 abr. 2019.

[...] É impressionante a rapidez e o vigor com que as plantas do Cerrado emitem novos brotos logo após a queimada. Bastam poucas semanas para que o verde reapareça e substitua o tom cinza deixado pelo fogo. Entre as árvores, o barbatimão é um bom exemplo desta incrível capacidade regenerativa. [...]

[...] A própria germinação das sementes pode ser facilitada pelo fogo. Há espécies em que a testa das sementes é impermeável à água. A brusca e rápida elevação da temperatura em uma queimada pode provocar o aparecimento de fissuras na casca da semente e assim torná-la permeável, favorecendo sua germinação.

[...] Após uma queimada, os insetos [...] beneficiam-se da resposta floral das plantas, nas quais encontram grande disponibilidade de pólen e néctar. Algum tempo depois, essas flores produzirão frutos e sementes, que alimentarão outros animais. O próprio rebrotamento vegetativo é de grande importância para aqueles que se alimentam de folhas e brotos tenros, como o veado-campeiro, a ema, etc. Por isto, a densidade destes animais torna-se maior nas áreas queimadas, que funcionam para eles como um oásis em plena estação seca.

Fonte: Leopoldo Magno Coutinho. *Aspectos do Cerrado - Fogo*.
Disponível em: <http://ecologia.ib.usp.br/cerrado/aspectos_fogo.htm>. Acesso em: 10 abr. 2019.

1. Faça uma pesquisa sobre a importância do fogo para a manutenção do Cerrado e, depois, leve o resultado para ser discutido com seus colegas de outros registros de uso do fogo como manejo das áreas de Cerrado e como ele pode representar um problema.

CONSTRUIR UM MUNDO MELHOR

Revitalização de áreas verdes

As áreas verdes são muito importantes para o ambiente urbano. A presença das árvores atrai pássaros e espécies animais, melhora o ar e diminui a temperatura ao absorver parte da radiação solar. As árvores geram sombras e contribuem como abrigo de espécies animais, entre outros benefícios. Além disso, a presença de uma área verde proporciona bem-estar à população próxima dessas áreas. É muito importante cuidar dessas áreas, e a população pode contribuir para a preservação de praças e parques. Veja um desses exemplos a seguir.

↑ Beira do Córrego Tiquatira, que desemboca no Rio Tietê. São Paulo (SP), 2007.

Exemplo! Aposentado já plantou mais de 16 mil árvores em SP

Para Hélio da Silva, a atividade é uma "herança" para seus filhos, netos e também para a cidade.

Caminhando pela parte mais fechada da vegetação até o local onde as mudas são recém-plantadas, o administrador aposentado Hélio da Silva, 62, sabe dizer a idade de quase todas as árvores do parque linear Tiquatira, na Penha, zona leste de São Paulo. É ele quem vem plantando exemplares na região há 10 anos.

A ideia era colocar 5 mil unidades. Hoje, no entanto, na contagem do próprio Hélio, são 16 591 árvores, de 170 espécies diferentes, a maioria nativa da Mata Atlântica.

"Algumas pessoas acham que sou funcionário da prefeitura", afirma ele, que teve de conseguir autorização da Secretaria do Verde e do Meio Ambiente antes de plantar e não ganha nada pelo trabalho. Por um tempo, diz que gastou R$ 2 mil por mês com mudas e adubo.

↑ Revitalização do córrego e criação do Parque Linear Tiquatira. São Paulo (SP), 2014.

Problemas

Além de plantar, é preciso cuidar da herança que ele diz deixar para os três filhos, os netos e a cidade. Assim, agora no outono, que não é época de plantio, ele poda as mudas. "São Paulo me deu tudo. Estou só retribuindo."

Ele conta que, quando começou, achavam que era louco. Sua mulher, Leda Vitoriano, era uma dessas pessoas. [...]

Após quatro anos e 5 mil árvores, a prefeitura transformou, em 2007, o Tiquatira no primeiro parque linear (ao longo de rios) da cidade e lá instalou banheiros e equipamentos de lazer.

Há 12 anos no ponto, o vendedor de coco Antônio Ferreira, 52, testemunhou o processo. "As pessoas começaram a caminhar mais aqui, o movimento dobrou."

[...]

Exemplo! Aposentado já plantou mais de 16 mil árvores em SP. Disponível em: <https://www.terra.com.br/noticias/ciencia/sp-aposentado-ja-plantou-mais-de-16-mil-arvores,f695091b2678ef437eab2465bee7ee70aqc7RCRD.html>. Acesso em: 10 abr. 2019.

O que fazer

Realizar uma ação de revitalização de área verde na escola ou no bairro em que a escola está localizada.

Com quem fazer

A ação será iniciada pela sua turma. Procurem envolver pessoas da comunidade escolar nas decisões e elaborações e até mesmo representantes municipais e de ONGs.

Como fazer

Dividam-se em grupos e discutam como distribuir as tarefas do projeto entre os grupos. É importante que todos cooperem, auxiliando o grupo que apresentar mais dificuldade.

Com a ajuda do professor e da direção da escola, contatem a administração do bairro ou a Prefeitura para identificar uma área nas proximidades da escola cujo ambiente poderia ser revitalizado com a plantação de mudas de árvores. Elaborem uma solicitação às autoridades para terem uma autorização oficial para a realização do projeto.

Pesquisem sobre o ecossistema da região do plantio: quais as espécies de árvores nativas, típicas da região; tipos de plantas que servem de abrigo e alimentação para a fauna local ou que possam atrair aves.

Identifique se em sua região existem pontos de distribuição de mudas dessas árvores nativas ou comuns e quais os requisitos para obtê-las.

O adubo para fertilizar o solo poderá ser feito pela própria turma. Para isso, um dos grupos pode ficar encarregado de fazer uma pesquisa sobre como construir uma composteira para produção de adubo.

Pesquisem com familiares ou pessoas que tenham conhecimento em jardinagem ou plantio de árvores e façam uma lista dos materiais necessários para a realização do projeto, como ferramentas e equipamentos. Se possível, convidem essa pessoa a dar uma palestra para a turma.

Discutam com a comunidade escolar ideias para divulgar o projeto na comunidade do entorno da escola, como cartazes a serem afixados em estabelecimentos próximos ou publicação em *blog* da escola. Podem ser confeccionados panfletos para distribuir à comunidade em pontos comerciais do bairro, como mercados, padarias, lojas etc. Planejem como as pessoas interessadas poderão ajudar no projeto.

Apresentando o que foi feito

Organize com a escola uma data para realizar o mutirão de revitalização de área verde, se possível, em um final de semana, por exemplo, ou mais de um se for preciso. Utilize as informações pesquisadas para elaborar o planejamento de como será realizado o plantio das mudas, como deverão ser feitas as regas e a aplicação de adubo.

Aproveitem para compartilhar a importância de preservar a área que será revitalizada com a comunidade, agende dias para que seja realizada a manutenção do projeto. Chame a atenção para que não joguem lixo no local nem que removam as mudas.

Pampas

O Pampa

Fonte: *Atlas geográfico escolar*. Rio de Janeiro: IBGE, 2009.

O **Pampa** caracteriza-se visualmente pelas paisagens campestres características do Rio Grande do Sul. Embora aparente pouca biodiversidade, grandes variedades de seres vivos habitam este ecossistema.

Pampa, em quéchua, língua indígena dos incas, significa "região plana". Conhecido também como campos sulinos, localiza-se no estado do Rio Grande do Sul e estende-se para territórios uruguaio e argentino. O clima na região é frio e úmido. As chuvas ocorrem ao longo do ano e a temperatura média fica entre 10 °C (com ocorrência de geadas) no inverno e 24 °C no verão.

Nesse ecossistema, o relevo varia de terrenos planos a serras e morros. A vegetação de gramíneas é predominante, com pequenos trechos de vegetação arbórea denominados capões de mata. Nas margens dos rios há matas ciliares. Nas áreas perto do litoral observa-se o **banhado**, paisagem de grandes áreas alagadas com densa vegetação de plantas aquáticas.

Entre as plantas típicas estão o algarrobo e o nhandavaí, e entre as espécies endêmicas de animais estão o beija-flor-de-barba-azul e o tuco-tuco.

Por ter características campestres, a pecuária tornou-se uma das principais atividades econômicas da região e influencia fortemente na cultura dos gaúchos.

Como não há necessidade de remover a mata local, a pecuária não traz tantos prejuízos ao ecossistema, que tem pastagens naturais. Entretanto, as atividades de plantações de soja, trigo, milho, arroz e a introdução de pastagens com espécies exóticas, que substituem as espécies de capim nativas, geram intensa degradação ambiental e perda de biodiversidade.

A vegetação rasteira tem relevante papel na manutenção do clima local, além de prevenir a erosão do solo.

↑ O algarrobo é planta típica dos Pampas, Barra do Quaraí (RS), 2013.

↑ Beija-flor-de-barba-azul, espécie encontrada nos Pampas.

↑ Fotografia de ambiente do Pampa, São Francisco de Assis (RS), 2009.

ATIVIDADES

SISTEMATIZAR

1. Identifique os principais elementos que caracterizam os ecossistemas brasileiros Pampa, Cerrado e Caatinga.

2. Com base no que estudou no capítulo, compare a Caatinga e o Cerrado considerando clima, tipo de vegetação, solo e disponibilidade de água.

3. Caracterize a vegetação do Pampa e explique quais problemas a pecuária e a agricultura causam a este ecossistema.

REFLETIR

1. Leia o texto.

> As áreas de proteção ambiental do Cerrado passam por mais uma temporada de incêndios, causados pelo uso das queimadas no manejo do solo. O número de focos de incêndio detectados por satélite, em todo o país, já é pelo menos 20% maior neste ano que no mesmo período de 2002 – e 60% dos focos se localizam no Cerrado, um dos ecossistemas mais ameaçados do Brasil. [...] é o ecossistema brasileiro mais preparado para lidar com o problema dos incêndios. [...]
>
> Reinaldo José Lopes. Queimadas ameaçam reservas do Cerrado. *Folha de S.Paulo*.
> Disponível em: <www1.folha.uol.com.br/fsp/ciencia/fe2909200301.htm>. Acesso em: 10 abr. 2019.

a) Quais são os prejuízos causados pelas queimadas?

b) Algumas plantas do Cerrado dependem do fogo para sua reprodução. O texto afirma: "é o ecossistema brasileiro mais preparado para lidar com o problema dos incêndios". O que você compreende dessa afirmação?

DESAFIO

1. As fotografias abaixo representam uma área de Caatinga em dois momentos distintos.

↑ Fotografias que representam dois momentos de uma mesma área de Caatinga em São Lourenço do Piauí (PI), 2015.

Em duplas, analisem as imagens e apontem as diferenças entre as duas paisagens, explicando cada uma delas.

131

CAPÍTULO

Alterações nos ecossistemas

> Neste capítulo, você vai estudar alguns fenômenos naturais que podem alterar o ambiente e conhecer algumas ações humanas que intensificam essas consequências.

EXPLORANDO A FORÇA DE UMA ONDA

Carla estava observando Patrícia – sua irmã – e o primo Vinícius, que brincavam na areia da praia. Eles haviam construído um castelo e uma floresta. Os primos tinham juntado pequenos galhos de árvore que, espetados, criavam a floresta. E, para surpresa de Carla, tinha até animais: feitos de gravetos que a irmã havia encontrado na praia. Os animais se relacionavam entre si, e vira e mexe um deles era apanhado por um predador.

Ao longo da brincadeira, os primos não perceberam que uma onda se aproximava.

De repente, toda a floresta foi destruída pela onda.

Ao perceber que tudo que montaram havia sido devastado pela força da onda, Patrícia e Vinícius ficaram arrasados.

– Parece que um *tsunami* destruiu sua floresta! – disse Carla a Patrícia e Vinícius.

– Patrícia, a onda pode ter destruído tudo, mas a gente ainda pode construir a floresta de novo – disse Vinícius, empolgado.

Os dois, então, decidiram recomeçar a brincadeira. Carla, vendo os dois tão decididos, resolveu ajudar, mesmo que uma nova onda viesse até a área onde reconstruíam a floresta.

Ilustrações: Claudia Mariano

Agora é sua vez.

1. Você sabe o que é *tsunami*? Explique.

2. Quais são as similaridades entre o que ocorreu com a floresta de Patrícia e Vinicius e o que pode ocorrer nos ecossistemas naturais com um *tsunami*?

3. Após uma catástrofe como essa, é possível recuperar o ambiente, como tentaram fazer Patrícia e Vinícius?

4. Que outros fenômenos naturais ou ações humanas podem causar grandes destruições?

Equilíbrio dinâmico

Os ecossistemas estão permanentemente suscetíveis a perturbações que geram alterações em seus elementos, tanto nos componentes vivos como nos não vivos. Dependendo da magnitude dessas perturbações, os ecossistemas recuperam o seu **equilíbrio dinâmico**. Essas perturbações podem ser de origem natural ou causadas pelos seres humanos. A seguir você vai conhecer alguns exemplos.

Desastres naturais

↑ Alagamento após fortes chuvas na caatinga. Casa Nova (BA), 2016.

Os fenômenos naturais – tais como furacões, inundações, secas, erupções vulcânicas – ocorrem desde a formação de nosso planeta. Esses fenômenos, apesar de fazerem parte da dinâmica natural, são considerados desastres quando afetam significativamente o ambiente. No Brasil, os principais **desastres naturais** são provocados por secas, chuvas, inundações e deslizamentos de terra.

Pelas imagens é possível perceber que os fenômenos naturais afetam não apenas o ser humano mas todo o ecossistema, alterando seu equilíbrio.

Dependendo da magnitude do desastre, é possível que o próprio ecossistema se reequilibre. Quando queimadas, cheias e deslizamentos de terra atingem um ecossistema, é necessário algum tempo para ele se regenerar. Cada ecossistema pode resistir a essas perturbações e recuperar-se. No entanto, pode ocorrer o desaparecimento de espécies.

Ações antrópicas, ou seja, realizadas pelos seres humanos, contribuem para que esses eventos sejam mais intensos e frequentes.

Veja a seguir alguns exemplos de desastres naturais.

Deslizamentos

O **deslizamento de massa de terra**, frequente em algumas regiões do Brasil, ocorre pelo deslocamento do solo em encostas de morros, causado principalmente pelo aumento do nível de chuva. Em ambientes urbanos, os deslizamentos causam grandes danos a construções e geralmente há muitas vítimas. Ações humanas, como retirada da vegetação, cortes nos terrenos em declive, alterações na drenagem e as ocupações irregulares das encostas, sem a infraestrutura adequada, contribuem para que esse fenômeno seja cada vez mais comum.

→ Deslizamento de terra na encosta das montanhas de Nova Friburgo (RJ), 2011.

Cheias

As **cheias** (ou inundações) são exemplos de desastres naturais no Brasil que podem causar mortes. Entretanto, de maneira geral, as cheias não causam grandes impactos nos ambientes naturais. Os seres vivos que habitam as regiões afetadas e vivem próximos a áreas alagáveis estão adaptados ao excesso de água. O solo gradativamente vai absorvendo a água e os animais que migram para áreas mais altas tendem a retornar, restabelecendo o equilíbrio.

As cidades são construídas e desenvolvidas ao longo de ambientes naturais, onde os cursos de água apresentam uma dinâmica natural. Ao construir edificações em áreas de alagamento, as regiões urbanas ficam suscetíveis a inundações no período de cheia.

Impermeabilização do solo

A retirada da vegetação e a **impermeabilização do solo** são fatores que potencializam os efeitos das cheias nos ambientes urbanos. Em condições naturais, a vegetação contribui para o processo de infiltração da água no solo. Entretanto, a impermeabilização prejudica esse processo e, além disso, aumenta a velocidade de escoamento da água superficial que vem de áreas mais altas, de modo que ela chega com mais intensidade ao canal de escoamento.

Em algumas cidades, os cursos de água são canalizados, o que aumenta a velocidade de vazão da água, agravando o problema das cheias em ambiente urbano.

AQUI TEM MAIS

Seca

A seca é um fenômeno natural causado pela escassez de chuva em uma região. Ela pode ser permanente, como ocorre em regiões de deserto, ou sazonal, quando há escassez de água em determinados períodos do ano. Pode ser intensificada pelo resultado da intervenção humana durante séculos no planeta, gerando problemas como a expansão do processo de desertificação, que consiste na transformação do solo, que se torna semelhante ao solo do deserto.

GLOSSÁRIO

Mortandade: morte repentina de um grande número de animais em curto período de tempo.

Quando a seca é severa, afeta muitas vidas humanas e de animais de criação. Entre suas consequências estão a destruição da vegetação e o agravamento da erosão do solo, com grandes prejuízos para a agricultura e a pecuária. Em alguns casos leva à migração de espécies. Quando em ambientes aquáticos, pode ocorrer a **mortandade** de peixes e outros seres vivos aquáticos, levando à extinção dessas espécies.

1. Organize com o professor a divisão da turma em grupos. Cada grupo irá pesquisar um assunto relacionado à seca. Depois todos os grupos devem expor as informações encontradas para o resto da turma e discuti-las. Vejam as sugestões a seguir. Vocês podem também pesquisar consequências da seca na região em que moram.
    - Como a seca pode afetar a vida de um ambiente?
    - Que ações humanas ao longo do tempo podem contribuir para agravar a seca?
    - Quais são as diferenças entre a seca permanente e a sazonal?
    - O que é desertificação e por que ela ocorre?

Impactos da ação humana

A urbanização desordenada e a concentração de pessoas em cidades podem desequilibrar ecossistemas por causa de ações como lançamento de esgoto, caça, queimadas, desmatamento, introdução de espécies exóticas, industrialização e construção de rodovias.

Os **impactos ambientais** alteram consideravelmente o funcionamento de ecossistemas, causando danos como assoreamento de rios, infertilidade do solo e poluição da água, além da extinção de espécies animais ou vegetais.

Nossos ancestrais já modificavam a natureza ao realizar suas atividades rotineiras, como a caça e a coleta de alimentos. Com o passar do tempo, essas modificações tornaram-se mais intensas, aumentando os impactos ao meio ambiente.

Qualquer atividade que o ser humano exerça na natureza provocará um impacto ambiental positivo ou negativo; entretanto, o termo "impacto ambiental" é mais empregado em referência aos aspectos negativos das atividades humanas. Isso ocorre devido ao modelo de desenvolvimento da sociedade moderna, que promove a exploração intensiva dos recursos naturais, vistos como fonte inesgotável de matéria-prima e de energia para a fabricação dos mais diversos produtos.

Por esse motivo, são cada vez mais comuns os estudos de impacto ambiental para que se saiba com antecedência como a natureza será afetada pela construção de uma estrada ou instalação de uma fábrica, por exemplo.

DIÁLOGO

[...] considera-se impacto ambiental qualquer alteração das propriedades físicas, químicas e biológicas do meio ambiente, causada por qualquer forma de matéria ou energia resultante das atividades humanas que, direta ou indiretamente, afetam:

I - a saúde, a segurança e o bem-estar da população;
II - as atividades sociais e econômicas;
III - a biota;
IV - as condições estéticas e sanitárias do meio ambiente;
V - a qualidade dos recursos ambientais. [...]

Resolução Conama nº 1, de 23 de janeiro de 1986. Disponível em: <www.mma.gov.br/port/conama/res/res86/res0186.html>. Acesso em: 10 abr. 2019.

Impactos ambientais são frequentemente associados a danos prejudiciais aos ecossistemas, mas existem também ações humanas que causam impactos positivos ao ambiente, como recuperação de áreas verdes, instalação de sistemas de tratamento de esgoto, melhoria nas condições de saúde da população etc.

O impacto ambiental pode ser classificado em: **local**, quando as consequências da ação se limitam à localidade onde ocorre; ou **regional**, quando os impactos da ação se estendem para áreas mais afastadas de onde a ação foi realizada. Há ainda casos em que o impacto extrapola os níveis local e regional e afeta toda a população do planeta atingindo assim a escala **global**.

1. Discuta com os colegas as diferentes escalas dos impactos ambientais, citando exemplos. Identifiquem ações humanas, realizadas no local em que moram ou estudam, que geram impactos ambientais positivos e negativos e classifique cada impacto de acordo com sua escala.

Caça

Desde o início da história da humanidade, alimentos, utensílios e vestuário são obtidos dos animais e a **caça** foi o mecanismo utilizado para obtenção desses recursos. É, consequentemente, um fator que pode levar a alterações no ecossistema e causar a extinção de espécies. Isso acontece quando a rapidez com que os animais são mortos é maior que a capacidade da população de se reproduzir.

POSSO PERGUNTAR?
Existe caça legalizada no Brasil?

Quando uma espécie é extinta, outras espécies que dependiam dela também podem ser extintas. A águia-gigante (*Harpagornis moorei*) foi extinta em decorrência do desaparecimento de suas presas preferenciais, as moas, caçadas até a extinção no século XIII pelos maoris, povos que ocupavam a região onde hoje é a Nova Zelândia.

Veja a seguir outros exemplos de extinções de espécies relacionadas à caça.

↑ Tigre-da-tasmânia (*Thylacinus cynocephalus*), levado à extinção em 1936 devido à caça. Os fazendeiros da região acreditavam que o tigre-da-tasmânia era uma ameaça aos rebanhos de ovelhas, mas esses animais alimentavam-se de presas pequenas.

↑ Pombo-viajante (*Ectopistes migratorius*), ave migratória nativa dos Estados Unidos, caçado comercialmente para fins alimentares. Foi considerado oficialmente extinto com a morte do último exemplar em 1914.

↑ Mutum-de-alagoas (*Mitu mitu*), espécie de ave encontrada apenas em Alagoas, ficou extinta da natureza durante 40 anos por caça ilegal e foi reintroduzida em 2017. Hoje a ave é símbolo do estado.

↑ Rinoceronte-negro ocidental (*Diceros bicornis longipes*), espécie da savana africana extinta na natureza devido à caça ilegal. Ainda é possível encontrá-lo em zoológicos.

Introdução de espécies

A **introdução de espécies** é um dos fatores que mais afetam os ecossistemas. Quando espécies são levadas para regiões diferentes de sua área de origem, geralmente ocorre grande crescimento populacional, pois, como não se encontram em seu ambiente nativo, não há predadores naturais que atuem no controle da população, por isso multiplicam-se rapidamente. Desse modo, oferecem grande ameaça ao ambiente no qual foram introduzidas, afetando a biodiversidade e os ecossistemas naturais. São, nesses casos, chamadas de **exóticas invasoras**.

↑ Grande parte do Cerrado brasileiro teve sua vegetação rasteira substituída por braquiária (*Urochloa brizantha*), espécie de origem africana introduzida no século XX para uso nas pastagens. Santana do Riacho (MG), 2009.

Espécies invasoras no Brasil

Muitas espécies encontradas em áreas naturais e urbanas são espécies exóticas invasoras. Entre os exemplos mais comuns no Brasil, podemos citar o lírio-do-brejo, o *Aedes aegypti* e a abelha africana.

O lírio-do-brejo é uma espécie nativa da Ásia, que foi introduzida no país como planta ornamental, mas adaptou-se muito bem às margens de lagos e cursos de água. É bastante resistente e brota com facilidade, expulsando as plantas nativas e invadindo os cursos de água. O *Aedes aegypti*, originário da Etiópia e do Egito, é conhecido por transmitir dengue, chikungunya, zica e febre amarela. Reproduz-se facilmente em recipientes com água parada e acredita-se que tenha sido trazido ao Brasil no período da escravidão.

Introduzida na cidade de Rio Claro (SP), na década de 1950, com fins científicos, a abelha africana escapou do cativeiro e, do cruzamento com outras abelhas, originou o que chamamos hoje de abelha africanizada. Adapta-se a diferentes ambientes e, devido à grande capacidade reprodutiva, espalhou-se rapidamente pelo Brasil e por toda a América. É uma abelha agressiva, que expulsa até mesmo aves nativas de seu hábitat.

←
Abelha africana.
Santa Maria (RS), 2011.

Poluição

A **poluição** interfere profundamente nos ecossistemas pois altera as características originais de seus componentes, como água, solo e ar, devido à matéria ou energia proveniente de ações humanas. Na forma de matéria, entendemos o lançamento de resíduos sólidos, esgoto e produtos químicos, por exemplo. E na forma de energia, sons e ruídos e calor. O calor pode causar poluição? Isso mesmo! Se a temperatura de um rio se alterar pelo despejo de água usada no resfriamento de indústrias, suas características originais serão alteradas, por isso é considerado uma forma de poluição.

Assim, há diferentes tipos de poluição: da água, do solo, sonora, atmosférica.

↑ Lixão a céu aberto em Poconé (MT), 2018.

CURIOSO É...

Muitas vezes, usamos as palavras **poluição** e **contaminação** como sinônimos, mas não são. Dizemos que um ambiente está contaminado quando existem organismos patógenos (bactérias, protozoários causadores de doenças) ou substâncias tóxicas. Por exemplo, a água de um rio pode estar poluída por resíduos sólidos, mas não estar contaminada. Ela só estará contaminada se forem encontrados microrganismos patogênicos ou um contaminante químico, como mercúrio, chumbo ou agrotóxicos.

Poluição da água

A poluição por esgoto doméstico é um dos tipos mais comuns de **poluição da água**.

Além de alterar características como cheiro e cor, o esgoto lançado na água causa um processo chamado eutrofização: a quantidade excessiva de minerais induz o crescimento exagerado de algas que habitam a superfície da água, formando uma camada densa, que impede a penetração da luminosidade.

Sem luz, a fotossíntese nas camadas submersas diminui, o que reduz o oxigênio na água necessário para a vida de muitos seres aquáticos. Com o aumento da matéria orgânica, os microrganismos decompositores, que vão degradá-la, consomem ainda mais oxigênio, alterando a cadeia alimentar.

Além disso, no esgoto doméstico podem ser encontrados organismos causadores de doenças como verminoses, febre tifoide, hepatite, cólera etc.

Os cursos de água também podem ser poluídos por resíduos agrícolas, como agrotóxicos (defensivos agrícolas), adubo, dejetos de animais, e resíduos industriais como detergentes, tinturas, chumbo e mercúrio, que podem prejudicar a saúde e até causar a morte dos seres vivos que habitam esses ambientes. Algumas dessas substâncias podem se acumular no organismo desses seres, contaminando também quem os consome.

↑ Eutrofização na Represa Billings devido ao despejo de esgoto e lixo. São Bernardo do Campo (SP), 2016.

CIÊNCIA, TECNOLOGIA E SOCIEDADE

É possível despoluir um rio?

Rio Tâmisa, Londres

[...] os níveis de poluição chegaram a um grau tão elevado que o Tâmisa foi declarado biologicamente morto. A água tinha pouco oxigênio e não suportava nenhuma forma de vida.

Do lodo depositado no fundo emanava um insuportável cheiro de "ovo podre" que obrigou a suspender sessões do Parlamento, em 1858. Desde então, o governo central e as prefeituras ao longo do rio começaram uma guerra coordenada, sem tréguas, contra a poluição.

Uma legislação ambiental rígida obrigou as fábricas a eliminar o despejo de poluentes nos 20 **tributários** do rio. O sistema de tratamento do esgoto da região metropolitana de Londres (atualmente com 8 milhões de habitantes) foi aperfeiçoado. O problema recorrente das enchentes foi resolvido em 1980 com a construção da Barragem do Tâmisa. [...]

O conjunto de ações devolveu vida ao Tâmisa. Atualmente, há 125 espécies de peixes e 400 espécies de invertebrados povoando as águas e as margens. Pássaros, como a garça e o martim-pescador, e mamíferos, como a lontra, são avistados novamente. [...] O Tâmisa nunca esteve tão limpo em 150 anos. Mas a guerra contra a poluição deve ser **perene**, advertem as autoridades. [...]

Eduardo Araia. O caso Tâmisa. *Revista Planeta*, São Paulo, n. 475, p. 66, abr. 2012. Disponível em: <http://revistaplaneta.terra.com.br/secao/reportagens/o-caso-tamisa>. Acesso em: 11 abr. 2019.

GLOSSÁRIO

Perene: contínuo, eterno.
Tributário: rio que deságua em outro rio ou no mar.

↑ Rio Tâmisa, antes do tratamento de esgoto. Londres (Reino Unido), 1950.

↑ Rio Tâmisa, depois do tratamento de esgoto. Londres (Reino Unido), 2014.

1. Com base no texto, o que podemos afirmar sobre o resultado do programa de despoluição citado? A que você atribui esse resultado?

2. O que a população pode fazer para diminuir a poluição dos rios?

Poluição do ar

Como você estudou no Tema 1, a **poluição do ar** pode contribuir para o aumento do aquecimento global e do efeito estufa. A poluição do ar é decorrente, atualmente, da queima de combustíveis fósseis. Entre os danos causados por esse tipo de poluição está a chuva ácida, que pode afetar ecossistemas inteiros, causando a morte de plantas e animais, problemas de saúde e danos a construções.

A natureza possui formas de se proteger da poluição do ar. Nas áreas verdes, os poluentes podem ser absorvidos pelas plantas e transformados em compostos químicos que não causam danos ao meio ambiente nem à saúde das pessoas. No entanto, essa capacidade de proteção tem um limite e cabe a cada um de nós a responsabilidade de ajudar a natureza nesse processo. Devemos descobrir para quais mudanças podemos realizar em nosso cotidiano para evitar ou diminuir a poluição do ar no local onde vivemos.

AQUI TEM MAIS

Cetesb confirma que chuva ácida atingiu Cubatão após vazamento

Gás dióxido de enxofre vazou de empresa do Polo Industrial na sexta (23). Cerca de 80 pessoas foram encaminhadas a unidades de saúde da cidade.

A Companhia de Tecnologia de Saneamento Ambiental (Cetesb) confirmou, nesta quarta-feira (28), que o município de Cubatão (SP) foi atingido por uma chuva ácida após o vazamento tóxico oriundo de uma empresa do Polo Industrial. Os danos ao meio ambiente já começaram a aparecer. [...]

Em algumas áreas da cidade, a vegetação foi alterada e apresenta manchas e perfurações nas folhas. Segundo Murillo Consoli Mecchi, mestre em Biologia Química pela Universidade Federal de São Paulo (Unifesp), isso é uma evidência da chuva ácida. "O ácido tem a característica de desidratar aos poucos as plantas, vai se espalhando de um ponto a outro, e pode causar perfurações. Já o sol desidrata por igual. São características diferentes", explica.

Ainda de acordo com o biólogo, o prejuízo ao meio ambiente pode ser ainda maior. "Além de comprometer a vegetação, nós temos animais que dependem dessas plantas. Essa chuva ácida pode escorrer também para o solo, onde pode arrancar minerais e nutrientes importantes para o crescimento da vegetação, além de levar metais pesados para rios e lagos", conclui.

[...]

Cetesb confirma que chuva ácida atingiu Cubatão após vazamento. G1, 29 jan. 2015. Disponível em: <http://g1.globo.com/sp/santos-regiao/noticia/2015/01/cetesb-confirma-que-chuva-acida-atingiu-cubatao-apos-vazamento.html>. Acesso em: 11 abr. 2019.

1. Considerando os danos da poluição para as plantas citados no texto, qual pode ser o risco para os ecossistemas?

2. Algumas plantas e outros seres vivos, por serem sensíveis à poluição, são utilizados como bioindicadores de poluição. Faça uma pesquisa sobre o assunto, explique como isso acontece e indique as características desses seres vivos.

Poluição do solo

Uma grande variedade de seres vivos presentes no solo influenciam algumas de suas características, como a disponibilidade de nutrientes para as plantas – por meio da ciclagem de nutrientes –, a aeração e o aumento da porosidade, que é importante para a **percolação** e manutenção da água no solo. A **poluição do solo** que decorre, por exemplo, do uso de agrotóxicos e depósito de lixo pode afetar consideravelmente a ação desses seres vivos, levando à perda de fertilidade e produtividade do solo.

> **GLOSSÁRIO**
>
> **Percolação:** movimento de infiltração de água no solo.

← A decomposição dos resíduos orgânicos (restos de alimentos, de vegetais e animais) produz o chorume, um líquido escuro com elevada concentração de matéria orgânica, que pode impedir o crescimento das plantas e atingir os cursos de água e as reservas subterrâneas, afetando outras áreas. Barbalha (Ceará), 2017.

↑ Se utilizados em excesso, os agrotóxicos podem eliminar os animais polinizadores e outros que controlam pragas. Podem ainda contaminar a planta cultivada, colocando em risco a saúde dos consumidores. Riacho de Santana (BA), 2014.

Queimadas e desmatamentos

Por afetar os seres vivos e as estruturas do solo, as **queimadas** e os **desmatamentos** são prejudiciais ao ecossistema como um todo.

Em geral, são práticas que visam à abertura de áreas para pastos, à extração de madeira, ao cultivo ou à construção civil, deixando o solo suscetível aos raios solares, ventos e impactos da água, o que favorece a erosão. Consequentemente, ocorre a redução de nutrientes e matéria orgânica, o que compromete a fertilidade do solo, dificultando a regeneração da vegetação. Isso compromete toda a biodiversidade.

→ Queimada para plantio de soja em Piracanjuba (GO), 2016.

↑ A erosão nas encostas pode provocar deslizamento do solo. Mineiros (GO), 2014.

↑ O solo descoberto fica suscetível à erosão, que se inicia nas camadas próximas à superfície. Caso alcance camadas mais profundas, pode criar um grande buraco. Campo Alegre (SC), 2017.

❗ CURIOSO É...

A tradição de soltar balões nas festas juninas ainda se mantém em diversos estados brasileiros. Você sabia que os balões provocam incêndios em florestas e áreas urbanas? Por esse motivo, de acordo com a lei de crime ambiental (art. 42 da Lei 9.605/98), é considerado crime. Nossa legislação proíbe soltar balão e também sua fabricação, venda e transporte. Quem realiza essa prática está sujeito a multa e detenção de um a três anos.

AQUI TEM MAIS

A vegetação e os impactos do desmatamento

Impacto ambiental é um desequilíbrio provocado pela ação dos seres humanos sobre o meio ambiente. [...]

Atualmente todas as formações vegetais, em maior ou menor grau, encontram-se modificadas pela ação humana. Isso ocorreu principalmente por causa das atividades agropecuárias e pelos impactos causados pela industrialização e urbanização. Em muitos casos, sobram apenas algumas manchas em que a vegetação original é encontrada, nos quais, embora com pequenas alterações, ainda preserva suas características principais.

A primeira consequência do desmatamento é o comprometimento da biodiversidade, por causa da diminuição ou, mesmo, da extinção de espécies vegetais e animais. As florestas tropicais têm uma enorme biodiversidade e, por isso, possuem um valor incalculável. Muitas espécies, hoje ainda desconhecidas da sociedade urbano-industrial, podem vir a ser a solução para a cura de doenças e poderão ser usadas na alimentação ou como matérias-primas. Com o desmatamento, há o risco dessas espécies serem destruídas antes de serem descobertas e estudadas.

[...]

Marcus Vinicius Castro Faria. A vegetação e os impactos do desmatamento. Disponível em: <http://educacao.globo.com/artigo/vegetacao-e-os-impactos-do-desmatamento.html>. Acesso em: 11 abr. 2019.

↑ Parque Tenente Siqueira Campos, mais conhecido como Parque Trianon, em São Paulo. A área localiza-se na Avenida Paulista em meio a numerosos prédios. Sua vegetação é composta de remanescentes da Mata Atlântica, como o cedro, o jequitibá, o araribá-rosa etc.

↑ Floresta Amazônica após passar por desmatamento para o desenvolvimento de agricultura. Itacoatiara (AM), 2015.

1. Quais são os agentes que podem causar impactos ambientais?
2. Como e por que o desmatamento compromete a biodiversidade?

Fragmentação de florestas

A expansão das atividades humanas tem levado à redução das florestas. A diminuição da população vegetal também traz riscos para a fauna, devido à perda de hábitats e de disponibilidade de alimentos. Para algumas espécies animais esse risco é ainda maior, pois necessitam de uma extensa área para que possam realizar as atividades, por exemplo, de caça e reprodução, como é o caso da onça-parda e da onça-pintada.

Muitas vezes, quando observamos as formações florestais ao longo das estradas podemos ter a impressão de que são áreas naturais com grande extensão, como florestas, campos, áreas alagadas etc. Essas áreas, muitas vezes, são fragmentos de vegetação natural. Esses fragmentos constituem áreas naturais separadas entre si por atividades antrópicas, como a formação de pastagens, atividades agrícolas, desenvolvimento de cidades, silvicultura (atividade relacionada ao cultivo de árvores) e abertura de estradas.

As estradas também trazem uma série de impactos para manutenção dos ecossistemas, com destaque para o atropelamento da fauna.

Os animais transitam entre os fragmentos em busca de recursos (alimento e água), parceiros para reprodução. Ao atravessarem de um fragmento para outro,

↑ Fragmento de Mata Atlântica em Bragança Paulista (SP), 2017.

↑ A construção de estradas pode fragmentar florestas e causar o atropelamento da fauna que tenta se deslocar de um fragmento a outro. Bertioga (SP), 2018.

muitos animais de diversas espécies são atropelados. Segundo o Instituto Brasília Ambiental (Ibram), essa é a principal causa de mortalidade entre animais vertebrados (que apresentam coluna vertebral) no mundo, os números superam os impactos causados pela caça, por exemplo. O Centro Brasileiro de Estudos de Ecologia de Estradas (CBEE) calcula que aproximadamente 470 milhões de animais de vida selvagem são atropelados por ano, esse número corresponde apenas aos animais atropelados no território nacional. O projeto de lei nº 466-B, de 2015, institui a adoção de medidas que garantem a segurança, a circulação e a passagem de animais selvagens no território brasileiro.

CIÊNCIA, TECNOLOGIA E SOCIEDADE

Genética alerta para a extinção de grandes predadores

[...]

Grandes predadores, como as onças, desempenham importante papel nos ecossistemas. Por estarem no nível mais alto da cadeia alimentar, são também chamados de "predadores de topo de cadeia alimentar" e controlam o crescimento de populações de herbívoros, como capivaras, veados e porcos-do-mato, bem como de predadores de menor porte, como jaguatiricas, raposas e mãos-peladas.

A destruição do meio ambiente causa a perda de *habitats* e a fragmentação florestal que, por sua vez, provocam o isolamento de populações de animais, ameaçando, especialmente, espécies que precisam de grandes áreas para viver, como é o caso dos predadores de topo. A extinção desses predadores, essenciais para o equilíbrio dos ecossistemas, romperia as interações entre eles e suas presas, com efeitos desastrosos ao equilíbrio do meio ambiente.

↑ Suçuarana, também conhecida como puma, predador de topo de cadeia ameaçada de extinção.

Alguns predadores de topo estão próximos da extinção por apresentarem populações pequenas e isoladas. [...] Na Mata Atlântica, por exemplo, um dos biomas mais desmatados do Brasil, as populações de onça-pintada vêm reduzindo drasticamente nas últimas décadas. Estima-se que existam menos de 250 onças-pintadas, divididas em oito populações isoladas uma das outras. Provavelmente, a Mata Atlântica será o primeiro bioma a perder o seu maior predador.

No Cerrado, a fragmentação está ameaçando as espécies lobo-guará – o maior canídeo da América do Sul – e suçuarana – também conhecida como onça-parda, leão-baio ou puma –, felino menor do que a onça-pintada e com ampla distribuição no Brasil. Tanto o lobo-guará quanto a suçuarana estão na Lista Nacional Oficial de Espécies da Fauna Ameaçadas de Extinção devido à destruição de seus *habitats* naturais.

[...]

Genética alerta para extinção de grandes predadores. Canal Ciência, 4 nov. 2015. Disponível em: <www.canalciencia.ibict.br/pesquisa/0289_Genetica_alerta_para_a_extincao_de_grandes_predadores.html>. Acesso em: 10 abr. 2019.

1. Forme um grupo com alguns colegas e discutam estratégias para a conservação dos animais de topo de cadeia.

Animais na pista

Estima-se que milhões de animais são atropelados no Brasil a cada ano. Que ações a população e o governo poderiam fazer para reduzir esse número?

Material:
- *smartphones* ou câmeras digitais;
- recursos para pesquisa (livros, revistas, acesso à internet).

Procedimentos

1. Em grupo, pesquisem questões envolvendo o atropelamento de animais. Seguem algumas ideias de temas a serem pesquisados.
- Ações para diminuir o atropelamento de animais.
- Espécies que são mais frequentemente atropeladas.
- Dados sobre esse tipo de atropelamento em sua cidade, região ou estado.
- Locais do Brasil em que os atropelamentos de animais são mais comuns e quais os ecossistemas mais afetados.
- Ações do governo ou da empresa que administra as rodovias para reduzir os impactos das rodovias sobre a fauna.

Reflita e registre

1. Que ações podem ser tomadas para diminuir o atropelamento da fauna?
2. Usando os dados coletados, elaborem um vídeo de sensibilização sobre o tema, informando os impactos das estradas e rodovias na fauna. Busque mostrar a importância de atitudes coletivas e individuais na resolução desse problema.

ATIVIDADES

SISTEMATIZAR

1. Cite exemplos de desastres naturais que podem ser intensificados com o desmatamento e a impermeabilização do solo.

2. Após observar a imagem ao lado, identifique o desastre ambiental e seu impacto nos ecossistemas.

3. Considerando a imagem ao lado, relacione o aquecimento global, o regime de chuvas e os impactos nos ecossistemas decorrentes do fenômeno apresentado.

→ Jataizinho (PR), 2016.

4. Desde o surgimento da humanidade a caça foi uma atividade costumeira. Por que atualmente ela é proibida no Brasil?

5. Observe as duas imagens abaixo e responda às questões.

↑ Paulínia (SP), 2017.

↑ Salto (SP), 2014.

   a) Que tipo de poluição está sendo retratado?
   b) Quais as consequências desse tipo de poluição para os ecossistemas?

6. Quando uma espécie exótica pode ser considerada invasora? Qual é o impacto das espécies exóticas invasoras?

7. Explique a afirmativa:

   "As queimadas e os desmatamentos são prejudiciais ao ecossistema como um todo. Afetam os seres vivos e o solo."

8. Observe a imagem ao lado. Explique o que representa e por que é uma estrutura necessária.

REFLETIR

1. Analise o gráfico abaixo, que apresenta o aumento da ocorrência de desastres naturais entre as décadas de 1990 e 2000, e responda às questões.

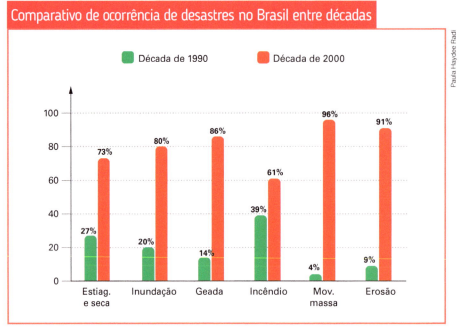

Fonte: *Atlas brasileiro de desastres naturais 1991 a 2012*. 2. ed. Florianópolis: Ceped, 2013. p. 34.

   a) Quais foram os desastres que apresentaram maior variação?
   b) Elabore uma hipótese que explique tal variação.

2. As enchentes trazem grandes prejuízos à população e a expõe ao risco de contrair algumas doenças, como a leptospirose. Escreva um pequeno texto sobre essa doença e seus sintomas e indique o que podemos fazer para evitá-la.

3. Leia o texto e responda às questões.

   [...]
   Levantamento divulgado pela Polícia Militar Ambiental de Mato Grosso do Sul revela que 35 pessoas foram autuadas por caça ilegal em 2017, representando aumento de 75% em relação ao mesmo período do ano anterior.
   [...]

   Aline Oliveira. Número de infrações por caça ilegal aumenta 75% em MS. *Correio do Estado*. Disponível em: <www.correiodoestado.com.br/cidades/numero-de-infracoes-por-caca-ilegal-aumenta-75-em-ms/322086/>. Acesso em: 10 abr. 2019.

   a) A fiscalização e a legislação sobre a caça podem causar impactos ambientais? Justifique sua resposta.
   b) Quais podem ser as causas do aumento de autuação por caça ilegal no município de Mato Grosso do Sul?
   c) O que mais pode ser realizado para impedir a caça ilegal no Brasil?

4. Leia o texto a seguir.

[...]

O nióbio é um metal raro, pouco difundido, mas muito procurado. É utilizado na indústria de alta tecnologia. O Brasil detém 98,43% das reservas mundiais conhecidas do metal. O restante está concentrado no Canadá e Austrália. Das reservas brasileiras, 75% estão em Minas Gerais, na cidade de Araxá, no Sul do Estado. [...]

[...]

Amélia Goulart. Tribunal de Contas questiona falta de controle sobre nióbio. Disponível em: <https://www.hojeemdia.com.br/primeiro-plano/pol%C3%ADtica/tribunal-de-contas-questiona-falta-de-controle-sobre-ni%C3%B3bio-1.164560>. Acesso em: 10 abr. 2019.

Considerando que o nióbio é um componente do aço de alta resistência, usado na fabricação de automóveis, aviões, foguetes, navios, plataformas de petróleo, entre outras aplicações, pesquise os impactos de sua exploração e depois responda:

a) É possível para a sociedade atual viver sem a exploração do nióbio? Justifique.

b) Como garantir o uso do nióbio de forma a não agredir os ecossistemas?

DESAFIO

1. Forme dupla com um colega e pesquisem informações sobre desastres ambientais. Após explicar suas origens e listar os que ocorrem no Brasil, elaborem um plano de ação para reduzir os impactos desses fenômenos. Identifiquem os desastres mais suscetíveis de acontecer no Brasil e no local em que vivem, assim como as maneiras de diminuir a vulnerabilidade da população.

2. Forme um grupo com alguns colegas e pesquisem quais são os animais silvestres do ecossistema no qual a escola está inserida e verifiquem se há alguma espécie em risco de extinção. Faça uma tabela indicando o animal, a categoria de risco de extinção em que se encontra e as possíveis causas.
Na sequência, elaborem uma ação educativa direcionada à população local indicando alternativas para evitar a extinção dos animais pesquisados. Apresentem seu trabalho ao resto da turma e selecionem uma das ações para implementar na comunidade. O uso de aplicativos de mensagens, redes sociais, vídeos para internet e panfletos são algumas das opções.

3. Observe a sátira da charge abaixo.

a) Qual é a reflexão que o autor da charge buscou provocar por meio do discurso irônico?

b) Em grupos, façam uma pesquisa sobre as vantagens e as desvantagens do uso de agrotóxicos. Informem-se também sobre alternativas que contribuem para a manutenção do equilíbrio dos ecossistemas. Depois, elaborem uma sátira abordando tais práticas.

FAÇA AS ATIVIDADES A SEGUIR E REVEJA O QUE VOCÊ APRENDEU.

Neste tema, estudamos importantes conceitos como bioma e ecossistema.

Conhecemos a localização, as características e a biodiversidade dos principais biomas brasileiros, alguns ecossistemas que deles fazem parte e algumas de suas características.

Identificamos a interdependência entre os seres vivos e destes com os componentes não vivos, reforçando a necessidade de cuidado e preservação ambiental a fim de minimizar o impacto das ações humanas.

Estudamos também as alterações ambientais causadas por desastres naturais – como cheias e deslizamentos – e de que forma a ação humana pode ampliar seus efeitos. Assim como os impactos ambientais provocados pela poluição do solo, da água e do ar, pelo desmatamento e pela queimada.

1. Observe os gráficos a seguir e diferencie os ecossistemas pantaneiro e pampa quanto ao clima.

↑ Porto Alegre (RS).

Fonte: CPTEC/INPE

↑ Campo Grande (MS).

Fonte: CPTEC/INPE

2. Identifique na figura ao lado a qual ecossistema brasileiro estudado neste tema pertence cada indivíduo indicado por algarismo e relacionado no mapa.
Depois, de acordo com o que você já sabe, ou pesquisando em *sites* de busca por imagens, informe o nome desses animais.

3. Os animais relacionados na questão anterior habitam diversos ecossistemas, no entanto, um deles é endêmico, ou seja, ocorre somente naquele ecossistema. Qual é? Indique o ecossistema desse animal.

Os tons de cores e a proporção entre os tamanhos dos seres vivos representados não são as reais.

150

4. A qual ecossistema está relacionado o período de cheias e vazantes? Justifique sua resposta explicando a relação dos seres vivos com esse fenômeno.

5. Pesquise na internet a letra da música "Asa Branca", de Luiz Gonzaga e Humberto Teixeira. Ouça-a lendo a letra e atentando para a mensagem que os autores querem passar. Depois, responda às questões:

   a) A que ecossistema os autores se referem?

   b) A música fala de um fenômeno do ecossistema. Qual é e por que ele ocorre?

6. Compare o Cerrado e a Mata Atlântica quanto à disponibilidade de água e luz solar.

7. Em áreas urbanas, qual é a relação da vegetação e impermeabilização do solo com os efeitos das cheias?

8. Leia a frase a seguir:

   "A vegetação é um dos principais componentes do ecossistema, no entanto, ela depende de todos os outros para sua manutenção."

   - Você concorda com essa afirmação? Escreva um texto, com aproximadamente cinco linhas, defendendo sua opinião.

9. Há ações humanas que contribuem para o desequilíbrio dos ecossistemas, veja algumas delas a seguir. Explique a consequência de cada uma para o ecossistema afetado.

   a) Lançamento de esgoto em rios, sem nenhum tipo de tratamento.

   b) Desmatamento.

   c) Consumo excessivo de combustíveis fósseis (gasolina e diesel).

10. Considerando as respostas à pergunta anterior, cite exemplos de medidas que podem ser adotadas para evitar essas consequências.

DICAS

ACESSE

Cerratinga – *Hotsite* do Instituto Sociedade, População e Natureza (ISPN). *Site* que objetiva viabilizar o desenvolvimento sustentável por meio da democratização do conhecimento. Disponível em: <www.cerratinga.org.br/caatinga>. Acesso em: 10 abr. 2019.

Ecossistemas: a vida se espalha. Texto que aborda as características dos ecossistemas e do equilíbrio nas relações entre os fatores abióticos e bióticos que o compõem. Disponível em: <www.invivo.fiocruz.br/cgi/cgilua.exe/sys/start.htm?infoid=1364&sid=2>. Acesso em: 10 abr. 2019.

Desmatamento das florestas causa danos irreversíveis à vida. Texto que comenta a importância da manutenção das florestas para a preservação da biodiversidade e para o equilíbrio ecológico Disponível em: <http://www.brasil.gov.br/noticias/meio-ambiente/2014/07/desmatamento-florestal-causa-danos-irreversiveis-a-vida>. Acesso em: 10 abr. 2019.

ASSISTA

Amazônia eterna. Brasil, 2011. Direção: Belisário Franca, 79 min. O documentário apresenta relevantes projetos de sustentabilidade na Amazônia, num dos mais ricos e surpreendentes cenários do mundo.

LEIA

A abelha Jandaíra em: uma lição abelhuda, de Iolanda B. Fagundes e Rui Carlos Peruquetti (Embrapa). História em quadrinhos que apresenta abelhas nativas e o impacto da ação humana na retirada da vegetação. Disponível em: <www.infoteca.cnptia.embrapa.br/bitstream/doc/511375/1/AbelhaJandaira.pdf>. Acesso em: 10 abr. 2019.

VISITE

Parque Nacional. No *site* do ICMBio você encontra o parque mais perto de você. Disponível em: <http://www.icmbio.gov.br/portal/visitacao1/visite-os-parques>. Acesso em: 10 abr. 2019.

TEMA 5

Saúde e meio ambiente

↑ Vista parcial da cidade de Pirapora do Bom Jesus (SP), situada às margens do Rio Tietê, 2017. Imagem obtida por meio de drone.

NESTE TEMA
VOCÊ VAI ESTUDAR:

- problemas de saúde decorrentes da poluição da água, do ar e do solo;
- tratamento da água, do esgoto e dos resíduos sólidos e sua importância para a saúde da população e redução de problemas ambientais;
- a vacinação como estratégia para a melhoria da saúde pública;
- indicadores de saúde da população e como esses dados são usados na elaboração de políticas públicas.

1. O que você vê na imagem?
2. Com base na imagem, qual é a relação entre saúde e meio ambiente?
3. Que sugestão você daria para melhorar a saúde da população?
4. Qual é o significado de saúde para você?

153

CAPÍTULO 1

Problemas ambientais e saúde

> Neste capítulo, você vai conhecer alguns problemas de saúde decorrentes de problemas ambientais, como poluição da água, do ar e do solo.

EXPLORANDO A CONTAMINAÇÃO DO SOLO

Isadora adorava ter contato direto com a natureza. Como morava em uma cidade com muitos parques, sempre passeava nesses locais com seus pais ou colegas. Certo dia foi com a família para um parque diferente, em outra cidade, onde andou descalça e brincou muito.

No dia seguinte, Isadora reclamou para a avó que seu pé estava coçando. Então, a avó levou a garota a uma consulta com uma dermatologista.

A médica examinou Isadora, recomendou o uso de alguns remédios e lhe deu o seguinte conselho:

— Cuidado por onde você anda. Se não conhecer um terreno, não ande descalça nele, está bem?

Poucos dias depois, Isadora se sentiu melhor, pois seus pés não coçavam mais e ela estava cheia de disposição para se divertir com os amigos. Contudo, ela nunca esqueceu o conselho da médica e, sempre que precisava ir a um lugar novo ou desconhecido, evitava ficar descalça.

Agora é sua vez.

1. Por que os pés de Isadora estavam coçando?

2. Andar descalço pode fazer mal à saúde?

3. Como podemos saber se é seguro andar descalço em um terreno desconhecido?

4. Quais problemas ambientais podem causar danos à saúde? Cite exemplos.

Ambiente e saúde

A relação entre saúde e condições ambientais é conhecida desde a Antiguidade. O filósofo grego Hipócrates, em seu tratado *Ares, águas e lugares*, publicado no século V a.C, já orientava os médicos de sua época sobre ela.

O desenvolvimento da sociedade, a ampliação das cidades (ocupando cada vez mais áreas naturais) e o aumento da quantidade de habitantes nas áreas urbanas são alguns fatores que afetam a dinâmica dos ambientes e também estão relacionados ao crescimento da produção de resíduos. A falta de ações públicas de tratamento de resíduos que garantam a qualidade ambiental pode gerar sérios riscos à saúde dos seres humanos e de outros seres vivos que habitam esses ambientes.

Assim, para melhorar a saúde coletiva e desenvolver o saneamento básico, devem ser tomadas medidas para prevenir os problemas ambientais decorrentes do descarte inadequado de resíduos e do aumento da poluição ambiental, e evitar as doenças relacionadas a esses fatores. São medidas que visam, por exemplo, ao tratamento e à destinação correta dos resíduos, à manutenção das estruturas e à qualidade dos ambientes, à prevenção e ao tratamento das doenças relacionadas ao ambiente.

Saneamento básico

Segundo a Organização Mundial da Saúde (OMS), o saneamento básico corresponde ao controle das ações do ser humano que geram danos à saúde e às características ambientais. É o conjunto de ações socioeconômicas e serviços básicos cujo objetivo é o bem-estar dos seres humanos e do ambiente, como:

- abastecimento de água às populações;
- tratamento de água;
- tratamento de esgoto;
- coleta, transporte e destino final do lixo.

→ Serviço de coleta de lixo na cidade de Arcoverde (PE), 2013.

As ações de saneamento básico também procuram prevenir ou impedir a ocorrência de doenças associadas ao ambiente, que podem se tornar epidemias ou pandemias. A falta de saneamento básico está relacionada à transmissão de doenças como cólera, leptospirose, disenteria bacteriana e amebíase.

Ar e saúde

Os poluentes e o material particulado – todos gerados pela queima de combustíveis fósseis – prejudicam os sistemas respiratório e cardiovascular dos seres humanos.

→ O intenso tráfego de veículos automotores eleva a concentração de poluentes atmosféricos, prejudicando a qualidade do ar. Na fotografia, a Avenida Radial Leste, em São Paulo (SP), 2015.

Câncer de pulmão, asma, rinite, bronquite crônica e pneumonia são exemplos de doenças que podem ser causadas ou agravadas pela poluição atmosférica. O câncer de pulmão é um tipo de doença com alto índice de mortalidade, além de ser um dos mais frequentes no mundo; além da poluição atmosférica, o tabagismo é um dos principais causadores desse tipo de câncer.

← A bombinha para tratamento de asma contém um medicamento que desobstrui as vias aéreas. A doença pode ser controlada por meio de xaropes. Ambos os medicamentos devem ser receitados pelo médico.

Beber bastante água e manter úmidos os ambientes são algumas das formas de se prevenir contra as doenças respiratórias associadas à poluição ou de atenuá-las. Além disso, é importante evitar ambientes poluídos, com muita fumaça ou poeira.

← Para adultos, o recomendado é beber cerca de dois litros de água por dia. A água é fundamental para manter o equilíbrio do organismo.

AQUI TEM MAIS

Estudo revela impacto da poluição na saúde de moradores do RJ e de SP

Em 6 anos, mais de 135 mil pessoas morreram de doenças causadas pela má qualidade do ar. Menos de 2% dos municípios medem qualidade do ar.

Pesquisadores divulgaram estudo com números que preocupam muito sobre o impacto da poluição na saúde de moradores das duas maiores cidades do país, Rio de Janeiro e São Paulo. Mais de 135 mil pessoas morreram, em seis anos, por doenças provocadas pela má qualidade do ar.

A poluição do ar mata 14 pessoas por dia no estado do Rio de Janeiro. A área mais crítica é a Região Metropolitana. Em Nova Iguaçu e Duque de Caxias, a concentração de poluentes no ar chega a ser três vezes maior que o recomendado pela Organização Mundial da Saúde.

A pesquisa realizada pelo Instituto Saúde e Sustentabilidade acompanhou as medições feitas por 30 estações que monitoram a qualidade do ar em 15 municípios do estado.

De acordo com a pesquisa, mais de 75% das emissões de poluentes em toda região metropolitana do Rio têm origem nos veículos automotores. Durante os seis anos do estudo, mais de 36 mil pessoas morreram em todo o estado por doenças atribuídas à poluição do ar.

Nesse período, mais de 65 mil pessoas foram internadas na rede pública com problemas causados pela inalação de poluentes.

"Risco de doenças respiratórias, risco de infarto, as grávidas são muito suscetíveis, as crianças, os idosos. Você tem uma população enorme exposta. Mesmo os saudáveis acabam inalando uma grande quantidade de substâncias químicas que são nocivas à saúde", alerta Hermano Albuquerque de Castro, diretor da Escola Nacional de Saúde Pública – Fiocruz.

[...]

↑ O horizonte acinzentado indica que há concentração de poluentes emitidos por veículos automotores e indústrias. São Paulo (SP), 2015.

Estudo revela impacto da poluição na saúde de moradores do RJ e de SP. *G1*, 29 out. 2014. Disponível em: <http://g1.globo.com/bom-dia-brasil/noticia/2014/10/estudo-revela-impacto-da-poluicao-na-saude-de-moradores-do-rj-e-de-sp.html>. Acesso em: 15 maio 2019.

1. A poluição do ar e do ambiente pode provocar diversas doenças na população exposta a ela. Pesquise em sua cidade o número de casos de doenças respiratórias, o índice de mortalidade e como isso pode ser evitado. Utilizando esses dados, produza um panfleto de conscientização para a comunidade escolar.

ATIVIDADES

SISTEMATIZAR

1. O gráfico a seguir apresenta o resultado de pesquisa realizada em Barcarena (PA) entre 2008 e 2012. Ele indica casos de internação por doenças infecciosas e parasitárias de veiculação hídrica, ou seja, doenças transmitidas por meio da água.. Identifique as doenças com maior número de casos e indique formas de preveni-las.

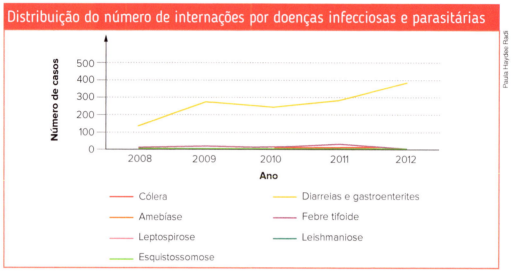

Fonte: Disponível em: <www.scielo.br/pdf/cadsc/v24n4/1414-462X-cadsc-24-4-443.pdf>. Acesso em: 30 abr. 2019.

2. Estudos realizados na região amazônica, no período entre 1998 e 2005, encontraram correlação entre o número de focos de queimadas e as taxas de mortalidade em idosos por doenças do aparelho respiratório. Que conselhos você daria a um idoso que vive nessa região para prevenir ou atenuar doenças respiratórias?

3. O gráfico a seguir mostra o número de casos de leptospirose na cidade de Blumenau (SC) no período de 2001 a 2009. Considerando que, em 2008, Blumenau sofreu catástrofes ambientais ligadas a chuvas fortes, deslizamentos de solo e cheias, interprete o gráfico e explique a evolução dos casos da doença nesse período.

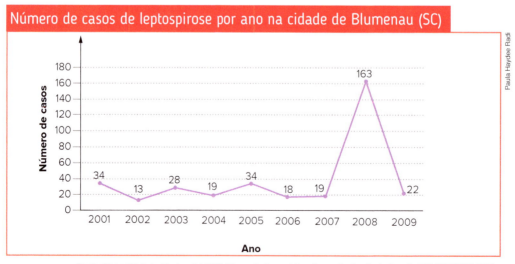

Fonte: Repositório institucional, UFSC. Disponível em: <https://repositorio.ufsc.br/handle/123456789/124330>. Acesso em: 30 abr. 2019.

REFLETIR

1. Nos gráficos abaixo estão representados os casos de dengue ocorridos por mês e a precipitação mensal em uma cidade hipotética em 2014.

   a) Com base no gráfico, identifique os três meses de maior incidência de dengue.

   b) Identifique também os três meses com menor incidência de dengue.

   c) Analisando a quantidade de casos de dengue, mês a mês, converse com o professor e os colegas e, juntos, elaborem uma hipótese para as alterações observadas.

   d) Comparando os dois gráficos, há alguma relação entre a ocorrência de chuva e o número de casos de dengue?

   e) A água acumulada em locais abertos cria um ambiente favorável para a proliferação do mosquito transmissor da dengue. Com base nessa informação, responda: Que medidas podemos tomar para evitar surtos de dengue?

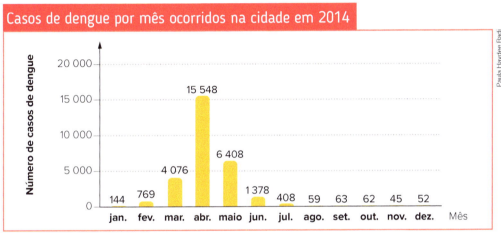

Fonte: Gráfico elaborado para fins didáticos.

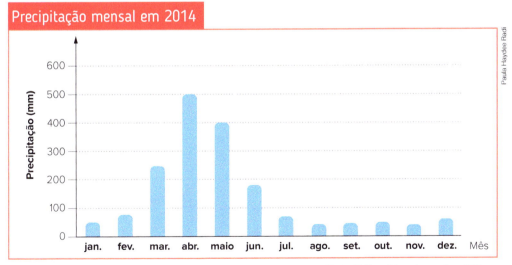

Fonte: Gráfico elaborado para fins didáticos.

DESAFIO

1. Junte-se a alguns colegas e formem um grupo. Elaborem um material informativo sobre a relação entre a falta de saneamento básico e as doenças e deem orientações individuais para a prevenção. Vocês podem usar, como modelo, os cartazes de campanha do governo e compartilhar o material produzido em aplicativos de mensagem e redes sociais.

CAPÍTULO 2

Políticas públicas para a saúde

Neste capítulo, você vai conhecer políticas públicas importantes para garantir a saúde da população e minimizar os problemas ambientais.

EXPLORANDO O FILTRO CASEIRO

Em nossa rotina é comum abrirmos a torneira e sair água limpa e pronta para usar. Para isso, no entanto, essa água passa por um longo caminho até chegar às casas. Você sabe como funciona uma estação de tratamento de água?

Adriana se interessou por esse assunto e fez uma pesquisa na internet. Ela viu que uma das principais etapas do tratamento é a filtração da água. Viu também que essa etapa podia ser reproduzida de forma simples na casa dela e decidiu fazer um filtro caseiro.

Ela utilizou uma garrafa plástica de dois litros. Cortou a garrafa plástica em dois pedaços, arrumou a parte de cima dentro da outra metade, como se fosse um funil, e ajeitou as camadas dos diversos materiais dentro dela. Toda orgulhosa, Adriana foi testar seu filtro. Pegou um pote de sorvete, desses de dois litros, e colocou água limpa até a metade. Misturou nela um copo de terra do jardim da frente de sua casa, para que a água ficasse bem barrenta. Por fim, despejou a água suja dentro do filtro. Depois de algum tempo, observou o que tinha acontecido.

Ilustrações: Natalia Forcat

Agora é sua vez.

1. Como você acha que ficou a água depois de passar pelo filtro?

2. Após ter passado pelo filtro, a água já estava pronta para beber?

Políticas públicas

As ações e medidas associadas ao saneamento básico (e a outras necessidades fundamentais dos cidadãos) recebem o nome de **políticas públicas**, ou seja, são desenvolvidas pelos governos para garantir a qualidade do ambiente e o bem-estar da população.

Para planejar e realizar políticas é necessário conhecer a população, o que é feito por meio dos indicadores de saúde.

Esses indicadores são instrumentos utilizados para medir a qualidade da saúde da comunidade e fornecem informações sobre mortalidade, problemas ambientais, situação de desenvolvimento local, acesso a serviços de saúde.

Os indicadores de saúde geram dados como a quantidade de casos de determinada doença, por exemplo, a dengue. Pela análise dos indicadores é possível saber onde as coisas vão bem e onde estão mal e, então, fazer o planejamento das ações na saúde.

Vamos agora conhecer alguns serviços relacionados a políticas públicas que garantem a saúde ambiental e, consequentemente, proporcionam melhor qualidade de vida a toda a população.

DIÁLOGO

SUS

O Sistema Único de Saúde (SUS) é uma conquista do povo brasileiro, garantido pela Constituição Federal de 1988, em seu artigo 196, por meio da Lei nº 8.080/1990. O SUS é o único sistema de saúde pública do mundo que atende mais de 190 milhões de pessoas, sendo que 80% delas dependem exclusivamente dele para qualquer atendimento de saúde.

O SUS é financiado com os impostos do cidadão – ou seja, com recursos próprios da União, estados e municípios e de outras fontes suplementares de financiamento, todos devidamente contemplados no orçamento da seguridade social.

O SUS nasceu por meio da pressão dos movimentos sociais que entenderam que a saúde é um direito de todos, uma vez que, anteriormente à Constituição Federal de 1988, a saúde pública estava ligada à previdência social e à filantropia.

[...]

SES-MG. Disponível em: <www.saude.mg.gov.br/sus>. Acesso em: 30 abr. 2019.

1. O SUS é uma importante política pública brasileira. Para que funcione bem, é fundamental a participação da população. Uma forma de fazer isso é por meio dos Conselhos de Saúde e das conferências de saúde, cuja finalidade é reivindicar, propor, controlar e avaliar a execução das políticas em saúde. Com base nessas informações, discuta com os colegas o funcionamento do SUS em sua localidade e responda às questões a seguir.

   a) Você usa ou conhece alguém que usa o serviço do SUS?

   b) Você já participou de alguma campanha desse serviço? Qual é a importância dela tanto local como nacionalmente?

   c) Você conhece o Conselho de Saúde de sua cidade? Que sugestões daria a ele para melhorar os serviços oferecidos tanto em sua localidade como no país?

Saneamento básico e tratamento da água

Mesmo que, visualmente, a água aparente estar limpa, ela pode transmitir diversas doenças, por exemplo, infecções por microrganismos que não são visíveis a olho nu. Para que possa ser consumida com segurança, deve receber o tratamento adequado.

Na maioria das cidades, antes de ser distribuída à população, a água passa por uma estação de tratamento.

Depois de tratada, a água é levada à população por uma rede distribuidora composta por tubulações e reservatórios.

↑ Em uma estação de tratamento de água, cada etapa ocorre em tanques diferentes. Na imagem, vemos uma estação de tratamento localizada em Caxias do Sul (RS), 2013.

Etapas do tratamento de água

O esquema a seguir representa de forma simplificada uma estação de tratamento de água. Ao chegar à estação, a água bruta passa por uma série de etapas que removem suas impurezas.

O esquema está representado com cores-fantasia e as dimensões dos elementos não seguem a proporção real.

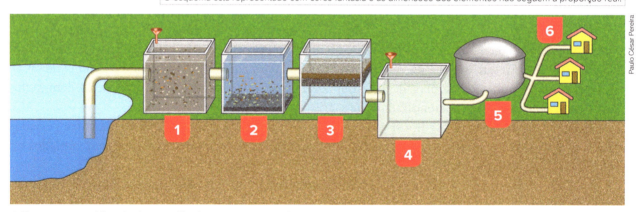

↑ Esquema simplificado de estação de tratamento de água.

1. **Coagulação** e **floculação** – A água recebe substâncias químicas para fazer a coagulação (ou junção) de partículas de sujeira, formando flocos mais densos do que a água.
2. **Decantação** – A água passa lentamente para tanques chamados decantadores, em que os flocos da sujeira – que são mais densos do que a água – depositam-se no fundo.
3. **Filtração** – A água passa por várias camadas filtrantes, ocorrendo a retenção das partículas menores que não se depositaram no fundo durante a decantação.
4. **Cloração** e **fluoretação** – Consiste na adição de cloro, usado para destruir os microrganismos presentes na água, e flúor, para reduzir a ocorrência de cárie dentária na população.
5. e 6. **Armazenamento** e **distribuição** – Depois de tratada, a água é levada à população por uma rede distribuidora formada por tubulações e reservatórios que funcionam como grandes caixas-d'água.

Mesmo em cidades cujo abastecimento é feito por poços subterrâneos, a água passa por tratamento, embora mais simples.

Depois de usada, ela deve passar por uma estação de tratamento de esgoto antes de retornar à natureza.

O tratamento de esgoto

Inicialmente, o esgoto passa por equipamentos que separam da água objetos grandes (1 e 2), como plásticos, latas, tecidos, papéis, vidros etc.

Após essa etapa, ainda é necessário retirar a matéria orgânica da água. Ela é constituída principalmente de fezes e restos de comida em decomposição. Existem várias formas de tratamento de esgoto; em geral, nas estações de tratamento são utilizados tanques onde são cultivadas as próprias bactérias contidas no esgoto, as quais se alimentam da matéria orgânica poluente.

Essas bactérias formam pequenos flocos, que se depositam no fundo dos tanques. O esgoto tratado sai pela parte superior desses tanques, já sem partículas grandes, matéria orgânica ou outros poluentes (3, 4 e 5).

Somente depois disso ele pode ser lançado nos rios, lagos ou mares, a fim de evitar poluição e contaminação ambiental e danos à saúde dos seres vivos.

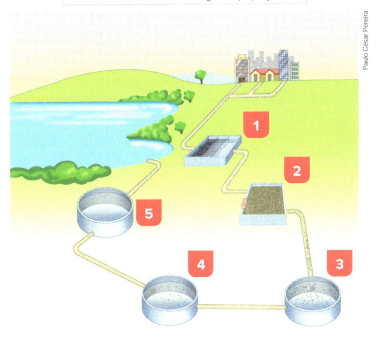

O esquema está representado com cores-fantasia e as dimensões dos elementos não seguem a proporção real.

↑ Esquema simplificado de estação de tratamento de esgoto.

↑ Após todas as etapas de tratamento do esgoto, a água pode ser lançada nos rios sem perigo para o meio ambiente. Na imagem, vemos uma estação de tratamento de esgoto em Duque de Caxias (RJ), 2013.

163

AQUI TEM MAIS

Saneamento avança, mas Brasil ainda joga 55% do esgoto que coleta na natureza, diz estudo

Apenas 45% do esgoto gerado no Brasil passa por tratamento. Isso quer dizer que os outros 55% são despejados diretamente na natureza[...]

"No caso do tratamento de esgoto, houve um pouco mais de um ponto percentual de alta por ano. Se considerarmos que não chegamos nem nos 50% de atendimento, estamos falando de mais de 50 anos [para universalizar]. [...]

O ritmo lento ainda vai de encontro a compromissos assumidos pelo país tanto em políticas públicas nacionais, como os do Plano Nacional de Saneamento Básico, como internacionais, como os assinados na Cúpula das Nações Unidas sobre o Desenvolvimento Sustentável, em 2015. O país se comprometeu a, até 2030, universalizar o acesso a água potável e "alcançar o acesso a saneamento e higiene adequados e equitativos para todos".

[...]

Clara Velasco. Saneamento avança, mas Brasil ainda joga 55% do esgoto que coleta na natureza, diz estudo. *G1*, 18 abr. 2018. Disponível em: <https://g1.globo.com/economia/noticia/saneamento-avanca-mas-brasil-ainda-joga-55-do-esgoto-que-coleta-na-natureza-diz-estudo.ghtml>. Acesso em: 13 mar. 2019.

1. Pesquise qual é a situação atual do Brasil em relação à coleta e ao tratamento de esgoto. E sua cidade, como se inclui nesse panorama?

CURIOSO É...

O tratamento do esgoto das indústrias é o mesmo que o de nossas casas?

A origem e as características dos efluentes industriais são diferentes do esgoto doméstico, assim como os danos que podem causar ao ambiente. Por isso, o tratamento também não é o mesmo. Em alguns casos, a carga de poluentes é tão alta que torna o tratamento um desafio.

Alguns procedimentos são necessários para o tratamento do esgoto industrial, como o tratamento da matéria orgânica e o controle de temperatura (deve ser inferior a 40 °C) e da concentração de óleos e graxas. Esses procedimentos visam cumprir o que estabelece a Resolução Conama nº 430, de 13 de maio de 2011, que complementa e altera a Resolução nº 357/2005, que dispõe de diretrizes e parâmetros para o tratamento e lançamento de esgoto em corpos de água receptores.

→ Efluente de lavanderia industrial. Rio do Sul (SC), 2018.

Tratamento dos resíduos sólidos

Achar um destino adequado para cada tipo de lixo representa um problema de toda a sociedade. É preciso separar, coletar e encaminhar cada tipo para os locais mais adequados. Mas quais seriam esses locais?

Os aterros sanitários são construídos especificamente para o depósito de resíduos sólidos, nos quais se procura acomodá-los de forma a minimizar os danos ao meio ambiente e à saúde pública.

Observe no esquema abaixo como é a estrutura de um aterro sanitário.

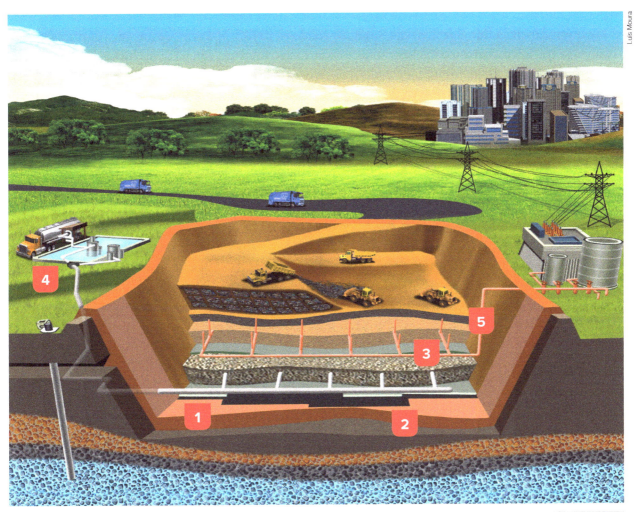

↑ Representação artística simplificada da organização de um aterro sanitário.

O esquema está representado com cores-fantasia e as dimensões dos elementos não seguem a proporção real.

1. Terreno previamente preparado, nivelado e drenado.
2. Solo impermeabilizado com a adição de argila e mantas de material resistente para evitar a infiltração de chorume.
3. Resíduos depositados e cobertos diariamente com terra.
4. Chorume coletado e tratado em estação de tratamento de esgoto.
5. Tubulação para drenagem de gases, originados da decomposição da matéria orgânica. Os gases podem ser queimados ou reaproveitados para a geração de energia.

POSSO PERGUNTAR?

Esta é a única forma de destinação dos resíduos sólidos?

CONSTRUIR UM MUNDO MELHOR

O destino dos resíduos da escola

Resíduos sólidos

[...]

A aprovação da Política Nacional de Resíduos Sólidos – PNRS, após vinte e um anos de discussões no Congresso Nacional, marcou o início de uma forte articulação institucional [...] na busca de soluções para os problemas na gestão [de] resíduos sólidos que comprometem a qualidade de vida dos brasileiros. [...]

A partir de agosto de 2010, baseado no conceito de responsabilidade compartilhada, a sociedade como um todo – cidadãos, governos, setor privado e sociedade civil organizada – passou a ser responsável pela gestão ambientalmente adequada dos resíduos sólidos. Agora o cidadão é responsável não só pela disposição correta dos resíduos que gera, mas também é importante que repense e reveja o seu papel como consumidor; o setor privado, por sua vez, fica responsável pelo gerenciamento ambientalmente correto dos resíduos sólidos, pela sua reincorporação na cadeia produtiva e pelas inovações nos produtos que tragam benefícios socioambientais, sempre que possível; os governos federal, estaduais e municipais são responsáveis pela elaboração e implementação dos planos de gestão de resíduos sólidos, assim como dos demais instrumentos previstos na PNRS.

A busca por soluções na área de resíduos reflete a demanda da sociedade que pressiona por mudanças motivadas pelos elevados custos socioeconômicos e ambientais. Se manejados adequadamente, os resíduos sólidos adquirem valor comercial e podem ser utilizados em forma de novas matérias-primas ou novos insumos. A implantação de um plano de gestão trará reflexos positivos no âmbito social, ambiental e econômico, pois não só tende a diminuir o consumo dos recursos naturais, como proporciona a abertura de novos mercados, gera trabalho, emprego e renda, conduz à inclusão social e diminui os impactos ambientais provocados pela disposição inadequada dos resíduos.

Ministério do Meio Ambiente. Resíduos sólidos. Disponível em: <www.mma.gov.br/cidades-sustentaveis/residuos-solidos>. Acesso em: 30 abr. 2019.

Como destinar resíduos sólidos?

O destino correto dos resíduos evita problemas de saúde para a população, melhora a qualidade estética da localidade e economiza matéria-prima virgem, contribuindo para a conservação ambiental. A Política Nacional de Resíduos Sólidos (PNRS, Lei nº 12.305/10) apresenta mecanismos para enfrentar os problemas socioambientais decorrentes do manejo inadequado dos resíduos sólidos.

O que acontece com os resíduos sólidos produzidos na escola?

Papéis, embalagens de produtos de limpeza, restos de alimentos, resíduos da varrição interna, folhas de árvores... muitos são os resíduos produzidos na escola. Será que eles estão tendo o destino correto? Qual é a responsabilidade de cada um nesse processo?

O que fazer

Elaborar um programa de gerenciamento de resíduos sólidos para a escola que possa ser replicado nas residências da comunidade.

Com quem fazer

O trabalho será feito pela turma coletivamente e envolverá toda a comunidade. Vocês devem procurar também fazer parcerias com outras pessoas da comunidade, com o poder público e com organizações não governamentais (ONGs).

Como fazer

Façam um levantamento de todo o resíduo produzido na escola, em todos os departamentos (salas de aula, secretaria, cozinha, pátio etc.). É importante reservar uma semana aproximadamente para realizá-lo.

Tomando como base esse levantamento, pesquisem informações sobre o gerenciamento de resíduos em escolas, o que pode ser feito com cada tipo de resíduo, como diminuir a produção de cada material e qual é o melhor destino para cada um.

Pesquisem informações sobre composteiras e, de acordo com a quantidade de resíduos compostáveis (restos de alimentos e matéria orgânica) produzidos na escola e com o espaço e a mão de obra disponível, escolham um modelo para ser implantado.

Definam como será a separação dos materiais, verifiquem a possibilidade de auxílio dos funcionários da escola, decidam as responsabilidades de cada um e como a separação, a coleta e o processamento serão feitos.

Apresentando o que foi feito

↑ Alunos se organizam para apresentar em cartazes as informações coletadas.

Reúnam as informações coletadas e o plano de gerenciamento elaborado e façam uma apresentação para os demais alunos da escola sensibilizando-os a participarem. Vocês podem, por exemplo, apresentar cálculos de médias dos resíduos produzidos por dia, inclusive identificando a quantidade de resíduo que cada aluno gera. Indiquem formas de reduzir a produção dos resíduos e como cada um pode participar do plano de gerenciamento elaborado.

CURIOSO É...

Para muitas pessoas, saúde significa ausência de doença. No entanto, segundo a Organização Mundial de Saúde (OMS), saúde é um estado de completo bem-estar, que envolve aspectos físicos, mentais e sociais. Ter amigos, sair, passear, ter um trabalho e uma casa para morar são alguns dos aspectos importantes para se garantir a saúde. Esse é um direito fundamental de todos os seres humanos.

Políticas públicas para o lazer

As atividades de lazer são importantes para garantir a saúde da população, elas são atividades prazerosas que contribuem para o desenvolvimento pessoal e social. Entre outras, podemos citar: frequentar cinema, teatro e museus, assistir a *shows*, ler, fazer atividade física, viajar, passear em parques e praças.

A boa relação com outras pessoas, como nossos amigos, é importante para a garantia de saúde.

As áreas verdes urbanas são importantes espaços de lazer e recreação e, consequentemente, de alívio de tensões e estresse, e ainda possibilitam o convívio com outras pessoas. Além disso, elas desempenham função estética – diversificando a paisagem – e ecológica – proporcionando abrigo e alimento para diferentes animais. Elas também aumentam as áreas de permeabilidade da água, evitando o escoamento superficial e as enchentes, melhoram a temperatura e a umidade locais e servem como barreira a poluentes e ruídos.

As políticas de conservação ambiental são muito importantes para a saúde dos seres vivos. Ambientes vegetados nas cidades, como bosques e praças, são importantes, pois contribuem para melhorar as condições do ar. São Paulo (SP), 2013.

PENSAMENTO EM AÇÃO — PESQUISA E MODELO

Como está evoluindo a situação da saúde em seu estado?

Os dados relativos à saúde do estado brasileiro em que você mora são satisfatórios? Você sabe se toda a população tem sido vacinada? Conhece indicadores sobre a mortalidade infantil?

Material:
- computador conectado à internet;
- caderno e caneta.

Procedimentos

1. Forme um grupo com alguns colegas e pesquisem um indicador de saúde, como mortalidade, natalidade, cobertura de vacinação na população.
2. Trabalhem os dados em dois períodos de tempo, com intervalos de anos entre eles. Por exemplo, dados obtidos há 10 anos e dados atuais.

Reflita e registre

1. Feita a análise, elaborem um relatório sobre o estado em que moram. Com base em tudo o que estudaram até o momento, escrevam uma introdução sobre saúde, explicitem os indicadores analisados e os dados coletados (que podem ser apresentados na forma de tabelas ou de gráficos). Elaborem uma conclusão apontando a evolução da saúde em seu estado ao longo dos anos com relação aos aspectos analisados e comparem essa situação com a de outros estados. Acrescentem ainda possíveis estratégias ou ações para melhorar o resultado.

2. Apresentem as conclusões de vocês aos demais grupos e ouçam as deles. Discutam as conclusões de cada grupo e procurem identificar como os dados dos grupos podem se relacionar. Por fim, elaborem uma conclusão coletiva com base nas informações coletadas e analisadas por todos os grupos.

3. Com base nos dados e no relatório de seu grupo, qual é a situação de seu município?

4. Caso os dados obtidos indiquem uma situação preocupante, como a baixa taxa de vacinação, sugiram ações que podem ser desenvolvidas pelo município para reverter a situação.

ATIVIDADES

SISTEMATIZAR

1. O que é saneamento básico?

2. O IAV (índice de área verde) calcula a área de cobertura vegetal, em metros quadrados, pelo número de habitantes dessa mesma área. Analise o gráfico a seguir e explique qual é a situação das cidades hipotéticas apresentadas no gráfico no que se refere a áreas verdes urbanas. Compare seus índices com os indicados pela Sociedade Brasileira de Áreas Urbanas (SBAU) e pela Organização das Nações Unidas (ONU). Qual(is) cidade(s) está(ão) dentro desses parâmetros?

Fonte: gráfico elaborado para fins didáticos.

3. Qual é a importância de políticas públicas relacionadas ao tratamento de esgoto? Justifique.

REFLETIR

1. Leia o texto a seguir.

Florações de cianobactérias

O que são: algas e cianobactérias são organismos unicelulares ou multicelulares que fazem parte da comunidade produtora primária de um ecossistema aquático [...]

Florações: as florações geralmente apresentam alteração na coloração da água com natas na superfície e podem ter duração de dias, semanas até muitos meses.

Causas e consequências:

As causas das florações estão relacionadas às atividades humanas que vêm causando um crescente enriquecimento artificial dos ecossistemas aquáticos (eutrofização), devido à extensa utilização de

fertilizantes na agricultura, a descarga de esgotos industriais e domésticos sem tratamento adequado, a destruição da mata ciliar dos mananciais, a alta taxa de urbanização e a falta de saneamento básico.
[...]

Cetesb. Florações de cianobactérias. Disponível em: <https://cetesb.sp.gov.br/laboratorios/atendimento-a-emergencia/floracoes-de-cianobacterias/>. Acesso em: 30 abr. 2019.

a) Qual é a relação entre a falta de saneamento básico e o aumento das cianobactérias em ambientes aquáticos?

b) Reflita sobre os problemas causados pela eutrofização e indique ao menos uma ação humana que pode combatê-la.

2. Observe a fotografia ao lado. Ela mostra a represa de Guarapiranga, em São Paulo. A água dessa represa, após passar por tratamento, abastece um grande número de pessoas da cidade.

↑ Vista da represa de Guarapiranga, São Paulo (SP), 2018.

a) Que situação mostrada na fotografia evidencia um complicador para a manutenção da qualidade dessa água? Que medidas deviam ter sido tomadas para evitá-la?

b) Diante das características discutidas até aqui em relação à situação dessa represa, você acha que ela requer mais cuidados no processo de tratamento? Se sim, analise a questão econômica dessa necessidade.

DESAFIO

1. Leia o texto a seguir:

Planos de saneamento podem ajudar a evitar mais de 100 doenças

Dados do Ministério da Saúde revelam que mais de 100 doenças podem ser evitadas com a presença do sistema de esgotamento sanitário. Entre as patologias listadas pelo órgão federal estão: cólera, amebíase, diarreia, hepatite, febre amarela, gripe, dengue, entre outras. Em 2014, por exemplo, Mato Grosso registrou 5 509 internações por doenças infecciosas.

Ainda em pesquisa realizada pelo Instituto Trata Brasil, no ano de 2013, 5 237 internações foram registradas no Estado do Mato Grosso devido a tais doenças. Deste total, o estudo aponta que 1 369 internações poderiam ter sido evitadas, caso existisse saneamento básico nos municípios. [...]

Datasus – Departamento de Informática do SUS. Jornal Olhar Direto. Disponível em: <http://datasus.saude.gov.br/noticias/atualizacoes/675-planos-de-saneamento-podem-ajudar-a-evitar-mais-de-100-doencas>. Acesso em: 30 abr. 2019.

a) O texto apresenta dados referentes ao estado de Mato Grosso. Do que tratam esses dados? Que informações eles contêm?

b) Pesquise e identifique se em sua cidade há sistemas de tratamento de água, esgoto e resíduos sólidos e onde se localizam.

c) Reúna-se em grupo com alguns colegas e, juntos, pensem em ações que um grupo de estudantes poderia desenvolver para cobrar do governo municipal a implantação desses serviços. No final, apresentem suas ideias aos demais colegas da turma.

CAPÍTULO 3

A vacinação nas ações de saúde pública

Neste capítulo, você vai estudar a vacinação: aspectos históricos e a importância para a saúde pública.

EXPLORANDO A CARTEIRINHA DE VACINAÇÃO

Robson estava muito animado. Finalmente ia fazer a viagem de seus sonhos: conhecer Machu Picchu, no Peru.

Desde que tinha estudado a cultura inca nas aulas de História, Robson planejava a viagem. Renata e sua irmã, Juliana, suas colegas da escola, haviam retornado de uma viagem para Machu Pichu e mostraram a Robson as fotografias que tiraram. Ele ficou ainda mais ansioso.

Ele e sua mãe já estavam preparando tudo para a viagem, e ele estava muito empolgado.

Enquanto organizavam as malas, de repente sua mãe falou, preocupada:

– Nossa! A viagem está aí e nós não vimos se é preciso tomar a vacina contra febre amarela para entrar no Peru. Se for, será que ainda dá tempo?

Agora é sua vez.

1. Em alguns países, para que um estrangeiro possa neles entrar, são exigidas vacinas específicas. Por que isso é necessário?

2. Sua carteira de vacinação está em dia? A que doenças você está imune?

3. Como funciona a vacina? Por que as campanhas de vacinação são importantes?

Por que vacinar?

A vacinação é uma importante política pública para a garantia da saúde da população. Muitas doenças comuns no passado – como varíola, paralisia infantil, tétano, coqueluche e difteria – deixaram de ser um problema de saúde pública graças às campanhas de vacinação em massa, quando grande parte das pessoas é vacinada. Mas você sabe como nosso corpo reage quando é infectado por um microrganismo?

Vivemos em um mundo repleto de agentes que podem nos causar doenças, como vírus, bactérias, protozoários, fungos etc. A pele e as mucosas dos sistemas respiratório, digestório, urinário e genital, por exemplo, são barreiras naturais contra esses agentes infecciosos. No entanto, quando eles conseguem invadir o corpo, nossa imunidade é responsável por combatê-los e procurar impedir que causem danos à saúde.

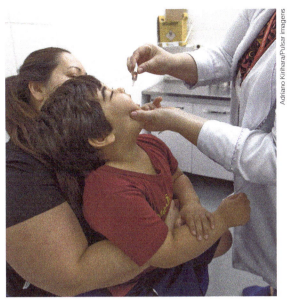

↑ Criança tomando vacina.

 CURIOSO É...

O Ministério da Saúde lançou [...] o aplicativo Vacinação em Dia, que pode ser utilizado em *tablets* e [...] *smartphones*. O aplicativo é capaz de gerenciar até dez cadernetas de vacinação que serão cadastradas pelo usuário e disponibiliza informações completas sobre o calendário vacinal oferecido no Sistema Único de Saúde.

É possível que o usuário marque a data da última imunização e agende a próxima, podendo receber lembretes sobre as campanhas sazonais de vacinação do Ministério da Saúde. O objetivo é que a população acompanhe no dia a dia todas as informações necessárias para garantir a imunização completa. Também é possível o envio por *e-mail*, para impressão, dos calendários de vacinação das cadernetas já cadastradas no app. [...]

Ministério da Saúde. Como baixar o aplicativo "Vacinação em Dia". *Blog* da Saúde. Disponível em: <www.blog.saude.gov.br/index.php/saudeemdia/32865-como-baixar-o-aplicativo-vacinacao-em-dia>. Acesso em: 4 maio. 2019.

Imunidade

Imunidade é a capacidade do organismo de combater patógenos e eliminar infecções e as possíveis complicações causadas por eles. É um mecanismo de defesa, sem o qual estaríamos suscetíveis a diversas doenças. Há dois tipos de imunidade: inata (ou natural) e adquirida (ou adaptativa).

Imunidade inata e adquirida

A **imunidade inata** é responsável pelas respostas iniciais a uma infecção; o organismo reage aos patógenos logo no momento da invasão. Essas respostas ocorrem por meio de barreiras como a pele, reflexos (piscar, tossir, espirrar e lacrimejar), pelos das narinas, secreções (suor), enzimas digestivas do estômago, células especializadas na captura, ingestão e destruição de microrganismos, além da microbiota do corpo, que produz substâncias antimicrobianas.

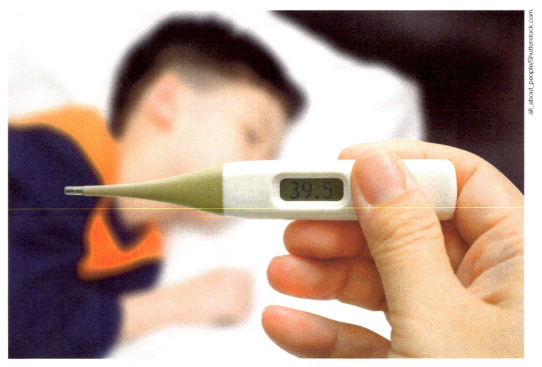

↑ A febre corresponde à temperatura corporal acima de 37,8 °C. Ela indica, por exemplo, o surgimento de infecções e um médico deve ser procurado para identificar e tratar a doença.

Imunidade adquirida é uma resposta mais tardia e desenvolvida pela exposição ao agente infeccioso. Ela é desencadeada quando há um agente estranho no corpo, como vírus e bactérias, o que faz com que sejam produzidos anticorpos no sangue para combatê-lo.

Os anticorpos atuam contra os microrganismos estranhos ao nosso corpo destruindo-os ou inativando-os.

Como os agentes estranhos (também chamados de antígenos) são muitos e diferentes entre si, o corpo precisa produzir anticorpos específicos para cada um deles. Assim, um anticorpo que nos defende contra a bactéria causadora do tétano não nos defende contra o vírus causador da dengue, por exemplo. Esta é uma das principais características dos anticorpos: a **especificidade**. A outra é a **memória imunológica**: se tivermos um segundo contato com um antígeno que já nos contaminou no passado, o agente infeccioso é reconhecido rapidamente e nosso corpo começará a produzir os anticorpos, ou seja, a resposta de defesa será mais rápida. Com o tempo, vamos adquirindo resistência a um número maior de doenças.

Anticorpos e vacinas

As vacinas são utilizadas como forma de prevenção quando a pessoa ainda não foi infectada. Elas contêm formas mortas ou enfraquecidas do microrganismo, que não provocam a doença, mas induzem à produção de anticorpos. Assim, a pessoa já conta com a defesa para eliminar do organismo o agente causador da doença caso seja infectada.

Calendário Nacional de Vacinação

O Calendário Nacional informa as vacinas recomendadas para a população. No Brasil, elas são distribuídas gratuitamente em postos de saúde e previnem contra doenças causadas por vírus ou bactérias, consideradas problemas de saúde pública.

Calendário Nacional de Vacinação dos Povos Indígenas

Foi publicado [...] a portaria nº 1.946, de 19 de julho de 2010, que estabelece o Calendário Nacional de Vacinação dos povos indígenas no Brasil. Esta portaria é resultado de anos de trabalho da Funasa e [do] Programa Nacional de Imunização do Ministério da Saúde, e reconhece as especificidades étnicas e culturais dos povos indígenas e as diferentes situações de risco a que estão expostos esses povos.

Esta iniciativa do Governo Brasileiro representa um avanço no sentido de garantir o direito e respeito às necessidades específicas desses povos. Dados epidemiológicos apontam que os povos indígenas estão entre os grupos de maior vulnerabilidade a doenças e agravos.

O subsistema de saúde indígena está organizado nas terras indígenas e tem como referência a rede de serviços do Sistema Único de Saúde – SUS. O Calendário de Vacinação tem como premissa a organização dos serviços de imunização e a padronização em âmbito nacional, visando propiciar a integração e o atendimento indispensáveis em todos os níveis de assistência, de maneira a contemplar as especificidades dessas comunidades.
[...]

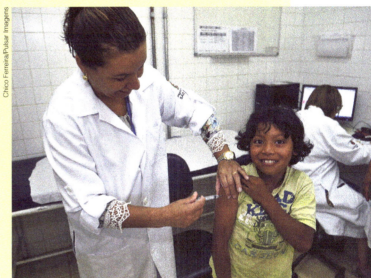

↑ Vacinação de crianças indígenas da etnia guarani mbyá, aldeia Temondé-Porã. São Paulo (SP), 2016.

Opas/OMS Brasil. Disponível em: <www.paho.org/bra/index.php?option=com_content&view=article&id=4271:calendario-nacional-de-vacinacao-dos-povos-indigenas-2&Itemid=820>. Acesso em: 30 abr. 2019.

1. Acesse o portal do Ministério da Saúde. Pesquise o calendário de vacinação indígena e compare com o calendário de vacinação para o restante da população brasileira. No que eles diferem? A que se devem essas diferenças?

2. Analise sua Carteira de Vacinação e compare com o Calendário Nacional de Vacinação disponível no portal do Ministério da Saúde. Responda:
   a) Sua vacinação está em dia?
   b) Quais vacinas estão disponíveis para os jovens e quando devem ser tomadas? De que doenças essas vacinas protegem e quais são seus agentes causadores?

DIÁLOGO

A Revolta da Vacina

O Rio de Janeiro, na passagem do século XIX para o século XX, era ainda uma cidade de ruas estreitas e sujas, saneamento precário e foco de doenças como febre amarela, varíola, tuberculose e peste. Os navios estrangeiros faziam questão de anunciar que não parariam no porto carioca e os imigrantes recém-chegados da Europa morriam às dezenas de doenças infecciosas.

Ao assumir a presidência da República, Francisco de Paula Rodrigues Alves instituiu como meta governamental o saneamento e reurbanização da capital da República. Rodrigues Alves nomeou ainda o médico Oswaldo Cruz para o saneamento.

O Rio de Janeiro passou a sofrer profundas mudanças, com a derrubada de casarões e cortiços e o consequente despejo de seus moradores. A população apelidou o movimento de o "bota-abaixo". O objetivo era a abertura de grandes bulevares, largas e modernas avenidas com prédios de cinco ou seis andares.

Caricatura de Leônidas, publicada na revista *O Malho* de 29 de outubro de 1904. Antecipa a Revolta da Vacina, que viria a ocorrer entre 10 e 16 de novembro.

Ao mesmo tempo, iniciava-se o programa de saneamento de Oswaldo Cruz. Para combater a peste, ele criou brigadas sanitárias que cruzavam a cidade espalhando raticidas, mandando remover o lixo e comprando ratos. Em seguida o alvo foram os mosquitos transmissores da febre amarela.

Finalmente, restava o combate à varíola. Autoritariamente, foi instituída a lei de vacinação obrigatória. A população, humilhada pelo poder público autoritário e violento, não acreditava na eficácia da vacina. Os pais de família rejeitavam a exposição das partes do corpo a agentes sanitários do governo.

A vacinação obrigatória foi o estopim para que o povo, já profundamente insatisfeito com o "bota-abaixo" e insuflado pela imprensa, se revoltasse. Durante uma semana, enfrentou as forças da polícia e do exército até ser reprimido com violência. O episódio transformou, no período de 10 a 16 de novembro de 1904, a recém-reconstruída cidade do Rio de Janeiro numa praça de guerra, onde foram erguidas barricadas e ocorreram confrontos.

Ministério da Saúde. Centro Cultural da Saúde. *Revista da Vacina*. Disponível em: <www.ccms.saude.gov.br/revolta/revolta.html>. Acesso em: 30 abr. 2019.

1. Forme um grupo com alguns colegas e pesquisem os episódios dessa revolta. Depois, discutam as informações coletadas com o resto da turma.

2. Por causa da Revolta da Vacina, o governo suspendeu a lei da obrigatoriedade, mas, encerrada a revolta, a vacinação foi retomada. Em 1973, a varíola foi considerada erradicada do país e a obrigatoriedade da vacinação foi extinta em 1980. Em sua opinião, essa revolta foi correta?

CIÊNCIA, TECNOLOGIA E SOCIEDADE

Brasil é referência mundial na fabricação de vacinas

[...]

Com tecnologia pioneira na produção de vacinas, o Brasil é destaque mundial na fabricação de **substâncias imunobiológicas**, que abastecem o sistema público de saúde e são exportadas para mais de 70 países. Entre os líderes em tecnologia, está a Fundação Oswaldo Cruz (Fiocruz), vinculada ao Ministério da Saúde. A entidade é responsável pelo desenvolvimento de pesquisas e fabricação de grande parte das vacinas utilizadas no Programa Nacional de Imunizações (PNI), do Sistema Único de Saúde (SUS).

A unidade da Fiocruz que responde pela pesquisa e fabricação de vacinas é o Instituto de Tecnologia em Imunobiológicos (Bio-Manguinhos). [...] Em 2009, 128,7 milhões de doses de vacinas virais e bacterianas foram distribuídas ao sistema público de saúde, o que representa mais de 57% da demanda total do Brasil. Em 2010, a oferta de vacinas para o Ministério da Saúde cresceu 11% em relação ao ano anterior. A produção excedente é fornecida a instituições como a Organização Mundial de Saúde (OMS), a Organização Pan-Americana da Saúde (OPAS) e a Unicef, que juntas representam 71 países.

Além da Fiocruz, o Brasil possui outros órgãos que se destacam na pesquisa e fabricação de imunobiológicos, como o Instituto Butantan, maior produtor nacional de soros e vacinas. [...]

> **GLOSSÁRIO**
>
> **Substância imunobiológica**: produzida em laboratório por meio da reação antígeno-anticorpo. Exemplos: soros e vacinas.

↑ Produção de vacinas em laboratório da Bio-Manguinhos, na Fundação Oswaldo Cruz. Rio de Janeiro (RJ), 2010.

Brasil é referência mundial na fabricação de vacinas. Governo do Brasil, 3 dez. 2017. Disponível em: <www.brasil.gov.br/noticias/educacao-e-ciencia/2010/12/brasil-e-referencia-mundial-na-fabricacao-vacinas>. Acesso em: 13 mar. 2019.

1. Após a leitura do texto, reúna-se com alguns colegas e formem um grupo. Discutam a importância do desenvolvimento e da elaboração de vacinas em um país como o Brasil. Depois, compartilhem suas ideias com a turma.

ATIVIDADES

SISTEMATIZAR

1. Há mais de 100 anos, foi realizada no Brasil a primeira campanha de vacinação em massa, idealizada por Oswaldo Cruz. Qual era o objetivo dela e qual foi a dificuldade encontrada pela campanha?

2. Quais são as vacinas que os jovens devem tomar?

3. Por que dizemos que a vacina é preventiva?

REFLETIR

1. O último caso de poliomielite no Brasil ocorreu em 1990 e a doença foi considerada erradicada (extinguida) em 1994. Leia trecho de artigo sobre a semana de imunização da Organização Mundial da Saúde (OMS), realizada de 23 a 30 de abril de 2018, analise os gráficos e depois responda às questões.

[...]
O tema da Semana da Imunização deste ano é "Protegidos juntos, #vacinasfuncionam". Segundo a OMS, a imunização "salva milhões de vidas e é amplamente reconhecida como uma das intervenções mais bem-sucedidas e eficientes [em relação a] custo". O objetivo da campanha deste ano é pedir mais ação destacando o papel que cada pessoa pode exercer nessa área.

OMS defende vacinação universal na Semana Mundial de Imunização. *Agência Brasil*, 24 abr. 2018. Disponível em: <http://agenciabrasil.ebc.com.br/internacional/noticia/2018-04/oms-defende-vacinacao-universal-na-semana-mundial-da-imunizacao>. Acesso em: 30 abr. 2019.

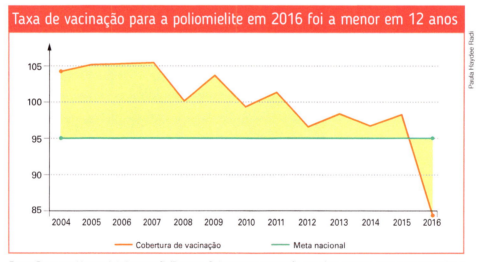

Fonte: Programa Nacional de Imunização/Datasus. Cobertura de vacinação se refere a doses de vacinas aplicadas e não ao número de indivíduos vacinados. Por isso, o índice pode ultrapassar 100%. Dados atualizados até 19/10/2016.

a) Com base no funcionamento das vacinas e das campanhas de vacinação, explique o tema da campanha.

b) Como foi a participação do Brasil no período de 2004 a 2016 com relação à meta de 95% de vacinação contra poliomielite recomendada pela OMS? Quais são os riscos desse resultado?

c) Considerando a participação na campanha por parte da população brasileira em 2016, qual é a importância da campanha para os anos seguintes?

2. Leia o texto a seguir e responda ao que se pede.

[...]

A queda na cobertura vacinal no Brasil, nos últimos dois anos (2016 e 2017), acendeu alerta em função do risco da reintrodução de doenças já eliminadas ou erradicadas no país, como a poliomielite, sarampo e rubéola. Atento a este cenário, o Ministério da Saúde lança, nesta quinta-feira [11/10/2018], uma campanha publicitária impactante que alerta para a importância de manter sempre a vacinação em dia. O objetivo é mostrar que as baixas coberturas vacinais podem ser perigosas, já que abrem caminho para a reintrodução de doenças já eliminadas no país e que podem até matar.

Dados preliminares, até agosto de 2018, mostram que a cobertura vacinal de crianças menores de dois anos deste ano ainda não é a ideal, gira em torno de 50% e 70%. O Ministério da Saúde preconiza a cobertura acima de 90% ou 95%, a depender da vacina. "Mesmo não sendo definitivos, já que estados e municípios podem registrar os dados no sistema até final de março do ano que vem, os índices de vacinação são considerados muito baixos", avalia a coordenadora do Programa Nacional de Imunizações do Ministério da Saúde, Carla Domingues.

[...]. "Há uma tendência de queda na vacinação, são dois anos consecutivos de redução. Nós precisamos reverter esse cenário e não entrar no terceiro ano de baixas coberturas vacinais", pontuou Carla Domingues.

[...]

Levantamento de rotina do Ministério da Saúde feito com estados e municípios, em visitas domiciliares na busca de não vacinados, indica como principais causas para essa redução o próprio sucesso do Programa Nacional de Imunizações (PNI), visto que não há mais circulação de algumas doenças no país, como a poliomielite.

Outra causa verificada pelas equipes de saúde é a desinformação provocada por boatos de que as vacinas não funcionam ou que trazem graves efeitos colaterais. "Isso causa um desconhecimento da própria gravidade das doenças, fazendo com que muitas pessoas não tenham noção do risco representado por elas e passem a se preocupar mais com possíveis eventos adversos do que com a prevenção de doenças consideradas graves", afirmou a coordenadora do Programa Nacional de Imunizações do Ministério da Saúde, Carla Domingues. A população também indica que o horário de funcionamento das unidades de saúde hoje é incompatível com a jornada de trabalho atual.

[...]

Amanda Mendes. Nova campanha traz histórias impactantes para alertar sobre vacinação. *Agência Saúde – Ministério da Saúde*, 23 out. 2018. Disponível em: <http://portalms.saude.gov.br/noticias/agencia-saude/44493-nova-campanha-traz-historias-impactantes-para-alertar-sobre-vacinacao>. Acesso em: 30 abr. 2019.

a) Sobre o que trata a notícia?

b) De acordo com o texto, quais são as principais causas verificadas para a diminuição de pessoas vacinadas?

c) Acesse o *site* <http://portalms.saude.gov.br/noticias/agencia-saude/44493-nova-campanha-traz-historias-impactantes-para-alertar-sobre-vacinacao> e verifique os dados preliminares de cobertura vacinal para seu estado. O valor encontrado para cada vacina está dentro do intervalo proposto pelo Ministério da Saúde? É maior que a média brasileira? O que você poderia fazer para melhorar a cobertura de vacinação de sua região?

DESAFIO

1. Vamos voltar no tempo: ao ano de 1904, na cidade do Rio de Janeiro. Você e os colegas são os responsáveis pela saúde do município e estão preocupados com a situação da varíola na cidade; é necessário vacinar todos os moradores. Em grupos, elaborem uma estratégia de sensibilização para as pessoas voluntariamente tomarem a vacina e levarem os filhos.

CAPÍTULO

4 Tecnologia: usos e riscos sociais

Neste capítulo, você vai estudar alguns aspectos da tecnologia: o processo de desenvolvimento, os usos e os riscos sociais dela.

EXPLORANDO A VIDA ÚTIL DOS ELETRODOMÉSTICOS

Marta chegou em casa e encontrou seu tio Luís muito animado com a geladeira nova.

Ela logo aproveitou para perguntar quais as vantagens da geladeira nova em relação à antiga.

— Olha o painel digital: agora podemos comandar os ajustes de temperatura pelo lado de fora! — contou o tio, empolgado.

Marta entendeu que a tecnologia avança e pode facilitar o cotidiano. Ficou imaginando como eram os equipamentos que ela usa hoje quando eram feitos com uma tecnologia mais antiga.

— Tio, como eram os equipamentos quando você tinha a minha idade? — perguntou ao tio Luís.

Ele então explicou que eram muito diferentes, não havia *smartphones* e os *video games* eram mais simples e não apresentavam elementos gráficos tão atraentes como atualmente.

Ilustrações: Natalia Forcat

Agora é sua vez.

1. Quais são as vantagens das geladeiras modernas?

2. Você conhece outros equipamentos eletrônicos que se modificaram com o avanço da tecnologia? Cite exemplos.

3. Indique vantagens e desvantagens dos avanços tecnológicos.

A era da tecnologia

Você já ouviu dizer que estamos na era da tecnologia e da informatização? Sabe o que isso significa?

Na maioria das vezes, nem nos damos conta, mas a tecnologia está o tempo todo ao nosso redor, desde a comida com a qual nos alimentamos até os modernos *smartphones*. Os equipamentos tecnológicos nem sempre foram como estamos acostumados hoje em dia. Ao longo do tempo, de acordo com o desenvolvimento da tecnologia, eles passaram por transformações e foram atualizados.

Observe as imagens a seguir. Você já tinha visto como eram as televisões na década de 1970? Note as diferenças entre a televisão da imagem e um *smartphone*.

↑ A televisão preto e branco chegou ao Brasil em 1950 e a TV em cores em 1970, mas como privilégio dos mais ricos. Foi no início da década de 1980 que os televisores começaram a se espalhar, já com preços mais acessíveis a toda a população. Os *smartphones* atuais são um complexo de equipamentos em um só produto: processadores que não perdem em nada para os computadores, com câmeras tão boas quanto as câmeras digitais compactas.

As tecnologias da comunicação

Você já deve ter conversado com alguém distante usando a internet ou outros meios, como telefone fixo ou celular. Atualmente, é comum passarmos muito tempo conectados a esses aparelhos, comunicando-nos em uma conversa direta ou através de mensagens. Entretanto, nem sempre foi assim.

Como eram as tecnologias há 100 ou 200 anos? As pessoas precisavam de papel e tinta para se comunicar a distância, além de um mensageiro, cuja função era entregar a mensagem ao destinatário. Atualmente, ainda usamos alguns meios de comunicação semelhantes – cartas, por exemplo – e precisamos de "mensageiros", um serviço de correio ou de entrega, para levá-las ao destinatário. Também usamos esses serviços para enviar documentos e pacotes que não podem ser digitalizados.

POSSO PERGUNTAR?
Pombo-correio existiu de verdade?

Do telégrafo à internet

A necessidade de se comunicar a distância contribuiu para a criação e o desenvolvimento de equipamentos com essa finalidade. Traçando uma linha do tempo, podemos citar a invenção do telégrafo, do telefone, do rádio e da internet, tão presente hoje em nossas vidas. O desenvolvimento do código Morse foi muito útil para as comunicações durante a Primeira Guerra Mundial. Durante as primeiras décadas do século XX, o rádio foi um importante meio de comunicação, transmitindo notícias e entretenimento.

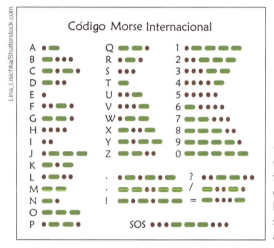

O código Morse, técnica também conhecida como telegrafia, foi inventado na segunda metade do século XIX e usado como o meio mais rápido de comunicação até a Primeira Guerra Mundial. Consiste em enviar sinais elétricos com dois "toques" sonoros distintos ao longo de um par de fios condutores, associado a um código de letras e números.

A transmissão da voz humana usava o mesmo sistema de cabos condutores do telégrafo, mas foram introduzidas duas novas invenções: o microfone e o receptor (alto-falante). Inventado por Graham Bell e Thomas Watson.

A invenção do rádio foi um avanço importante, pois transmitia informação por ondas, sem a necessidade de cabos. A primeira transmissão de voz via rádio aconteceu em 1921. O rádio chegou ao Brasil dois anos depois, em 1923.

A internet

Atualmente a internet é uma importante fonte de produção e divulgação de informação. Contribui para a participação das pessoas nas mais diferentes práticas sociais, de uma conversa com pessoas distantes a debates. Fornece acesso a informações sobre saúde, políticas públicas e nacionais, além de educação a distância e informações das mais diversas áreas de conhecimento e setores da sociedade. Inicialmente ela era restrita às universidades e órgãos governamentais e era mais simples, sem tantos recursos como hoje em dia.

No entanto, apesar de seu grande desenvolvimento, a internet ainda não é uma realidade para todas as pessoas. Observe no gráfico a seguir a distribuição do acesso à internet proporcional ao número de domicílios no Brasil.

↑ A popularização da internet possibilitou que os cidadãos comuns tivessem acesso a uma quantidade de informações sem precedentes na história da humanidade.

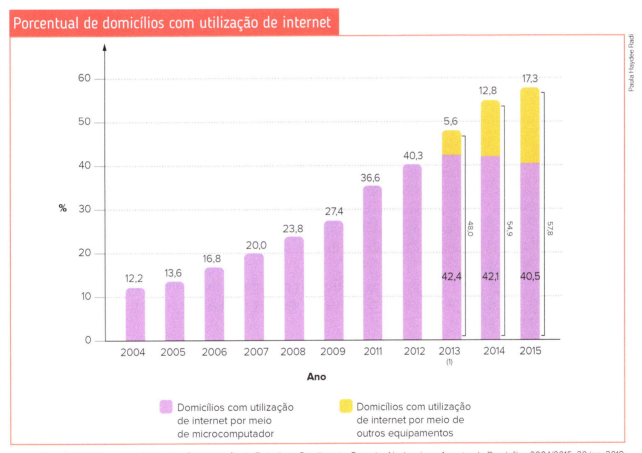

Fonte: IBGE. Diretoria de Pesquisas, Coordenação de Trabalho e Rendimento, Pesquisa Nacional por Amostra de Domicílios 2004/2015, 29 jan. 2018. Disponível em: <https://exame.abril.com.br/brasil/apesar-de-expansao-acesso-a-internet-no-brasil-ainda-e-baixo/>.
(1) Em 2013, ampliou-se a investigação da utilização da internet por meio de diversos equipamentos (microcomputador, telefone móvel, tablets e outros). Acesso em: 30 abr. 2019.

Observe que os dados mostram que o acesso à internet por microcomputadores está caindo, enquanto a utilização de outros equipamentos, como celulares, está aumentando. O principal responsável por esse aumento é a popularização dos celulares.

Apesar de haver um aumento no número de domicílios com acesso à internet ao longo dos anos, o porcentual ainda é considerado baixo se comparado com os índices internacionais.

Impactos da tecnologia

O mundo muda constantemente e, com ele, novos objetos surgem, novas necessidades são criadas e os objetos se tornam obsoletos (antigos) muito rapidamente.

Hoje, a tecnologia está diretamente associada à ciência e o conhecimento científico produzido em uma área está relacionado com outras áreas.

Os avanços tecnológicos podem causar impactos positivos e negativos na sociedade. Há impactos positivos, por exemplo, em setores como medicina e telecomunicações, e no desenvolvimento de tecnologias que não prejudicam o meio ambiente. Entretanto, o vício em aparelhos eletrônicos e nas redes sociais são exemplos de impactos negativos.

CIÊNCIA, TECNOLOGIA E SOCIEDADE

Como o avanço da tecnologia beneficia a medicina?

Os avanços da tecnologia aplicada à saúde não se restringem somente a aparelhos eletrônicos e aplicativos digitais, mas também incluem tecnologias alternativas que têm o intuito de melhorar a vida das pessoas.

É fato que a tecnologia na medicina está transformando os cuidados com a saúde e a forma como os médicos se relacionam com os pacientes. A automação dos procedimentos, fortalecida com a chegada da Internet das Coisas (IoT), o *Big Data* e a Inteligência Artificial (IA), interferem profundamente no modo como a medicina é aplicada. Essas transformações impactam desde o ensino da profissão, passando pela a atuação prática do médico até a prevenção e tratamento de doenças.

[...]

No Brasil, os médicos já percebem as facilidades trazidas pelos sistemas de informação para a gestão hospitalar ou de clínicas e consultórios. [...].

[...]

Os avanços em equipamentos e diagnósticos também permitem procedimentos mais precisos e seguros na maioria dos tratamentos. Mesmo procedimentos simples, como uma **sutura**, podem ser melhoradas com a tecnologia. [...].

[...]

Dino. Como o avanço da tecnologia beneficia a Medicina. *Exame*, 3 set. 2018. Disponível em: <https://exame.abril.com.br/negocios/dino/como-o-avanco-da-tecnologia-beneficia-a-medicina/>. Acesso em: 30 abr. 2019.

GLOSSÁRIO

Sutura: ato de unir um corte com agulha e linha especial para a cicatrização.

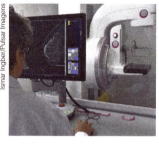

↑ Médica analisando exame de imagem. Rio de Janeiro (RJ), 2017.

1. Explique como a tecnologia na área da medicina contribui para uma maior expectativa de vida. Que outro fator também é importante?

2. Os avanços da tecnologia na medicina também estão relacionados à desigualdade social? Justifique.

3. Dê exemplos de aparelhos, exames e tratamentos na área de saúde que, devido aos avanços tecnológicos, melhoraram a qualidade de vida e o bem-estar das pessoas.

ATIVIDADES

SISTEMATIZAR

1. A tecnologia está presente em diferentes aspectos de nossas vidas, de nosso café da manhã ao modo de nos comunicarmos. Explique como isso ocorre.

2. Cite impactos positivos e negativos da tecnologia em nossa qualidade de vida.

3. Com base no que você estudou até aqui, podemos dizer que as novas tecnologias são acessíveis a todas as pessoas? Justifique sua resposta e dê exemplos.

REFLETIR

1. Leia o texto e responda às questões a seguir.

Novo aparelho mede a glicose sem picada no dedo

Trata-se de um aparelho medidor de glicose que dispensa sangue e, consequentemente, as incômodas picadas nos dedos – e ainda traz resultados mais completos sobre o sobe e desce do açúcar ao longo do dia. [...]

Para ter ideia, o aparelho é capaz de mostrar como andava o nível de glicose, como está no momento e ainda apresenta uma estimativa de como se comportará nas horas seguintes. [...]

O diabetes é a única doença não infecciosa epidêmica no mundo. Segundo o Ministério da Saúde, cerca de 14 milhões de pessoas possuem o problema no Brasil – 90% deles são portadores do tipo 2

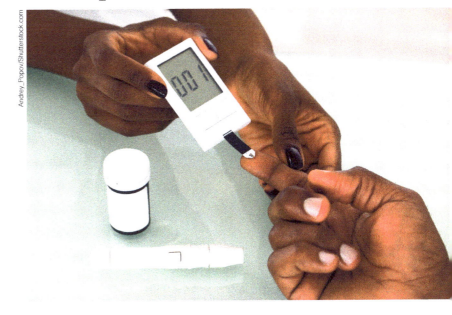

e a metade não sabe que tem a doença. E, todos os dias, estima-se que surjam 500 novos casos. Entre os pacientes diagnosticados, a maioria não consegue domar os níveis de glicose devidamente porque não gosta das agulhadas – aí, não usa o [glicômetro] direito. O novo aparelho promete, então, trazer alívio a esse pessoal. [...]

Karolina Bergamo. Novo aparelho mede a glicose sem picada no dedo. *Saúde*, Abril Comunicações S. A. 9 out. 2017. Disponível em: <https://saude.abril.com.br/medicina/novo-aparelho-mede-a-glicose-sem-picada-no-dedo>. Acesso em: 30 abr. 2019.

a) Qual é a principal inovação do aparelho?
b) Quais podem ser as principais dificuldades para obter o aparelho? Justifique.

DESAFIO

1. Em grupo, pesquise o *cyberbullying* e como ele afeta a vida das vítimas. Entrevistem colegas de outras turmas, perguntem se já sofreram *cyberbullying* e o que isso representou na vida deles. Depois, escrevam um *post* para as redes sociais conscientizando as pessoas dos impactos prejudiciais dessa atitude na vida das vítimas.

FIQUE POR DENTRO

A EVOLUÇÃO DAS TECNOLOGIAS DE COMUNICAÇÃO

Cerca de 3200 a.C.
Escrita cuneiforme em tábuas de argila

Surgiu na Mesopotâmia, no Oriente Médio, região do atual Iraque, pela necessidade do povo sumério de armazenar informações, como as leis, por longos períodos.

Consistia na impressão de figuras de objetos ou entes da natureza sobre uma tábua de argila úmida, que depois de seca era cozida no fogo.

Talismã para a gravidez feito com a escrita cuneiforme, cerca de 2000 a.C., na cidade mesopotâmica de Ur.

Cerca de 2800 a.C.
Papiro

Os egípcios descobriram como fazer uma espécie de papel usando tiras finas do miolo do caule da planta chamada papiro. Embora menos duradouro do que a tábua de argila, o papiro era um suporte de escrita mais leve e mais fácil de ser transportado.

Papiro egípcio com hieróglifos.

1450
Prensa (ou tipografia), pelo ferreiro alemão Johann Gutenberg

Utiliza letras moldadas em chumbo e umedecidas em tinta para formar o texto a ser impresso, com a ajuda de uma prensa, em papel (trazido da China para a Europa no século XI). Esse invento popularizou os livros e promoveu a alfabetização, já que imprimir livros é uma técnica mais rápida e barata que a cópia manual. O primeiro jornal impresso, embrião dos meios de comunicação de massa, surgiu em 1609, na Alemanha.

Prensa antiga, de madeira, para imprimir texto em papel.

1840
Telégrafo e código Morse

O telégrafo foi o primeiro aparelho a realizar comunicação a distância, por meio de fios e eletricidade. Foi aperfeiçoado com a criação do código Morse, em 1843, por Samuel Morse (1791-1872), que usou uma combinação de pontos e traços para transmitir sinais elétricos.

Em 1866 foi lançado o primeiro cabo submerso no Oceano Atlântico, ligando a Irlanda aos Estados Unidos, que possibilitou a comunicação em tempo real entre dois continentes.

Telégrafo antigo, construído com metal em base de madeira.

A evolução do TELEFONE

cerca de 1900 — 1960 — 1985 — 1990

2001 — 2003 — 2005

No decorrer da história, a humanidade produziu tecnologias para superar obstáculos que limitavam a comunicação, como a distância entre as pessoas ou o registro de mensagens que somente seriam lidas tempos depois de emitidas.

Essas tecnologias constituem os diferentes canais ou meios de comunicação. Atualmente, os meios de comunicação são essenciais para as sociedades que precisam transmitir informações rapidamente a um número cada vez maior de pessoas.

1875 — Telefone

O italiano Antonio Meucci (1808-1889), em 1860, e o escocês Alexander Graham Bell (1847-1922), em 1875, entre outros pesquisadores, contribuíram para a invenção do telefone, aparelho para comunicação oral a grandes distâncias. Em 1876, Graham Bell expôs, em uma feira nos Estados Unidos, seu invento, que foi testado por D. Pedro II, o primeiro brasileiro a usar um telefone.

O aparelho telefônico transforma energia acústica em elétrica, que é transmitida por meio de sinais elétricos e transformada novamente em acústica no ponto receptor.

Um dos primeiros telefones de Alexander Graham Bell, 1915.

1897 — Rádio

Atribuído ao italiano Guglielmo Marconi (1874-1937), o rádio não foi criação de uma única pessoa. Outros cientistas, como o austríaco Nikola Tesla (1856-1943) e o padre brasileiro Landell de Moura, também inventaram transmissores que operavam por ondas eletromagnéticas, sem uso de fios.

A primeira transmissão de voz foi realizada em 1906, nos Estados Unidos. Estava inaugurada a era da comunicação de massa, destinada ao grande público.

Aparelho receptor de rádio antigo.

1936 — Televisão

O desenvolvimento de várias tecnologias, entre elas o cinema (1895), possibilitou a construção desse sistema eletrônico de conversão de luz e som em ondas eletromagnéticas e de sua reconversão instantânea. Uma das primeiras transmissões televisivas foram os Jogos Olímpicos de Berlim, em 1936.

Televisor antigo, fabricado na década de 1960.

1969 — Internet

O desenvolvimento dos computadores revolucionou a comunicação no planeta, principalmente porque tornou possível a comunicação entre eles com a criação do projeto estadunidense Arpanet (a palavra em inglês *net* significa "rede") que compartilhava informações sobre a segurança do país. Depois, o uso dessa tecnologia foi estendida a cientistas e evoluiu para a internet, rede mundial de computadores interligados.

Equipamento que possibilitou a construção da Arpanet.

1986 — Telefone celular

Evoluções tecnológicas ao longo do século XX, em especial os satélites de telecomunicações, possibilitaram a criação do telefone móvel. Os satélites possibilitam a retransmissão de informações, de modo que podem ser propagadas pelo mundo todo instantaneamente.

Um dos primeiros aparelhos celulares.

2006 — 2007 — 2010

1. Quais inventos mais contribuíram para o desenvolvimento dos meios de comunicação de massa, considerando os veículos impressos, sonoros, audiovisuais e digitais?

2. Reflita sobre as tecnologias de informação e comunicação no dia a dia de sua comunidade e identifique processos de comunicação que independem da internet.

PANORAMA

FAÇA AS ATIVIDADES A SEGUIR E REVEJA O QUE VOCÊ APRENDEU.

Neste tema, você estudou problemas de saúde decorrentes da poluição da água, do solo e do ar e conheceu políticas públicas para minimizá-los, como tratamento de água, esgoto e resíduos sólidos, e as campanhas de vacinação. Aprendeu ainda a importância da vacinação e conheceu alguns indicadores de saúde, como taxa de mortalidade e morbidade, problemas ambientais, acesso a serviços de saúde. Finalmente, estudou como a tecnologia é importante para garantir saúde e boa qualidade de vida, mas também que sua produção e uso envolvem riscos que precisam ser considerados.

1. Quais são as formas de prevenção de doenças como cólera, hepatite e amebíase?

2. Considerando que, em 2014, na cidade de São Paulo, o maior índice de chuvas ocorreu nos meses de fevereiro e março, como você explica o maior número de casos de dengue nos meses de março, abril e maio do mesmo ano?

3. Observe a fotografia ao lado e faça o que se pede.
   a) A quais doenças podem estar relacionadas as larvas retratadas?
   b) Como evitar sua reprodução? Justifique.
   c) Procure no quintal de sua casa ou na escola possíveis locais de reprodução do vetor. Se encontrá-los, tome as medidas necessárias e anote no caderno os locais e as respectivas medidas adotadas.

4. O que é e como funciona a vacina?

5. Analise o gráfico a seguir e responda:
   a) No que consiste a destinação final adequada do lixo?
   b) Considerando a porcentagem de lixo coletado com destinação final adequada, podemos dizer que todos os brasileiros têm boa qualidade de vida?

Fonte: IBGE. Pesquisa Nacional de Saneamento Básico 1989/2008. Disponível em: <https://biblioteca.ibge.gov.br/visualizacao/livros/liv59908.pdf>. Acesso em: 30 abr. 2019.

6. O mundo hoje nos oferece produtos e tecnologias que facilitam muito as tarefas do dia a dia. No entanto, por trás de tantas facilidades, pode haver um lado sombrio. Faça uma pesquisa sobre poluição eletromagnética e explique o que é, quais suas causas e como se precaver.

7. Analise o gráfico a seguir e responda às questões.

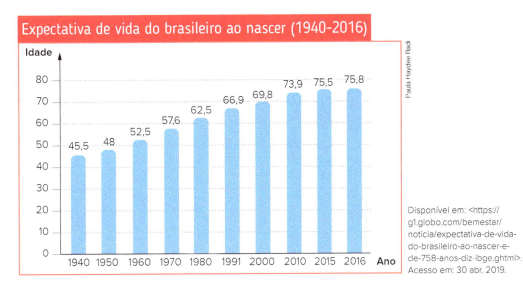

Disponível em: <https://g1.globo.com/bemestar/noticia/expectativa-de-vida-do-brasileiro-ao-nascer-e-de-758-anos-diz-ibge.ghtml>. Acesso em: 30 abr. 2019.

a) Com base no gráfico, o que é possível afirmar sobre a expectativa de vida dos brasileiros, ao longo dos anos, ao nascer?

b) Considerando tudo o que você estudou neste tema, quais fatores podem ter influenciado esse resultado?

DICAS

ACESSE

Revista da Vacina: Disponível em: <www.ccms.saude.gov.br/revolta/index.html>. Página eletrônica do Centro Cultural da Saúde, do Ministério da Saúde.

Datasus: Disponível em: <http://datasus.saude.gov.br/>. *Site* do Departamento de Informática do SUS; divulga informações sobre saúde, além de resultados de pesquisas.

ASSISTA

A epidemia. França/Suécia, 2003. Direção: Olivier Langlois, 97 min. Filme de ficção que apresenta a proliferação da gripe aviária na Europa.

Planeta água. Direção: Yann Arthus-Bertrand e Michael Pitiot, 93 min. O filme mostra como os oceanos são importantes para a manutenção da vida na Terra e como a poluição causada pelos seres humanos está chegando a um ponto irreversível.

LEIA

Cartilha das vacinas: Para quem quer mesmo saber das coisas, desenvolvido pela Organização Pan-Americana da Saúde, da Organização Mundial da Saúde (OMS). Informa o que é vacina, os tipos de vacina e as campanhas de vacinação para todas as faixas etárias. Disponível em: <http://bvsms.saude.gov.br/bvs/publicacoes/cart_vac.pdf>.

Banheiro seco, do Centro Popular de Cultura e Desenvolvimento. Disponível em: <www.cpcd.org.br/wp-content/uploads/2017/02/bx_banheiro-seco_1.pdf>. Traz informações técnicas sobre o banheiro seco, como construí-lo e fazer sua manutenção.

O que é o SUS?, de Jairnilson Silva Paim (FioCruz). Disponível em: <www.livrosinterativoseditora.fiocruz.br/sus>.

VISITE

Sabesp. Podem ser agendadas visitas monitoradas, em grupos de 20 a 40 pessoas, com dois professores ou mais para conhecer o tratamento de água (*e-mail* visita@sabesp.com.br).

Museu do *videogame*. É possível conhecer ou rememorar aparelhos e portáteis de todas as épocas, tamanhos e formatos. Ele é itinerante, ou seja, organiza exposições rápidas por várias cidades do Brasil durante o ano. Consulte o *site* para saber por onde ele anda: <www.museudovideogame.org/agenda>.

↑ Ilustração de várias tecnologias usadas no Egito Antigo.

NESTE TEMA
VOCÊ VAI ESTUDAR:

- algumas máquinas simples que tornam nossa vida mais fácil;
- princípios de funcionamento dessas máquinas;
- uso dessas máquinas ao longo da história;
- semelhanças entre os movimentos do nosso corpo e o funcionamento de máquinas simples.

1. As pirâmides egípcias foram construídas por volta do ano 2 500 a.C. Você sabia que as pessoas transportavam por longas distâncias blocos de pedra de até 2,5 toneladas e os empilhavam? Que máquinas podem ter sido usadas?
2. Como as máquinas simples ajudam no trabalho dos seres humanos?
3. Que máquinas simples você utiliza em seu dia a dia? Já usou alguma máquina simples hoje? Qual?

191

CAPÍTULO 1

Alavancas

> Neste capítulo, você vai estudar os princípios físicos das alavancas e reconhecer como elas estão presentes em nosso cotidiano, tornando mais fácil a realização de determinadas tarefas.

EXPLORANDO A GANGORRA

Joaquim e Sofia são irmãos. Sofia tem 11 anos e é um pouco menor que Joaquim. Eles gostam muito de ir ao parque próximo de onde moram e se divertem com os brinquedos instalados pela associação de amigos do bairro.

A gangorra é o brinquedo favorito dos dois, mas Sofia sempre acaba ficando "presa" no alto quando seu irmão, Joaquim, se senta do outro lado da gangorra. Sofia fica chateada por não conseguir levantar o irmão.

Um dia, Joaquim sentou mais próximo do ponto de apoio do brinquedo, que fica no seu centro, e Sofia sentou na outra ponta da gangorra. Quase como mágica, ela conseguiu, com seu peso, descer seu lado da gangorra e colocar Joaquim no alto. Ela ficou muito alegre e deixou seu irmão de "castigo" no alto por um instante.

Na mesma noite, Sofia ficou muito pensativa a respeito do seu feito. Como ela conseguiu erguer seu irmão, que é mais pesado? Sofia relembrou tudo o que tinha acontecido, inclusive que ela tinha sentado mais distante do meio do brinquedo! Será que foi isso que compensou seu menor peso?

Ilustrações: Claudia Marianno

Agora é sua vez.

1. Você já brincou de gangorra e conseguiu levantar alguém mais pesado que você? Em caso positivo, fez algo parecido com o que fez Sofia?

2. A descoberta de Sofia de que conseguia levantar algo mais pesado que o próprio corpo poderia ser aplicada em outras situações de nosso dia a dia? Quais?

Alavancas e seus usos

Você já viu alguém levantar um carro para trocar um pneu furado? Um carro pesa cerca de 700 kg, mas uma pessoa consegue levantá-lo usando uma ferramenta conhecida como "macaco".

Observe que o macaco tem um cabo longo que move um parafuso. Se você já viu alguém usar um macaco, deve ter reparado que é preciso dar várias voltas nesse cabo para que o parafuso deslize e o carro seja erguido. Mas como isso é possível?

O princípio de funcionamento do macaco, assim como do martelo, da chave de roda e de diversas outras máquinas simples, chama-se **alavanca**. Utiliza-se o termo "alavanca" para indicar o uso de instrumentos que possibilitam a ampliação da força.

↑ Macaco mecânico comum, usado para trocar pneu de carro.

↑ Chave de roda em uso para retirar o parafuso da roda de um carro.

Você já deve ter usado várias ferramentas em seu dia a dia, como a tesoura, o abridor de garrafa e o cortador de unha. Todos eles facilitam as atividades diárias, pois com pouca força realizam uma tarefa relativamente difícil.

As cores, as distâncias e as dimensões utilizadas nas ilustrações não são as observadas na realidade.

Ao utilizar uma tesoura, aplicamos uma "força" em uma das extremidades, enquanto na outra extremidade a força aplicada no objeto que se deseja cortar é muito maior.

Todos os objetos das imagens desta página e diversos outros funcionam pelo princípio da alavanca. Para entendermos melhor esse princípio, vamos primeiro definir alguns conceitos importantes relacionados à alavanca.

- Ponto de apoio: é onde a alavanca será apoiada para realizar a força.
- Força potente (Fp): é o nome dado à força aplicada pela pessoa ao manusear a alavanca.
- Força resistente (Fr): é a força exercida pelo objeto ou obstáculo que se quer mover.

↑ Alavanca do tipo interfixa.

↑ Alavanca do tipo inter-resistente.

O lado da alavanca em que se aplica a força potente é chamado de braço potente; o outro lado, onde se exerce a força resistente, é chamado de braço resistente. As alavancas são classificadas em três tipos, de acordo com o posicionamento do ponto de apoio, a força potente e a força resistente:

Interfixa: o ponto de apoio é localizado entre a força potente e a força resistente (exemplos: tesoura e tirar prego com martelo).

Inter-resistente: a força resistente é localizada entre a força potente e o ponto de apoio (exemplos: carrinho de mão e abridor de garrafa).

Interpotente: a força potente é localizada entre a força resistente e o ponto de apoio (exemplos: pinça e cortador de unha).

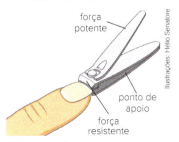

↑ Alavanca do tipo interpotente.

PENSAMENTO EM AÇÃO — CRIAÇÃO DE MODELO

Mantenha o equilíbrio

As balanças funcionam pelo princípio das alavancas?

↑ Modelo de balança com régua e clipes.

Material:

- régua – de preferência de madeira, mas pode ser também uma régua de plástico ou um pedaço fino de madeira;
- broca ou parafuso;
- prego grande, de 6 cm de comprimento;
- fita-crepe;
- arruelas de mesmo tamanho ou qualquer outro objeto que possa ser suspenso por clipes, como porcas;
- barbante ou fio de náilon;
- clipes de papel;
- papel milimetrado.

ATENÇÃO! Manuseie o prego com cuidado para não se ferir.

Procedimentos

1. O professor fará um furo no centro da régua usando a broca ou o parafuso.
2. Passe o prego através do furo, de modo que a régua fique fixa à cabeça do prego. Apoie a ponta do prego na mesa e use uma fita-crepe para fixá-lo.
3. Faça duas argolas com o barbante e, em cada uma, prenda um clipe. Em seguida, prenda uma arruela em cada clipe.
4. Posicione as duas argolas com os clipes e arruelas nas extremidades da régua, como na figura. Nesta etapa a régua deve ficar equilibrada.
5. Como você procederia se tivesse de manter a balança equilibrada pendurando duas arruelas do lado direito sem adicionar arruelas no lado esquerdo? Discuta com os colegas e formulem hipóteses. Em seguida, teste as hipóteses usando a balança.
6. Repita o procedimento aumentando o número de arruelas do lado direito. Pense sempre em uma hipótese antes de colocar as arruelas no lado direito da balança.
7. IMPORTANTE: Mantenha o barbante com clipe e arruelas sempre na mesma posição!

Reflita e registre

1. Como é possível manter a balança equilibrada ao adicionar mais arruelas no braço direito?
2. Você conseguiria escrever uma expressão matemática para explicar como colocar arruelas no braço direito da balança, de modo que ela se mantenha equilibrada?
3. O experimento realizado pode ser identificado como uma gangorra? Considerando a história do início deste capítulo, que objetos Joaquim e Sofia representam no modelo que você construiu?
4. Onde fica o ponto de apoio da alavanca no modelo construído?
5. Considere um saquinho com arruelas. Como poderíamos saber quantas arruelas há dentro do saquinho sem abri-lo e usando o modelo de balança?

Princípio da alavanca

Na Grécia Antiga, século III a.C., um pensador chamado Arquimedes mostrou que, usando um pedaço de madeira e um apoio, uma pequena força podia levantar um peso várias vezes maior. Segundo a concepção de Arquimedes, ao aplicar uma força em um objeto apoiado utilizando um longo bastão seria possível obter maior eficiência no movimento. Essa ideia de alavanca já existia na época de Arquimedes, mas foi ele o primeiro a deixar claro que uma alavanca era capaz de multiplicar uma força aplicada. Assim, de acordo com o princípio da alavanca – ou princípio de Arquimedes –, a força aplicada em um lado da alavanca diminui quanto maior for a distância dessa força do ponto de apoio.

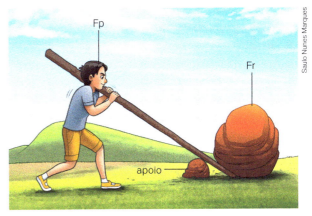

↑ O menino aplica força potente (Fp) para mover a pedra (Fr).

Esquema com concepção artística dos elementos, sem reproduzir cores naturais ou seguir a proporção real entre as dimensões.

Na figura acima, o objeto a ser levantado está a uma distância menor do ponto de apoio do que o menino. Assim, mesmo que o objeto seja mais pesado, a força a ser aplicada pelo menino pode ser bem menor, pois sua maior distância do apoio compensa a falta de força.

força potente × distância de aplicação ao apoio = força resistente × sua distância de aplicação ao apoio

➕ AQUI TEM MAIS

A cóclea ou parafuso de Arquimedes

Uma invenção engenhosa atribuída a Arquimedes foi aperfeiçoada ao longo do tempo e passou a ser muito empregada pelos romanos para drenar água de rios, lagos e minas.

Tal invenção chamava-se cóclea, ou parafuso de Arquimedes, e consistia em um eixo com manivela no qual se enrolava uma mangueira ou algo semelhante. Ao girar a manivela, a água era retirada continuamente do rio ou lago e colocada em recipientes ou direcionada a um canal para irrigar áreas de plantio. Esse invento também era utilizado para mover sólidos, como grãos em plantações ou rochas em minas.

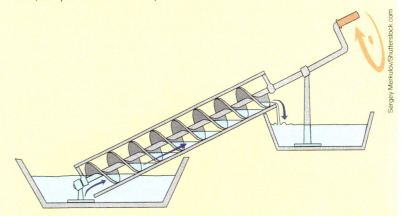

↑ A cóclea, também conhecida como parafuso de Arquimedes.

1. Explique o funcionamento e possíveis aplicações do parafuso de Arquimedes.

Alavancas no corpo dos seres vivos

A natureza equipou-nos e aos demais seres vivos com vantagens como os braços de alavanca. No corpo humano e de muitos outros seres vivos, o sistema esquelético representa um conjunto de alavancas acionado pelo sistema muscular.

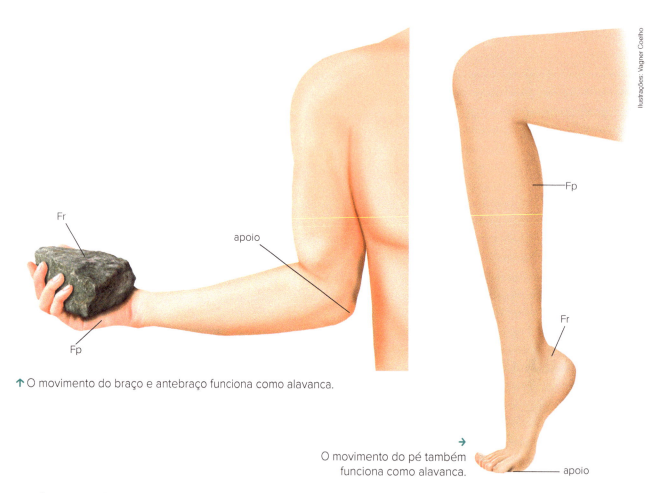

↑ O movimento do braço e antebraço funciona como alavanca.

→ O movimento do pé também funciona como alavanca.

Com os animais acontece o mesmo. Veja que a longa pinça dos caranguejos possibilita que ele aplique uma força muito grande sobre algo.

As cores, as distâncias e as dimensões utilizadas na ilustração não são as observadas na realidade.

← O comprimento da pinça do caranguejo amplifica a força que ele consegue aplicar.

As máquinas na história da humanidade

Você já conseguiu imaginar nossa vida sem as máquinas que nos cercam? Vamos pensar em algo bem simples: como seria construir uma casa sem martelos, alicates, pás, marretas, entre outras ferramentas. Em grandes obras, muitas outras coisas são necessárias, como guindastes, betoneiras, furadeiras industriais e serra elétrica. Todos esses objetos são máquinas que ajudam pessoas e empresas. E como eram feitas essas atividades antes da invenção de todas essas máquinas? Vamos refletir!

O ser humano, em sua luta pela sobrevivência, sempre buscou na natureza os meios para suprir suas necessidades básicas. Caçar para se alimentar, usar as peles dos animais caçados para se aquecer e construir armas para se proteger foram as primeiras iniciativas humanas. Depois vieram as plantações e a criação de animais, que levaram nossos antepassados a fixar-se em lugares onde havia água e terras férteis. Aos poucos, os habitantes das aldeias ou pequenos aglomerados de pessoas passaram a se dedicar a modificar o ambiente a sua volta com o intuito de viver melhor – e por mais tempo.

Os seres humanos começaram a desenvolver utensílios para as tarefas mais simples, como furar um pedaço de madeira para fazer uma armadilha ou encaixar um pedaço de madeira em um cabo longo para cavar a terra com mais facilidade.

Na área rural, por exemplo, muitas ferramentas e máquinas revolucionaram o trabalho no campo, pois uma pessoa sozinha, usando uma enxada, pode plantar a mesma área que dez pessoas trabalhando com as próprias mãos. E mais: na atualidade, uma pessoa operando um trator pode plantar o mesmo que cem pessoas munidas de enxadas.

Daí em diante, a imaginação do ser humano não parou mais, e ele foi capaz de construir até máquinas que viajam a velocidades maiores que a do som e se deslocam para além do Sistema Solar.

↑ Ilustração publicada em 1723 de agricultores arando a terra com o uso de máquinas simples, como o arado tracionado por animais.

↑ Agricultor prepara o solo para plantação de cana-de-açúcar com o uso de máquinas com maior tecnologia, como o arado mecânico. Itaberaí (GO), 2016.

A civilização não teria chegado aos patamares atuais se em algum momento da sua história não tivesse percebido a necessidade de ultrapassar a força do ser humano. A utilização dos animais – inicialmente no transporte, depois na agricultura e posteriormente nas mais variadas atividades – foi uma etapa importante nesse processo. Porém, a idealização e o melhoramento das máquinas foi o verdadeiro salto em direção ao futuro. Máquinas mecânicas, como o **arado** e as **talhas**, ampliaram a força dos seres humanos e a dos animais. Não é possível definir com certeza quando nem onde foram usados pela primeira vez esses equipamentos. Na verdade, em praticamente todas as civilizações os arados e as talhas foram desenvolvidos para auxiliar nas tarefas. Os moinhos de vento e de água permitiram que as forças naturais pudessem ser utilizadas para maior produção no trabalho e aumentaram as possibilidades de uso dos recursos disponíveis.

> **GLOSSÁRIO**
>
> **Arado:** instrumento composto de lâminas, capaz de revolver a terra, preparando-a para o plantio.
>
> **Talha:** utilizada para levantar objetos pesados. Consiste em duas roldanas, uma fixa e outra móvel, entre as quais passa uma corda.

DIÁLOGO

Mecanização no campo muda as relações de trabalho

[...] A mecanização no campo está modificando as relações de trabalho no agronegócio brasileiro. O trabalhador rural, antes contratado para fazer o plantio e colheita manual de culturas como a cana-de-açúcar, café e algodão, agora está controlando máquinas. O antigo boia-fria troca também o campo pelo trabalho na cidade, em setores como a construção civil. Para especialistas, o crescimento econômico que amplia a produção tem compensado os impactos da tecnologia no emprego, em que uma única máquina pode substituir 100 ou mais trabalhadores.

↑ Lavoura de cana-acúçar em Iturama (MG), 2016. A utilização de máquinas para plantio e colheita é crescente no estado.

As vendas de máquinas agrícolas no país são um termômetro da transformação no campo. O número mais que dobrou nos últimos sete anos. Seja no cultivo para exportação ou para consumo nacional, as grandes lavouras de grãos – soja, milho e feijão – já são 100% mecanizadas. Outras culturas, como a cana-de-açúcar e o café, avançam a passos rápidos em direção às máquinas, que criam escala e potencializam o lucro. Até mesmo a fruticultura já experimenta a colheita sem as mãos do homem.

[...]

As usinas de açúcar e etanol são um dos mais fortes símbolos das mudanças no campo. Em oito anos, o plantio e a colheita, que eram 100% feitos a partir do trabalho dos cortadores de cana, já estão 80% mecanizados em Minas. [...] Os semeadores e cortadores de cana que representavam 60% dos empregos gerados no setor, sendo alvo de discussões sociais que envolviam o trabalho exaustivo e até denúncias de trabalho escravo, hoje estão reduzidos a cerca de 25%.

[...]

Longo caminho pela frente

Nesta safra, o agricultor Jonada Ma, um dos proprietários da empresa de agronegócio MA Shou Tao, vai colher em Uberaba, no Triângulo Mineiro, 150 mil toneladas de cana-de-açúcar e 3 mil toneladas de grãos (soja e milho). [...] Na colheita da cana, Jonada já empregou 150 homens, mas explica que hoje esses trabalhadores foram absorvidos em outras funções que exigem mais conhecimento e também pelos centros urbanos.

[...]

Marinella Castro. Mecanização no campo muda as relações de trabalho. *Estado de Minas*, 14 jan. 2013. Disponível em: <https://www.em.com.br/app/noticia/economia/2013/01/14/internas_economia,343131/mecanizacao-no-campo-muda-as-relacoes-de-trabalho.shtml>. Acesso em: 30 abr. 2019.

1. Que modificação ocorreu na forma de colheita de produtos agrícolas ocasionada pela modernização da lavoura?

2. Qual é o impacto da modernização do campo na vida do trabalhador rural?

3. Reúna-se em grupo e discuta com os colegas os aspectos positivos e negativos dessas mudanças para os trabalhadores rurais.

ATIVIDADES

SISTEMATIZAR

1. Quais são os três elementos fundamentais para o funcionamento de uma alavanca?

2. Classifique as figuras a seguir de acordo com o tipo de alavanca que cada uma representa: interfixa, interpotente ou inter-resistente. Depois, em seu caderno, indique que para cada item o número da estrutura que corresponde ao ponto de apoio, à força potente e à força resistente.

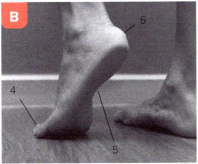
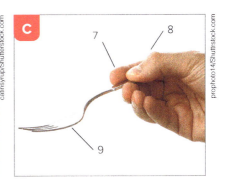

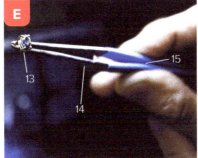

REFLETIR

1. Leia o trecho abaixo e depois responda à questão.

   Segundo a lenda, Arquimedes disse aos seus conterrâneos gregos "Dê-me uma alavanca que moverei o mundo". Considerado um dos maiores cientistas da Antiguidade, Arquimedes de Siracusa (287 a.C. - -212 a.C.) foi um matemático, físico, engenheiro, inventor e astrônomo grego. Entre suas contribuições à Física, estão as fundações da hidrostática e da estática, tendo descoberto a lei do empuxo e a lei da alavanca, além de muitas outras. [...]

   Renato Ribeiro. O princípio da alavanca de Arquimedes. *Estado de Minas*, 13 abr. 2015. Disponível em: <www.em.com.br/app/noticia/especiais/educacao/enem/2015/04/13/noticia-especial-enem,637166/o-principio-da-alavanca-de-arquimedes.shtml>. Acesso em: 15 maio 2019.

   Com base no que você estudou neste capítulo, explique a famosa frase de Arquimedes: "Dê-me uma alavanca que moverei o mundo".

DESAFIO

1. Junte-se a alguns amigos e formem um grupo. Pesquisem as diversas utilizações de alavancas ao longo do tempo. Vocês podem pesquisar tipos diferentes de máquina, seu funcionamento e algumas aplicações.

CAPÍTULO 2
Rodas e rampas

Neste capítulo, você vai estudar a utilização de máquinas simples em diferentes construções, a vantagem mecânica proporcionada por rampas e rodas e seu importante papel na construção de monumentos como as pirâmides do Egito. Além disso, verá como essas máquinas auxiliam na acessibilidade de cadeirantes.

EXPLORANDO O USO DOS CARRINHOS

Rafael e Fátima estavam sentados no banco da praça de sua cidade quando viram uma catadora de material reciclável puxando um pequeno carrinho. Ela parou diante dos dois amigos e perguntou se podia pegar as duas garrafinhas de água mineral que eles haviam acabado de tomar.

Os dois consentiram e a catadora seguiu seu caminho em busca de mais itens recicláveis na cidade. Rafael e Fátima se olharam constrangidos por perceberem que o que para uns é lixo, para outros é fonte de renda.

Mas, indo além dessa reflexão, Fátima comentou que a catadora era muita esperta, pois o carrinho era feito com duas rodas de bicicleta que pareciam se adaptar muito bem ao tipo de transporte que ela fazia.

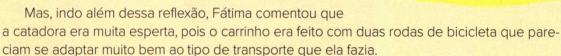

— O carrinho já estava bem cheio e a catadora não parecia fazer muita força para puxá-lo. Como seria recolher materiais recicláveis sem um carrinho? – perguntou Fátima.

— Deve ser bem difícil! A mulher poderia usar um grande saco, mas, em algum momento, ele ficaria muito pesado e ela teria de arrastá-lo. Certamente, arrastar seria muito pior que fazer rodar o carrinho – respondeu Rafael.

Os dois se despediram e voltaram cada um para sua casa, mas ficaram pensativos sobre como o engenho humano funciona nas mais diferentes situações independentemente de cor, condição financeira ou gênero. Talvez uma das grandes vantagens evolutivas dos seres humanos seja resolver problemas usando engenho e criatividade. A roda certamente representa essas vantagens.

Ilustrações: Claudia Marianno

Agora é sua vez.

1. De que maneira você acha que os seres humanos passaram a usar rodas para transportar objetos em vez de arrastá-los?

2. O que teria servido como roda aos seres humanos primitivos?

Rodas

Como já vimos, o uso da alavanca foi uma grande conquista dos seres humanos. Outra notável invenção surgiu da combinação de uma roda com um eixo livre. As rodas fazem parte de nosso dia a dia, como nos ônibus e carrinhos de feira, e giram apoiadas nos eixos – que também estão lá, mas nem sempre são visíveis. Por exemplo, ao olharmos um ônibus sem a roda, veremos que ela se prende ao eixo, que pode girar livremente. No caso do carrinho de feira, normalmente a roda já vem acoplada a um eixo.

> **GLOSSÁRIO**
>
> **Arrastamento:** é quando o objeto "desliza" pelo chão. Nesse processo, o contato entre o objeto e o chão atrapalha o movimento.
>
> **Rolamento:** é quando um objeto gira em contato com o solo, sem que haja deslizamento. Nesse processo, o contato entre o objeto e o chão é o responsável pelo movimento.

O princípio por trás do conjunto roda e eixo livre é trocar o **arrastamento** pelo **rolamento**. É muito mais fácil transportar algo sobre rodas do que carregar ou arrastar pelo chão. Ao longo da Antiguidade, muitos objetos foram transportados pelo princípio do rolamento; desde então, transportamos pessoas e objetos segundo esse princípio. O carrinho de mão, por exemplo, é uma máquina que facilita o trabalho penoso que seria arrastar um saco de cimento pelo chão, pois torna possível transportá-lo dentro de um compartimento que se apoia sobre rodas e eixo. Um tronco de árvore é, ao mesmo tempo, roda e eixo. Há também rodas e eixos em moinhos de água e nos vagões de trens.

Muitas outras aplicações são possíveis com o princípio do rolamento, como em uma carroça e em uma cadeira de rodas.

↑ Carrinho de mão auxilia as pessoas a transportar objetos usando menos força. Campo Grande (MS), 2018.

↑ Troncos de árvore são usados para levar uma jangada da praia até o mar. A jangada desloca-se facilmente, pois os troncos rolam debaixo dela. Than Hoa, (Vietnã), 2016.

Rampas

A rampa (ou plano inclinado) é um equipamento muito usado no nosso dia a dia e ao qual não damos tanta importância. As rampas são usadas em práticas esportivas, facilitam a entrada e saída de veículos em garagens e promovem a acessibilidade ao auxiliar no deslocamento de cadeirantes.

O desgaste físico necessário para subir uma rampa é o mesmo independentemente do comprimento dela. Uma rampa mais comprida diminui a força necessária para chegar à mesma altura, mas o gasto de energia será o mesmo.

↑ Uso de cadeira de rodas por pessoa com deficiência. Rio de Janeiro (RJ), 2015.

← A rampa da direita requer menos força, porém a distância percorrida é maior que a da rampa da esquerda. Assim, a energia que se gasta para subir é a mesma nas duas rampas.

PENSAMENTO EM AÇÃO — EXPERIMENTO

Arrastar ou rolar

O uso de rodas facilita o transporte de cargas?

Material:

- 1 caixa de guardar giz ou um estojo de madeira;
- 1 parafuso tipo gancho;
- 1 pedaço de barbante ou fio de náilon;
- 1 clipe grande;
- algumas arruelas (ou qualquer objeto que possa ser pendurado, como porcas);
- 3 lápis cilíndricos.

Procedimentos

1. Parafuse o gancho em uma das laterais do bloco de madeira.
2. Amarre uma extremidade do barbante no gancho.
3. Prenda o clipe na outra extremidade do barbante.
4. Pendure as arruelas no clipe até a caixa se mover, anote a quantidade de arruelas e retire-as.
5. Coloque os lápis embaixo da caixa, pendure novamente as arruelas no clipe até a caixa se mover e anote o número de arruelas usadas.

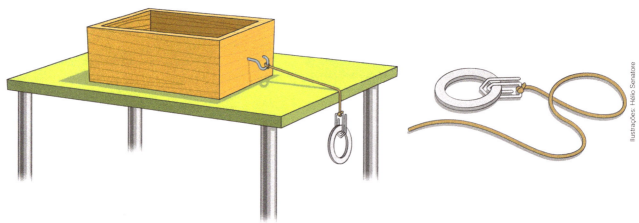

↑ Ilustrações da montagem do experimento com caixa de giz e arruelas.

Reflita e registre

1. Há diferença no número de arruelas usadas para mover a caixa na situação sem os lápis (etapa 4) e na situação com os lápis (etapa 5)? Explique o resultado.

2. Modifique o tipo de piso sob o bloco: use, por exemplo, um pedaço de cartolina, uma lixa ou qualquer outro material e repita o procedimento. Compare o número de arruelas necessárias para fazer o bloco se deslocar com e sem os lápis.

ATIVIDADES

SISTEMATIZAR

1. Qual é a diferença entre arrastamento e rolamento?

2. Observe as duas rampas de mesma altura e inclinações diferentes a seguir. Imagine que você deve subir as rampas e faça o que se pede.

a) Compare uma rampa com a outra em relação à distância percorrida.

b) Compare a força realizada para subir a rampa 1 com a força para subir a rampa 2.

c) Compare o esforço necessário na rampa 2 com o realizado na rampa 1.

3. Quais aplicações da roda você conhece? Cite exemplos.

REFLETIR

1. Leia o texto a seguir e responda as questões.

[...]
Os estudantes Mateus Michelon Poppi e Leonardo Perin Alves, ambos de 17 anos, criaram um dispositivo que permite que cadeirantes transportem e instalem a própria rampa para ter acesso a calçadas sem guias rebaixadas e vários outros tipos de degraus.
[...]
"Nosso objetivo era construir algo que fosse útil e relevante, além de inovador. Acreditamos que o dispositivo pode dar mais independência aos cadeirantes, porque nem todos os locais são adaptados para eles", afirmou Poppi.

Jovens criam dispositivo que monta 'rampa portátil' em cadeira de rodas. *G1*, 15 dez. 2014. Disponível em: <http://g1.globo.com/sp/piracicaba-regiao/noticia/2014/12/jovens-criam-dispositivo-que-monta-rampa-portatil-em-cadeira-de-rodas.html>. Acesso em: 6 maio 2019.

a) Qual é a importância social do desenvolvimento de equipamentos como o apresentado na reportagem?

b) Quais aplicações das rampas também contribuem em tarefas urbanas?

DESAFIO

1. Forme um grupo com alguns colegas e identifiquem na região em que moram e na escola locais onde poderiam ser utilizadas rampas ou rodas e como isso contribuiria para auxiliar as atividades do dia a dia. Anotem as informações e montem um texto indicando o local e a aplicação da rampa ou da roda e como isso contribuiria para realizar determinada atividade.

CAPÍTULO

3 Roldanas e catracas

Neste capítulo, você vai estudar o princípio de roldanas e de catracas, e a aplicação delas em equipamentos e objetos do cotidiano.

EXPLORANDO PUXANDO OBJETOS COM AUXÍLIO DE ROLDANAS

Todo dia ao voltar para casa, Sofia passava perto de uma construção de sobrado e reparava na quantidade de ferramentas que os trabalhadores usavam, como pás, martelos, enxadas, furadeiras etc. Mas o que ela mais gostava de ver era como eles erguiam as latas de areia para os andares superiores. Eles usavam uma roldana presa na parte mais alta da construção e uma corda longa.

O operário que ficava embaixo amarrava a lata em uma ponta da corda e puxava a outra ponta, fazendo a lata subir. Um dia, Sofia passou de manhã e viu que os operários estavam preparando a subida de umas vigas de madeira muito pesadas. Quando voltou da escola, eles estavam começando a subir as vigas e em vez de uma única roldana, havia uma coisa estranha, que parecia uma roldana dentro da outra. Sofia parou para assistir à operação e perguntou a um dos trabalhadores:

Ilustrações: Claudia Marianno

– O que vocês estão usando para subir as vigas?

– Estamos usando uma talha – respondeu o operário.

– O que a talha tem de especial? – ela perguntou.

– A talha faz com que a viga fique mais "leve" para puxar – ele respondeu.

Sofia voltou para casa intrigada. Como uma viga podia ficar mais leve? E resolveu conversar com seu tio, que era mestre de obras, mas achou a resposta dele confusa. Ela, então, pesquisou na internet e depois levou suas dúvidas ao professor de Ciências.

Agora é sua vez.

1. Você já ouviu falar de roldanas? E de catracas?

2. Conhece alguma situação do cotidiano em que elas são empregadas? Qual?

Roldana fixa

A roldana é um equipamento muito utilizado para mover objetos pesados, seja para levantá-los, seja para abaixá-los. Em sua versão mais simples, o funcionamento da roldana fixa (presa ao teto) consiste em mover um objeto em uma direção ao puxar uma corda, presa a ele, em outra direção. Dessa forma, a força necessária para mover o objeto é equivalente ao peso dele e a roldana possibilita movimentá-lo de forma mais cômoda e sem sair do lugar.

↑ Bloco de concreto erguido por uma roldana fixa.

Esquemas com concepção artística dos elementos, sem reproduzir cores naturais ou seguir a proporção real entre as dimensões.

Roldana móvel

Na roldana móvel, uma das extremidades da corda é presa a um suporte fixo e, na outra, aplica-se a força necessária para puxar um objeto. Esse tipo de roldana não é muito utilizado porque é pouco prático para puxar um objeto de cima. É mais comum o uso de um sistema de roldanas que funcionam juntas. A esse sistema, damos o nome de "talha". A talha consiste na combinação de roldanas fixas e móveis. A grande vantagem é que ela demanda ainda menos força para erguer um objeto e permite que ele seja erguido mesmo quando a pessoa está abaixo dele. Por exemplo, em um sistema de uma roldana fixa e outra móvel, o objeto a ser erguido fica preso diretamente na roldana móvel, e ambos, objeto e roldana móvel, estão conectados à roldana fixa.

↑ Versão mais simples de uma talha, com uma roldana fixa e outra móvel. Observe que o objeto a ser erguido fica preso na roldana móvel.

O uso da talha pode parecer, inicialmente, "milagroso" por ser um equipamento que não necessita de motor nem de combustível para erguer objetos pesados. Mas não se trata de milagre e sim de uma troca com compensação. Cada roldana móvel reduz pela metade a força necessária para levantar um objeto e, em contrapartida, é necessário puxar o dobro de corda para movimentá-lo. No tópico **Rampas** (página 201), vimos essa mesma lógica de troca por compensação, que consiste na aplicação de menos força em troca do maior deslocamento. Assim, se um objeto pesa 50 kg, é preciso uma força equivalente a 25 kg para movê-lo e é preciso puxar o dobro de corda, já que os outros 25 kg são suportados pelo teto em que o conjunto está preso.

→ Muitos aparelhos de musculação funcionam por meio de roldanas.

205

PENSAMENTO EM AÇÃO | CRIAÇÃO DE MODELO

Desafiando a corda trançada

Material:

- 2 cabos de vassoura;
- 1 fita de cetim de 1,5 cm de largura e 4 m de comprimento.

> **ATENÇÃO!**
> Puxe a fita com cuidado para não machucar os colegas.

↑ Ilustração da atividade com os cabos de vassoura e fita de cetim.

Procedimentos

1. Pegue os dois cabos de vassoura e peça a dois amigos que os segurem com ambas as mãos.
2. Amarre uma das extremidades da fita em um dos cabos de vassoura e, em seguida, passe a fita de cetim nos dois cabos, como mostra a figura acima.
3. Desafie os colegas a afastarem os cabos de vassoura com toda a força enquanto você segura a fita de cetim com apenas uma das mãos.

Reflita e registre

1. Foi possível afastar os cabos de madeira?
2. Explique o que aconteceu de acordo com o que você aprendeu sobre roldanas.
3. Se, em vez de dois, quatro colegas puxassem os cabos de madeira, o que seria preciso fazer para manter os cabos na mesma posição?

Coroas e catracas

Numa bicicleta, a coroa é movida pelos pedais, e a catraca fica acoplada à roda traseira e se liga à coroa por uma corrente. Você já deve ter visto ou mesmo usado uma bicicleta com marchas. Ao se aproximar de uma subida, usa-se a primeira marcha ou marcha leve, porque, assim, as pedaladas ficam muito "leves", mesmo que a bicicleta quase não se desloque. Por outro lado, ao se aproximar de uma descida, usa-se a marcha mais alta ou marcha pesada, assim as pedaladas ficam mais "pesadas" e a bicicleta se desloca mais. A troca de marcha em uma bicicleta é possível graças ao trabalho conjunto de coroa, corrente e catraca.

↑ Bicicleta e suas engrenagens.

A bicicleta como uma máquina

O esquema está representado com cores-fantasia e as dimensões dos elementos não seguem a proporção real.

As bicicletas que usam correntes para ligar duas engrenagens – a coroa e a catraca – foram desenvolvidas no final do século XIX, mas só se tornaram mais populares na década de 1920, com o desenvolvimento de bicicletas com freios e marcha.

Essas bicicletas têm engrenagens com diferentes quantidades de dentes e é essa diferença que possibilita a transferência, ampliação ou diminuição do movimento.

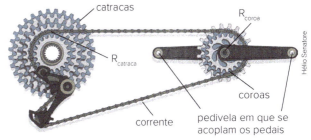

↑ Esquema das engrenagens de uma bicicleta.

Por exemplo, se em uma coroa houver 33 dentes e na catraca houver 11 dentes, uma volta completa do pedal faz a roda traseira realizar 3 voltas, uma vez que 33 ÷ 11 = 3.

Se você observar bem, pedal, coroa e catraca podem ser pensados como alavancas. Tente desenhar os braços das alavancas do pedal, da coroa e da catraca. Suponha que a figura esteja em escala. Quando o ciclista aplica uma força F no pedal, qual é a força feita na coroa? E na catraca?

Para responder a essas perguntas, precisamos entender que os raios da coroa (R_{coroa}) e o raio da catraca ($R_{catraca}$) e o tamanho do "pé-de-vela" (R_{pedal}) são as distâncias das alavancas (D) onde as forças vão ser aplicadas. Vamos usar duas relações matemáticas de modo a associar esses três raios. Então,

$F \cdot R_{pedal} = F_{coroa} \cdot R_{coroa}$ (1)

e também:

$F_{coroa} \cdot R_{coroa} = F_{catraca} \cdot R_{catraca}$ (2)

Da relação (1), obtemos:

$$F_{coroa} = F \cdot \left(\frac{R_{pedal}}{R_{coroa}}\right)$$

Isso significa que a força realizada pelo ciclista será multiplicada pela relação entre os raios do pedal e da coroa.

Como o raio do pedal é maior, então a força será aumentada.

Relacionando (1) e (2), é possível afirmar que:

$F \cdot R_{pedal} = F_{catraca} \cdot R_{catraca}$

Ou ainda:

$$F_{catraca} = F \cdot \left(\frac{R_{pedal}}{R_{coroa}}\right)$$

Como o raio do pedal é maior que o raio da catraca, a força do ciclista será aumentada na catraca.

PENSAMENTO EM AÇÃO | INVESTIGAÇÃO

Levantando objetos com roldanas

Como as roldanas podem ajudar a levantar objetos?

Material:

- 1 lápis ou madeira roliça longa;
- carretel de linha e linha tipo 10, usada para empinar pipas;
- 2 copinhos descartáveis (por exemplo, copinhos de café);
- fita-crepe ou adesiva;
- 30 moedas, arruelas ou porcas de mesmo tipo e massa.

Procedimentos

1. Atravesse o centro do carretel com o lápis, de modo que o lápis fique apertado dentro do carretel e eles girem juntos.
2. Corte dois pedaços de linha de aproximadamente 60 cm.
3. Amarre um pedaço da linha diretamente no lápis e o outro diretamente no carretel.
4. Enrole a linha de 60 cm no carretel e a outra de 60 cm no lápis em sentido contrário, como na figura abaixo.
5. Nas pontas livres das linhas, amarre os copinhos descartáveis.
6. Pendure o conjunto "carretel e lápis" na borda de uma mesa prendendo-o com fita adesiva e pedaços de linha, de forma que o conjunto fique abaixo da superfície da mesa, como mostra a figura.
7. No copinho da linha no lápis, coloque dez moedas, arruelas ou porcas. Puxe um pouco o copinho do carretel para baixo (o outro copinho vai começar a subir).

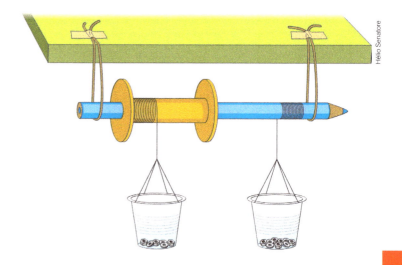

Reflita e registre

1. Quantas moedas, arruelas ou porcas você acha que devem ser colocadas no copinho do carretel para equilibrar o copinho do lápis? Por quê? Agora, coloque nele a quantidade que você imaginou e observe o que acontece.

2. Com base no resultado, a sua hipótese está correta? Justifique tanto em caso positivo como em caso negativo.

Catapultas

Ao longo da história, alavancas, roldanas, rampas, coroas e catracas foram usadas para construir máquinas capazes de auxiliar os seres humanos em suas tarefas. As alavancas e roldanas, por exemplo, são a base da invenção de diversas máquinas, como guindastes de diferentes formas e tamanhos, muito usados na construção de grandes obras (prédios e viadutos, por exemplo). Infelizmente, o ser humano também acabou criando máquinas de guerra.

A catapulta, cuja origem remonta ao século IV a.C., é um bom exemplo de máquina de guerra. Ela foi criada para lançar objetos a uma grande distância, no ataque a cidades e fortalezas defendidas por muros ou fossos. Ela funciona por meio de um longo braço de alavanca, que é acionado pela força potente causada pela queda de um peso no lado oposto em que está localizada a alavanca. Após o lançamento do objeto, o braço da alavanca é novamente abaixado pela ação de uma catraca.

→ Catapulta medieval de madeira. Observe a catraca na lateral, usada para abaixar o braço de alavanca.

O último aperfeiçoamento das catapultas foi o trabuco. Ele usava a gravidade e o princípio da alavanca para abaixar o braço lançador, e sua precisão era maior que a das catapultas anteriores. Funciona assim: um contrapeso caindo puxa para baixo a parte inferior do braço e o projétil é arremessado de um balde, preso a uma corda pendurada no topo do braço. Ele é basicamente como um estilingue preso a uma gangorra gigante. O contrapeso é muito mais pesado do que o projétil. A maioria dos trabucos era concebida em tamanho maior e eram necessários 15 a 45 pessoas para manuseá-los, ou seja, duas pessoas por corda. As pessoas que operavam a arma eram cidadãos locais ajudando no ataque ou na defesa de sua cidade.

O trabuco era capaz de lançar um objeto de 140 kg a uma distância de até 800 metros.

← Réplica de um trabuco exposta no Chateau des Baux, na região de Provença (França).

As contribuições dos estudos de Leonardo da Vinci

Suas pinturas são icônicas, seus projetos e desenhos referências em diversas áreas, foi adorado por príncipes e reis. Pintor e escultor, Leonardo da Vinci, realizou trabalhos e pesquisas nas áreas de arquitetura, ciências, matemática, engenharia, anatomia e botânica, além de música e poesia. Atividades que o transformaram no símbolo do homem renascentista. Quinhentos e sessenta anos depois de seu nascimento, sua imagem nunca foi tão cultuada e contemporânea.

Leonardo da Vinci (Anchiano, 15 de abril de 1452 – Amboise, 2 de maio de 1519), foi um elemento essencial do alto renascimento, aliando arte e ciência em cada obra. [...] Suas pinturas apresentavam uma criativa composição do espaço, assim como um refinamento nas cenas, até mesmo as mais simples – e inacabadas.

[...]

[...] Seus cadernos de desenhos tornaram-se obras de arte à parte – não apenas pelos aspectos estéticos, mas também pelos projetos ali apresentados, como a máquina de voar.

↑ Leonardo da Vinci.

Carolina Carmini. Da Vinci: do gênio ao mito. *Obvious*. Disponível em: <http://obviousmag.org/archives/2012/09/da_vinci_do_genio_ao_mito.html>. Acesso em: 30 abr. 2019.

[...]

Leonardo fez esboços de importantes edifícios, como o palácio de um nobre de Milão, a casa de campo de um governador francês e um projeto para a Residência Medici, em Florença.

[...]

Mesmo que muitas criações não tenham sido colocadas em prática por conta das limitações existentes nos séculos 15 e 16, o Leonardo arquiteto não ficou preso à fantasia. Para estudiosos de sua obra, o que caracterizou os trabalhos do mestre renascentista nessa área foi a abrangência. O artista não se intimidava e lidava com todo tipo de problema de construção.

[...]

Os conhecimentos de mecânica, de hidráulica e das propriedades de materiais naturais permitiam que o gênio planejasse toda a construção de um prédio. Ele desenhava o processo de fabricação e inventava máquinas para serem usadas na execução da obra. Leonardo estudou sistemas de polias e cabos para levantar cargas, fez experimentos para compreender as propriedades dos materiais e descobriu princípios usados em construções até hoje.

"Leonardo deixou várias lições. É importante ressaltar que, para ele, a ciência e a arte eram coisas que não se separavam. Elas eram vinculadas. A gente separa a ciência da arte como o belo da verdade. Mas, na visão dele, essas coisas eram muito ligadas"[...]

Jorge Macedo. Muito mais que pintor, Leonardo da Vinci foi um criativo cientista e inventor. *EM*, 5 jan. 2015. Disponível em: <www.em.com.br/app/noticia/tecnologia/2015/01/05/interna_tecnologia,604747/leonardo-o-arquiteto.shtml>. Acesso em: 30 abr. 2019.

[...] O seu método para o estudo do corpo humano foi um modelo para gerações de médicos, anatomistas e pintores e muitas das pesquisas futuras de anatomia, como as do próprio Leonardo da Vinci, tiveram como ponto de partida e de referência a obra de Mondino.

[...]

[...] Foram mais de 1.200 os estudos e ilustrações de anatomia humana que Leonardo da Vinci realizou baseado em mais de 30 dissecações ao longo de cerca de 30 anos. Estes trabalhos foram desenvolvidos de forma descontinuada em vários períodos, tendo o primeiro deles ocorrido no início da sua actividade artística.

[...]

Apesar de toda a descoberta dos conhecimentos anatómicos e brilhantismo na sua ilustração, o trabalho de Leonardo desapareceu durante vários séculos até ser encontrado e publicado. Após a sua morte em 1519, todos os desenhos e textos de anatomia que produziu foram herdados pelo seu discípulo Francesco Melzi, que os terá guardado até 1570.

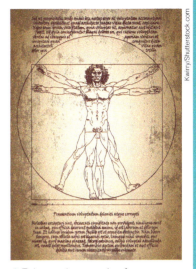

↑ Esboço de uma das famosas obras de Leonardo da Vinci, *O homem vitruviano*.

José Ramos. Estudos anatómicos de Leonardo da Vinci. *Revista Fénix*. Disponível em: <www.revistafenix.pt/estudos-anatomicos-de-leonardo-da-vinci/>. Acesso em 25 out. 2018.

[...]

[...] Um carro **auto-propelido**, baseado na ideia de um veículo de madeira que se movia pela interação de molas com rodas engrenadas. Esse impressionante desenho [...] sempre deixou cientistas e pesquisadores intrigados.

O carro auto-propelido seria capaz de percorrer alguns metros [...] de forma autônoma. Complementarmente, a máquina também conta com uma espécie de diferencial rudimentar.

GLOSSÁRIO

Auto-propelido: que tem o seu próprio meio de propulsão.

Liam Mattera. É verdade que o Leonardo da Vinci projetou o "Primeiro Carro" da história do mundo? *AutoVideo*. Disponível em: <https://autovideos.com.br/verdade-leonardo-da-vinci-projetou-primeiro-carro-historia-mundo/>. Acesso em: 30 abr. 2019.

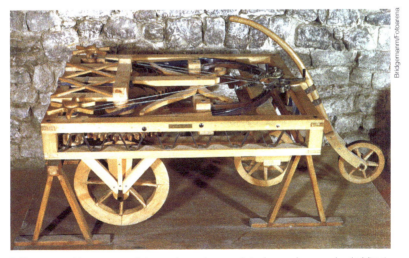

↑ Carro movido por um sistema de molas, projetado por Leonardo da Vinci.

1. Discuta com os colegas se as ferramentas utilizadas eram as mesmas que as atuais e como deveria ser um inventor, artista e pensador no século XV.

2. Liste pelo menos uma contribuição de Leonardo da Vinci para a Arte e as Ciências. Justifique.

AQUI TEM MAIS

Prensa de Gutenberg

Uma das máquinas de maior utilidade para a humanidade foi a prensa móvel, com a qual foi possível copiar textos e livros em grande quantidade. Este tipo de prensa de textos foi inventado aproximadamente em 1450, por Johannes Gutenberg.

Gutenberg não foi o primeiro a inventar uma máquina de impressão. Desde o século VIII, na China e no Japão, já se imprimia páginas usando moldes de madeira. Mas essas máquinas funcionavam como "carimbos", pois um texto era entalhado em uma tábua de madeira ao inverso e prensado com tinta sobre o papel ou papiro. Para um alfabeto com número limitado de caracteres, como no Ocidente, Gutenberg desenvolveu uma outra ideia, que consistia em organizar os textos com moldes metálicos das letras.

↑ Prensa móvel inventada por Gutenberg.

A prensa móvel era como um mosaico de caracteres, ou seja, de letras, símbolos e também de espaçamentos que eram montados um a um sobre uma placa chamada de matriz para formar os textos a serem impressos. As peças eram ordenadas de modo a formar o texto a ser impresso. Antes dela, os textos eram copiados um por um a mão por pessoas chamadas de "copistas".

A prensa móvel é considerada o invento mais influente do segundo milênio d.C. pela possibilidade de difundir textos em grande escala, dando início à imprensa.

← Exemplos de tipos móveis utilizados na prensa de Gutenberg.

1. Qual é a diferença principal entre as antigas prensas da China e do Japão e a prensa de Gutenberg?
2. Que revolução a prensa de Gutenberg possibilitou?
3. A prensa de Gutenberg revolucionou o modo de comunicação escrita, popularizando a circulação de textos. Forme um grupo com alguns colegas e pesquisem em *sites* confiáveis os tipos de materiais impressos que circularam amplamente no século XX.

ATIVIDADES

SISTEMATIZAR

1. Qual é a vantagem da roldana fixa para o trabalhador? E da roldana móvel?

2. Um objeto precisa ser erguido para o primeiro andar de um sobrado em construção. O primeiro andar fica a 3 metros do chão. Quantos metros de corda o trabalhador deverá puxar?

Utilize os quadros a seguir para responder às questões 3 e 4.

Engrenagens da coroa	Nº de dentes
1ª	49
2ª	39
3ª	27

Engrenagens da catraca	Nº de dentes
1ª	14
2ª	16
3ª	18
4ª	20
5ª	22
6ª	24

3. Na bicicleta, pedalamos na região da coroa e a tração é executada na região da catraca. Para saber quantas voltas a catraca dará em relação às voltas da coroa, dividimos o número de dentes da coroa pelo número de dentes da catraca. Imagine a situação em que a coroa foi regulada na 1ª posição e a catraca, na 2ª posição. Quantas voltas serão dadas na catraca para cada volta da coroa?

4. Se você estivesse pedalando em um terreno horizontal e quisesse se mover da forma mais devagar possível, qual combinação de catracas faria?

REFLETIR

1. Liste três situações em que as coroas e catracas são usadas e a respectiva finalidade delas. Não use o caso da bicicleta, bastante estudado neste capítulo.

2. Na bicicleta de marchas há uma combinação de coroas e catracas que define a velocidade da bicicleta e a força que o ciclista deverá fazer. Pensando em tamanho de catracas e coroas (menor ou maior), qual combinação possibilitaria à pessoa andar mais rapidamente?

DESAFIO

1. O equipamento ao lado é encontrado em academias de ginástica. Observe a imagem e responda às questões a seguir.

   a) Indique na imagem uma roldana fixa.
   b) Em que parte do equipamento há uma roldana móvel?

A roda

CALENDÁRIO ASTECA COM ENGRENAGENS

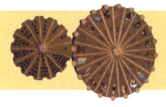

Foi inventada por volta de 2500 a. C., na Mesopotâmia. Seu uso permitiu melhor aproveitamento da força, tanto do ser humano quanto dos animais de carga.

DESENVOLVIMENTO

Trilhos: esse método era utilizado antigamente. A carga ia em cima de duas guias de madeira que deslizavam sobre o solo.

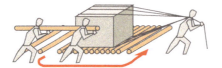

Rolos: a carga deslizava em um "colchão" de rolos de madeira. Os rolos deixados para trás eram colocados novamente na frente.

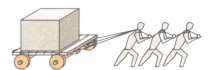

Rodas maciças: as primeiras rodas eram simples discos de argila acoplados a um tronco, formando uma só peça.

RODA TRIPARTIDA

É o tipo mais comum de roda primitiva. Ainda é utilizada em muitos lugares do mundo. É muito adequada para pisos ásperos e em mau estado de conservação.

Cinturão de aço: eram destinados a reduzir o desgaste da roda. Foram utilizados durante toda a Idade Média.

1 Um cinturão de aço, um pouco maior que a roda, era colocado aquecido em volta dela.

2 Ao esfriar o metal se contraía e "abraçava" a roda, formando uma cobertura que era firmemente embutida na madeira.

Disco móvel: formado por três seções de madeira, unidas por barras transversais.

Cubo ou bucha: buraco onde o eixo é inserido.

eixo

barra transversal

É uma máquina simples que possibilita mover objetos com menor esforço.

Na sua forma mais básica, consiste em um disco móvel que gira em um eixo fixo.

REDUZINDO O ATRITO

O atrito da roda com o eixo dificultava o movimento e as peças se desgastavam mais rapidamente.

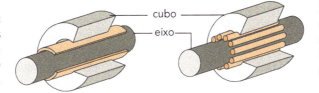

Almofada de couro: introduzida pelos celtas da França e da Alemanha por volta de 100 a.C.

Rolos de madeira: um colchão de barras de madeira que giravam livremente deu origem aos rolamentos atuais.

RODAS E MÁQUINAS

A roda também possibilita transmitir e transformar a força.

Torno de oleiro: foi a primeira implementação da roda, antes mesmo de sua utilização no transporte.

Moinhos: usam a força do vento ou da água para moer grãos ou extrair caldo de vegetais como a cana-de-açúcar, por exemplo.

Engrenagens: transmitem e transformam a força em velocidade e vice-versa.

EVOLUÇÃO

Roda maciça: uma simples "fatia" de um tronco com uma perfuração no centro.

Tripartida: mais versátil, econômica e resistente que a roda maciça.

Sopro: foi a primeira tentativa de reduzir o peso da roda.

Com raios: modelo ideal de rodas muito leves.

Revestidas com cinturão: combina leveza com grande resistência a impactos.

1. Forme um grupo com alguns colegas. Passeiem pelo bairro desenhando ou tirando fotos das rodas que encontrarem. Em seguida, pesquisem a função e o funcionamento dessas rodas e façam cartazes com as informações pesquisadas combinadas com as fotos e desenhos que fizeram.

215

PANORAMA

FAÇA AS ATIVIDADES A SEGUIR E REVEJA O QUE VOCÊ APRENDEU.

Neste tema, você estudou máquinas simples e suas diferentes utilidades. Aprendeu que diversos membros do corpo humano e dos animais funcionam como um sistema de alavancas e estudou o funcionamento de alavancas, rodas, rampas, roldanas, coroas e catracas e o impacto delas na sociedade. Você aprendeu ainda que a tecnologia e as máquinas influenciaram o estilo de vida e o modo de produção das populações ao longo do tempo e contribuíram para o desenvolvimento de máquinas de guerra.

1. As imagens abaixo resumem os quatro tipos básicos de máquinas simples. Escreva no caderno o nome do tipo de máquina representada em cada imagem e descreva o funcionamento dela.

2. Repita o procedimento com os objetos a seguir.

   a) remo
   b) guilhotina de papel
   c) carrinho de mão

216

3. Durante muito tempo, foi um mistério para a ciência descobrir como as enormes pedras foram transportadas durante a construção das pirâmides do Egito Antigo. Resolvido esse mistério, ainda nos resta explicar como elas foram empilhadas umas sobre as outras. Quais máquinas simples poderiam ter sido utilizadas para isso? Faça um desenho que represente sua ideia.

4. Até o momento, estudamos diversas máquinas revolucionárias. Sempre que pensamos em invenções, lembramos de máquinas que melhoraram a qualidade de vida das pessoas, como a alavanca, a roda e a máquina de costura. Em sua opinião, todas as invenções têm impacto positivo em nossas vidas? Explique com exemplos.

5. Como você explicaria o funcionamento de uma catapulta? Faça um desenho indicando cada parte e a respectiva função.

6. Juliana e Cláudio estavam no colégio e precisavam acessar uma parte mais elevada do prédio. Eles tinham duas opções: uma rampa ou um lance de escada. Cláudio queria usar a rampa porque seu **desgaste físico** seria menor, mas Juliana lhe disse que o **desgaste físico** seria o mesmo. Com qual dos jovens você concorda? Justifique sua resposta e explique a palavra em destaque.

7. Observe as imagens abaixo, depois faça o que se pede.

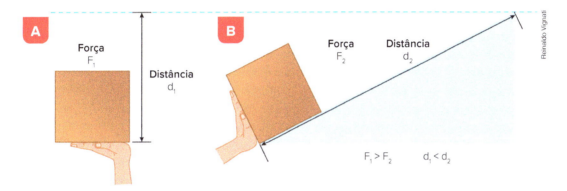

Em qual imagem o desgaste físico da pessoa para levantar a caixa a uma mesma altura é maior? Explique sua resposta.

DICAS

ACESSE

Física.net: <www.fisica.net/mecanicaclassica/maquinas_simples_alavancas.php>. Neste *site* você encontra diversas explicações sobre física.

ASSISTA

A Invenção de Hugo Cabret. Estados Unidos, 2011. Direção: Martin Scorsese, 124 min. Filme de ficção e fantasia sobre um menino órfão que passa os dias cuidando dos relógios da estação de trem até que o dono de uma loja de brinquedos cruza seu caminho.

LEIA

Como funcionam as máquinas - um guia interativo de máquinas e mecanismos simples, de Arnold Nick (Catapulta). No livro, você pode explorar a ciência por trás das máquinas simples e também aprender a construir suas próprias máquinas.

VISITE

Parque de Ciência e Tecnologia da USP. Mostra de maneira lúdica como a ciência está presente no cotidiano. Visitas agendadas pelo *site:* <http://parquecientec.usp.br>.

↑ Balonismo é um esporte praticado no mundo todo: um balão de ar quente eleva-se pela atmosfera. Barra Bonita (SP), 2016.

TEMA 7

Calor

NESTE TEMA
VOCÊ VAI ESTUDAR:

- conceitos de temperatura, calor e dilatação térmica;
- relação entre calor e dilatação dos corpos;
- como ocorre a transmissão de calor;
- materiais condutores de calor e isolantes.

1. Por que balões conseguem flutuar pelos céus?
2. Como o ar quente é capaz de elevar uma cesta com várias pessoas dentro?
3. À medida que o balão sobe e encontra partes mais frias, por que ele não esfria e desce?
4. O balão cheio e aquecido é maior ou menor do que quando está cheio na temperatura ambiente?

CAPÍTULO 1

Calor e frio

Neste capítulo, você vai estudar o calor e seus efeitos nos corpos em geral, vai diferenciar calor de temperatura e aprender o significado de quente e frio na ciência. Vai aprender também a produzir curvas de aquecimento e a discutir a natureza do calor.

EXPLORANDO PERCEBENDO O CALOR DO AMBIENTE

Como de costume, Victor acordou bem cedo para ir à escola. "Como está o dia hoje, mãe? Está calor? Está frio?". Ela lhe respondeu: "Está frio, como ontem! Vista a blusa para se esquentar, pois ontem você voltou gelado da escola". Todo dia, esse ritual de escolher as roupas para vestir se repetia.

Assistindo à TV, Victor viu que os beduínos também vestiam roupas próprias para se proteger do calor extremo do deserto, onde a temperatura podia passar de 50 °C. Então ficou pensando: "Eu aqui visto um casaco para me esquentar nos dias muito frios e eles lá vestem aqueles mantos para se refrescar! Como pode ser isso?".

Na hora do jantar, Victor comentou com seu pai e sua mãe sobre esse programa. Eles conversaram e não chegaram a nenhuma conclusão. Pensaram que talvez os beduínos usassem roupas apenas para proteger a pele das queimaduras do Sol, mas Victor disse que o programa foi bem claro ao dizer que as roupas amenizavam a sensação térmica do deserto durante o dia e também o frio intenso da noite. Aí a coisa ficou mais complicada. A mesma roupa protegia do calor do dia e do frio da noite. Victor resolveu que era hora de recorrer ao seu professor de Ciências e passar as coisas a limpo.

Agora é sua vez.

1. Cotidianamente, usamos a palavra frio como sendo o oposto de calor. Isso está correto cientificamente?

2. Explique, com suas palavras, qual é a diferença entre calor e temperatura? E entre temperatura e sensação térmica?

3. Tomar chá no inverno nos aquece. Usar uma malha é o mesmo que tomar um chá?

4. Um cobertor de lã "esquenta" mais que um lençol de algodão? Explique sua resposta.

PENSAMENTO EM AÇÃO — PESQUISA DE CAMPO

Transferência e isolamento de calor

Você já pensou nos objetos, aparelhos ou materiais que temos à disposição no dia a dia para produzir ou retirar calor, para manter a temperatura ou, ainda, para evitar que nos queimemos com coisas quentes? Vamos explorar como o calor e o frio participam das coisas que temos em casa.

Material:

- caderno;
- caneta.

Procedimentos

1. No caderno, faça um quadro como o modelo abaixo.
2. Em sua casa, procure objetos e equipamentos relacionados com calor e frio, como chuveiro, cobertores, luva para retirar assadeiras do forno, ferro de passar roupas, geladeira, forno, vela, aparelho de ar-condicionado, lareira, roupas, colher de pau etc.
3. Na coluna "Objeto ou material", anote no quadro o que encontrou. Depois, preencha as demais colunas com suas percepções.

Objeto ou material	Produz calor	Esquenta facilmente	Mantém a temperatura por muito tempo	Retira calor	Transmite calor

Reflita e registre

1. Pense sobre as questões a seguir. Para cada resposta, escreva uma hipótese e defenda-a com argumentos apoiados no quadro elaborado. Compartilhe as ideias com a turma e, juntos, tentem chegar a um consenso.

   a) As coisas que produzem calor têm algo em comum? Tudo que produz calor o faz do mesmo modo?

   b) As coisas que retiram calor têm algo em comum? Tudo que retira calor o faz do mesmo modo?

   c) As coisas que transmitem calor têm algo em comum? Tudo que transmite calor o faz do mesmo modo?

   d) O que é usado para manter a temperatura?

Temperatura e calor

É provável que você já tenha falado muitas vezes – ou então ouvido de outras pessoas – frases como estas:

"Nossa, estou com muito calor!"

"Essa roupa é bem quentinha..."

"Hoje o frio está de rachar!"

Vamos entender melhor o que ocorre quando falamos de calor, frio e temperatura?

Hoje em dia, a maioria das casas possui geladeira, que ajuda a preservar os alimentos em um ambiente de baixa temperatura. Existem também aparelhos para nosso conforto, como o chuveiro, ou para facilitar nossa vida, como o fogão e o ferro de passar roupas. Há ainda aparelhos que alteram a temperatura do ambiente, como o ar-condicionado e o aquecedor elétrico.

Termos, ideias e conceitos ligados ao calor

A **temperatura** é algo fácil de explicar depois que os termômetros tornaram-se comuns. Em geral, as pessoas têm em casa um termômetro para saber se alguém está com febre. Quando não têm, buscam ajuda em um posto de saúde. Para "medir" a febre, colocamos o termômetro na axila da pessoa e esperamos um tempo para ler o valor. Dizemos que é uma medida de temperatura – o termômetro vai indicar 36 °C, 38 °C ou números próximos. Assim, podemos dizer que o termômetro mede a temperatura.

Agora, imagine a situação de esquentar água para fazer um chá. Pega-se uma chaleira cheia de água da torneira. Antes de acender a chama do fogão, mede-se a temperatura da água com o termômetro – supostamente estará a 24 °C. Liga-se o fogo e, a cada 2 minutos, mede-se a temperatura novamente. A temperatura aumentará a cada leitura.

Se a água estava a 24 °C e foi esquentando aos poucos, certamente foi o fogo que fez isso! Ou seja, o fogo foi capaz de fazer a temperatura da água da chaleira subir.

↑ Chaleira no fogo aceso, com vapor de água saindo pelo bico.

Assim, quando dizemos que um corpo está quente é porque algo elevou sua temperatura. Do mesmo modo, quando dizemos que um corpo está frio é porque está a uma temperatura mais baixa em decorrência da ação de algo (quando colocamos a água da chaleira na geladeira, por exemplo). Portanto, o calor não é o oposto do frio. O calor é o que um corpo recebe de outro para poder esquentar. Por isso, quente e frio são estados térmicos opostos. E o **calor** é o que passa de um corpo mais quente para outro mais frio.

Equilíbrio térmico

A figura ao lado apresenta uma cena que pode acontecer num café da manhã: leite frio é colocado em uma xícara de café quente. Isso pode ocorrer numa padaria, num bar ou em casa. Sabemos que o café com leite não ficará "quente" como estava o café, nem "frio" como estava o leite.

Na mistura de café com leite, o calor passa do café, que está a uma temperatura mais alta, para o leite, que está numa temperatura mais baixa, e a bebida final fica numa temperatura intermediária.

Leite adicionado à xícara de café; as duas bebidas trocam calor e entram em equilíbrio.

PENSAMENTO EM AÇÃO — EXPERIMENTO

Avaliando as trocas de calor

A troca de calor entre amostras depende da dimensão delas?

Material:

- 100 g de chumbada de pesca (não importa o tamanho);
- 1 chaleira ou panela pequena;
- fogão, fogareiro a gás ou fogão elétrico;
- 2 béqueres ou copos grandes de vidro com graduação;
- água para encher os béqueres;
- 2 termômetros para medir até 100 °C;
- pegador de gelo ou colher.

> **ATENÇÃO!**
>
> Não mexa com água fervendo. O professor realizará essa parte dos procedimentos.

Procedimentos

1. Coloque em um dos béqueres 200 mL de água da torneira e, no outro, a metade, 100 mL.
2. Coloque as chumbadas dentro da chaleira ou panela com água e leve ao fogo até que a água ferva.
3. Com o termômetro, e sob supervisão do professor, meça e anote a temperatura da água nos dois béqueres e na chaleira/panela.
4. Com a ajuda do professor, coloque metade das chumbadas em cada béquer e use o termômetro novamente; antes, porém, levante previsões sobre a temperatura final em cada recipiente.
5. Anote a temperatura de cada béquer a cada 30 segundos (use o exemplo do quadro abaixo para fazer as anotações), até que três medidas de temperatura fiquem muito parecidas.

Reflita e registre

1. Anote suas previsões sobre a temperatura final em cada béquer com as chumbadas e, depois, verifique se elas estão de acordo com o que aconteceu.
2. Levante hipóteses para explicar o que aconteceu em cada um dos béqueres após a adição das chumbadas.

Tempo	Temperatura Béquer 1 (100 mL)	Temperatura Béquer 2 (200 mL)
0 s		
30 s		
60 s		
90 s		

Transferência de calor

Assim como no exemplo do café com leite, você já deve ter tido a experiência de misturar um pouco de água gelada com um pouco de água na temperatura ambiente para beber. Muitas vezes fazemos isso, pois não queremos a água tão gelada. Observe a situação representada ao lado.

Nesse caso, a temperatura da água ficou entre a da água gelada e a temperatura ambiente. O valor 18 °C é a média entre 24 °C e 12 °C, pois havia a mesma quantidade de cada uma. Podemos interpretar que o calor foi transferido do corpo mais quente (água em temperatura ambiente) para o corpo mais frio (água gelada) até que as temperaturas se igualassem. Isso é o que acontece quando corpos com diferentes temperaturas são misturados.

O que aconteceria se, na situação representada, houvesse mais água no copo gelado? Por exemplo, 200 mL de água gelada e 100 mL de água em temperatura ambiente?

> O calor sempre flui do corpo quente para o corpo frio. Isso continua até que a temperatura de ambos se iguale. Quando isso acontece, dizemos que o sistema de corpos atingiu o **equilíbrio térmico**.

Vamos calcular.

O calor depende da massa. Neste caso, vamos considerar que 100 mL e 200 mL de água correspondem, respectivamente, a aproximadamente 100 g e 200 g. No caso de haver mais água com temperatura menor ou maior, teríamos de fazer uma média ponderada:

$$T_{final} = \frac{(m_{gelada} \cdot T_{gelada} + m_{ambiente} \cdot T_{ambiente})}{(m_{gelada} + m_{ambiente})} = \frac{(200\ g \cdot 12\ °C + 100\ g \cdot 24\ °C)}{(200\ g + 100\ g)} = 16\ °C$$

Em que **T** corresponde à temperatura e **m** à massa de água.

Veja que a temperatura final ficou mais fria do que se fossem misturadas quantidades iguais de água. Isso porque a quantidade de calor transferida depende também da quantidade de massa de um corpo.

O calor no ambiente

Como acabamos de ver, os corpos, ao entrar em contato uns com os outros, tendem a ceder ou receber calor, dependendo se estão mais quentes ou mais frios. Assim, em um ambiente, todos os corpos que não são fontes de calor, como aquecedores e fogões, estão na mesma temperatura. Se você colocar um termômetro na sala da sua casa e ele marcar 25 °C, todos os objetos que não são fontes de calor também estarão nessa temperatura.

Isso serve como um princípio geral: se deixarmos vários corpos com temperaturas diferentes em contato uns com os outros, depois de um certo tempo todos entram em equilíbrio térmico.

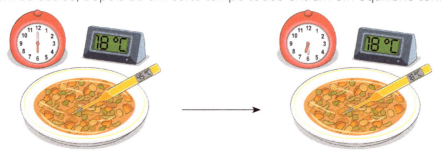

Depois de algum tempo, a refeição, que estava quente, entra em equilíbrio térmico com o ambiente.

PENSAMENTO EM AÇÃO — EXPERIMENTO

Sensação térmica

Uma prática comum, quando sentimos algum mal-estar, é colocar a mão sobre a testa para verificar nossa temperatura e conferir se estamos ou não com febre.

Será que nosso tato é um bom instrumento para medir a temperatura do corpo?

Material:

- três bacias;
- um litro de água em temperatura ambiente;
- um litro de água morna (cerca de 35 °C);
- um litro de água em temperatura ambiente com pedras de gelo.

Procedimentos

1. Coloque em cada uma das três bacias a mesma quantidade de água morna, de água gelada (água na temperatura ambiente com pedras de gelo) e de água na temperatura ambiente, respectivamente.
2. Coloque, ao mesmo tempo, uma mão na bacia com água morna e a outra mão na bacia com água gelada. Permaneça com as mãos nas duas bacias por 30 segundos.
3. Coloque a mão que estava na bacia com água morna na bacia com água em temperatura ambiente e registre o que sentiu. Antes, levante previsões sobre o que vai ocorrer.

Reflita e registre

1. Anote suas previsões e, depois, verifique se elas estão de acordo com o que aconteceu.
2. O que poderá ocorrer caso coloquemos a mão que estava na bacia de água gelada na bacia com água em temperatura ambiente?

ATIVIDADES

SISTEMATIZAR

1. Lúcia foi tomar banho em uma banheira e a água estava muito quente. O que ela pode fazer para tomar banho sem se queimar?

2. No senso comum, **temperatura** e **calor** são palavras usadas como sinônimos. Pela linguagem científica, a afirmação está correta? Justifique.

3. É correto afirmar que blusas de lã são capazes de nos aquecer? Justifique.

4. Qual é a diferença entre calor e alta temperatura?

REFLETIR

1. Celso decidiu fazer um piquenique no parque. Para isso, colocou dentro de sua geladeira portátil uma garrafa de suco geladinho, frutas que estavam na geladeira, um pedaço de bolo que acabara de sair do forno e pão de queijo quentinho da padaria. O que pode ter acontecido com a temperatura de cada um dos alimentos após a geladeira portátil ser aberta no parque?

2. Dois corpos, A e B, são colocados em contato. Em cada item, escreva em seu caderno qual corpo cede calor e qual recebe calor.

   a) A tem 20 °C e B tem −50 °C.   b) A tem 33 °C e B tem 40 °C.   c) A tem 25 °C e B tem 25 °C.

3. Observe as imagens abaixo, que mostram objetos encontrados em nossas casas. Depois, indique, escrevendo em seu caderno, qual desses objetos pode ser utilizado para satisfazer cada um dos objetivos abaixo. Para cada utilização, explique como o objeto indicado vai possibilitar a realização do objetivo. Dica: um objeto pode aparecer mais de uma vez.

   a) Quero esquentar água para passar um café.

↑ Geladeira.

↑ Fogão.

↑ Cobertor.

   b) Quero manter minha marmita quente enquanto a levo de casa para o trabalho.

   c) Que calor! Quero resfriar um suco para beber.

   d) Quero manter gelada uma garrafa de água enquanto viajo para a praia, que fica a 30 minutos da minha casa.

   e) Quero dissolver uma manteiga para que ela fique líquida, assim posso adicioná-la ao molho que estou fazendo.

DESAFIO

1. Faça uma pesquisa e escreva um pequeno texto para explicar a um colega o que seria o problema ambiental da poluição termal. Talvez pareça estranho, mas o calor pode causar problemas ambientais.

2. Uma atividade muito comum no estudo de amostras é produzir "curvas de aquecimento" que demonstrem a variação de temperatura da amostra com o passar do tempo. Essas curvas permitem conhecer as substâncias que compõem uma amostra. No gráfico abaixo, foi feita uma curva de aquecimento de uma amostra de água posta para esquentar no fogão. A amostra foi aquecendo até que começou a evaporar.

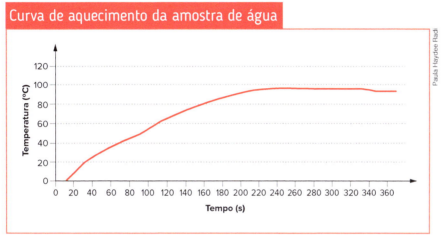

Gráfico com dados hipotéticos elaborado para fins didáticos.

a) O que aconteceu de especial por volta dos 200 s? Você poderia levantar alguma hipótese sobre quando a amostra começou a ferver?

b) Você consegue dizer se o fogão foi desligado ou não? Justifique sua resposta.

3. Leia o texto abaixo depois faça o que se pede.

A temperatura zero absoluto

A temperatura zero absoluto é a mais baixa possível e, na Terra, só pode ser obtida, de maneira aproximada, em laboratórios de pesquisa, pois nessa temperatura a quantidade de energia é extremamente baixa.

Na escala Celsius, o zero absoluto equivale à temperatura de -273 °C. Por convenção, foi criada a escala Kelvin para fazer referência ao zero absoluto (0 K), que é a temperatura mais baixa dessa escala. Experimentalmente, o valor mais baixo obtido foi de uma susbtância a 270,42 °C negativos.

Texto elaborado especialmente para esta obra.

Em grupo com seus colegas, façam uma pesquisa em *sites* da internet e respondam se há lugares no Universo em que a temperatura zero absoluto ocorre naturalmente. Que lugares são esses?

4. Cida estava no laboratório de Química e precisava de uma mistura entre 10 °C e 20 °C.
A substância A tinha massa igual a 300 g e estava armazenada na geladeira a 2 °C, enquanto a substância B, com 200 g de massa, estava a temperatura ambiente de 25 °C. Caso ela misture A com B, a temperatura final será a desejada?

CAPÍTULO 2

Temperatura e dilatação dos corpos

Neste capítulo, você vai estudar as maneiras de medir a temperatura. Verá também por que a sensação térmica não depende apenas da temperatura e estudará como os corpos modificam suas dimensões com o aquecimento e resfriamento.

EXPLORANDO A FEBRE DE PEDRO

Pedro estava doente e, por orientação médica, a temperatura dele era medida, de hora em hora, pela mãe. Para isso, ela deixava o termômetro na axila do filho por cerca de 3 minutos. Pedro ficava muito incomodado porque, para medir corretamente a temperatura, ele não podia mexer o braço. Enfim, o termômetro apitou. A temperatura de Pedro era de 38,5 °C.

Como ele ainda estava com febre, sua mãe decidiu continuar a medição. Pedro ficou chateado ao saber que, após uma hora, ia começar tudo de novo... Então, ele pediu para ver o termômetro. Reparou que ele media em graus Celsius e que havia uma marcação que ia de 35 até 42 e um traço brilhante dentro, que dessa vez estava entre 38 e 39. Pedro perguntou à sua mãe quando ele não estaria mais doente, pois precisava jogar bola no sábado. A mãe mostrou que o traço brilhante no interior do termômetro precisava estar pouco abaixo do 37.

Ilustrações: Natalia Forcat

Pedro ficou pensativo. Como aquele aparelho era capaz de medir a temperatura de seu corpo com tanta precisão? Como ele funcionava? De alguma forma, a linha brilhante dentro do termômetro subia quando a temperatura aumentava e descia quando a temperatura abaixava. O sistema era bem inteligente.

Agora é sua vez.

1. O que é essa linha brilhante dentro do termômetro?

2. Como a linha se comporta com a temperatura?

3. Será que existe outra forma de medir a temperatura do corpo sem ter que colocar o termômetro na axila?

Como medir a temperatura?

Como estudamos no capítulo anterior, não podemos confiar na sensação térmica para avaliar se um corpo está quente ou frio. Por isso, medir a temperatura dos corpos usando os termômetros é algo importante.

Os termômetros podem funcionar de várias maneiras. O mais comum deles é o que contém um líquido. Os termômetros domésticos, usados para medir a temperatura do corpo humano, continham mercúrio em tubos muito finos. Agora, usam álcool com algum corante para poder ser visível. Tanto o mercúrio quanto o álcool se dilatam quando aquecidos e se retraem quando resfriados.

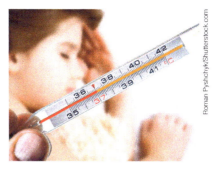

↑ Termômetro de uso doméstico.

Pense em aparelhos que precisam de termômetro para funcionar corretamente. Você consegue imaginar que aparelhos são esses?

Além dos que medem a temperatura do corpo, existem termômetros para medir a temperatura da geladeira, do motor do carro etc. No Brasil, usamos como unidade de medida de temperatura o grau Celsius (°C).

Instrumentos controladores e indicadores de temperatura

Existem outros tipos de termômetros. Veja:

Termômetro digital: tem um visor que mostra a temperatura medida por um sensor eletrônico, localizado na extremidade do aparelho, que entra em contato com o corpo. O termômetro digital funciona com bateria e, apesar de ser mais prático, pode tornar-se impreciso se a bateria estiver fraca.

→ Termômetro digital.

Termômetro do radiador: localizado no radiador dos carros, que funciona como uma válvula, de acordo com a variação da temperatura. A partir de certa temperatura, a válvula é ativada, permitindo a passagem de água para resfriar o motor.

← Termômetro do radiador.

Termômetro de geladeira: a geladeira utiliza um termômetro digital ligado a um circuito que desliga o motor sempre que for atingida a temperatura desejada. Quando a temperatura sobe, o motor é novamente ligado até atingir a temperatura regular.

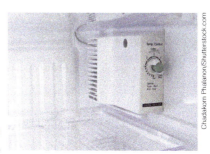

→ Termômetro de geladeira.

Dilatação e contração

Um portão de metal pode funcionar bem no inverno e emperrar no verão. Você já percebeu uma coisa dessas? Isso ocorre porque, em geral, os corpos mudam de tamanho quando a temperatura varia. Quando resfriados, diminuem; quando aquecidos, aumentam. Esse fato é denominado dilatação/contração. Uma barra de metal ou um fio de eletricidade dilatam-se no verão, ficando mais longos. O oposto acontece no inverno.

↑ A folga nas linhas de transmissão tem o objetivo de evitar que os fios se rompam devido ao fenômeno da dilatação térmica. Torres de transmissão de energia elétrica da Usina Hidrelétrica de Itaipu, Hernandarias (Paraguai), 2016.

O gráfico ao lado mostra a relação entre a dilatação de uma barra de 10 m das substâncias indicadas em função da variação da temperatura.

Os líquidos e os gases também se dilatam. Observe as figuras abaixo: um balão de ar e uma coluna contendo líquido dilatam-se com o aumento da temperatura.

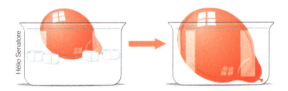

Esse princípio serve de base para a construção de termômetros.

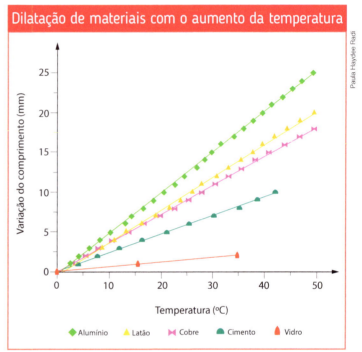

↑ Gráfico com dados hipotéticos elaborado para fins didáticos.

← O líquido do termômetro se dilata e, com isso, se move na escala, indicando a temperatura.

⚠ CURIOSO É...

As linhas férreas, ao contrário do que se pensa, não são contínuas, isto é, existem pequenas fendas entre um trilho e outro. A figura ao lado ilustra essa situação.

Há um motivo para o espaçamento entre os trilhos: o material que os constitui, o ferro, dilata-se. Caso as linhas férreas não tivessem essas fendas, em um dia muito quente, por exemplo, os trilhos não teriam espaço para se dilatar e acabariam sofrendo danos.

→ Espaçamento entre os trilhos.

AQUI TEM MAIS

Um modelo para entender a energia térmica como vibração das partículas

Quando aquecemos um corpo, ele se dilata. Esse princípio serviu de base para a construção de termômetros. O que significa dizer que a estrutura de uma substância varia ao trocar calor? Por que uma barra metálica dilata-se ao ser aquecida? Sabemos que toda substância é resultado do arranjo de partículas. Podemos afirmar, por exemplo, que um copo com água nada mais é do que um reservatório cilíndrico repleto de partículas de água. Elas mantêm-se juntas porque estão no estado líquido, quando existe coesão entre as partículas. Mas, apesar disso, elas podem deslizar umas sobre as outras, o que induz nossos olhos a constatar que a substância flui, ou simplesmente a constatar a existência de tal líquido!

Nossos olhos não percebem também que, além de deslizar umas sobre as outras, essas partículas agitam-se individualmente, ou seja, comportam-se como frenéticos patinadores que se deslocam na pista, agitando braços e pernas em movimentos circulares. Conforme esses patinadores se "aquecem", são tomados de emoção e adquirem uma energia extraordinária: seus movimentos tornam-se mais vibrantes e emocionantes. O "calor" da plateia é fundamental para isso!

↑ As moléculas de um líquido que se aquece podem ser comparadas a patinadoras que se movimentam pela pista de patinação. À medida que vão se aquecendo, sua agitação aumenta e elas movimentam os braços e as pernas de maneira mais vigorosa.

Podemos imaginar que algo semelhante ocorre quando colocamos uma panela com água no fogo. À medida que a água vai sendo aquecida, as partículas vão ganhando energia do fogo – calor –, deslocando-se e vibrando muito mais intensamente.

Esse movimento de vibração mais frenético exige maior espaço entre as partículas, o que provoca um aumento de volume da substância. Observe que o mesmo aconteceria com um grupo de patinadores que ocupasse determinado espaço no palco apenas mexendo os quadris. Se iniciassem movimentos de abertura de braços e pernas, precisariam de um espaço maior. Assim, aumentar a temperatura de uma substância significa intensificar o grau de agitação de suas moléculas. A energia sob forma de calor é, em parte, usada para agilizar seus movimentos e, em parte, retransmitida à redondeza.

1. De acordo com o texto, por que as substâncias se dilatam quando sua temperatura aumenta?

2. Por que as partículas da água num copo mantêm-se juntas?

PENSAMENTO EM AÇÃO — EXPERIMENTO

Construindo um termoscópio

Nesta atividade você vai construir um tipo de termômetro inventado por Galileu no final do século XVI. Galileu deve ter se perguntado: Como é possível realizar a medida de temperaturas? Para responder a essa pergunta e aprofundar a compreensão do conceito de temperatura e das propriedades térmicas de diferentes materiais, você vai construir um termômetro caseiro.

Material:

- pote plástico transparente (ou copo plástico) cuja tampa vede bem;
- tubo transparente (ou tubo capilar de vidro) ou cano fino de plástico transparente (de 2 a 4 mm de diâmetro);
- cola;
- corante;
- álcool comum;
- vasilha com água e gelo;
- régua ou fita métrica;
- caneta marcadora;
- termômetro comercial que meça a temperatura ambiente.

Procedimentos

1. Faça um furo na tampa do pote em que caiba o tubo transparente e encaixe-o na tampa.
2. Utilizando a régua ou a fita métrica, faça uma graduação no pote de plástico. Isso vai fazer com que a visualização da movimentação do álcool dentro do canudo seja mais clara.
3. Vede o tubo na tampa passando cola entre eles. Espere secar.
4. Encha o potinho com álcool até a metade. Para facilitar a observação, pingue algumas gotas de corante.
5. Feche o pote com a tampa e coloque uma das extremidades do tubo no álcool. Atenção! É preciso vedar muito bem o pote; do contrário, o experimento não vai funcionar!
6. Segure o pote nas mãos e observe o que acontece. Você verá uma coluna de álcool subindo pelo tubo.

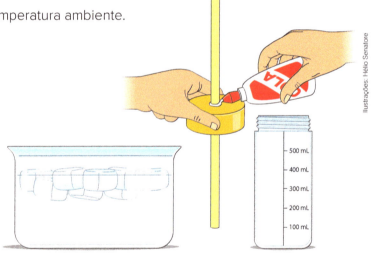

Ilustrações: Hélio Senatore

7. Quando quiser que a coluna de álcool desça, basta diminuir a temperatura do pote. Para isso, passe nele um algodão com álcool e assopre-o.

8. Você deverá calibrar seu "termômetro" agora. Coloque-o em uma vasilha com gelo e espere algum tempo para que ele atinja o equilíbrio térmico, momento em que o álcool estabiliza-se em determinada altura dentro do tubo. Faça uma marca no tubo que indique o ponto alcançado pelo álcool, que vai corresponder à temperatura de equilíbrio com a água com gelo (0 °C).

9. Retire o termoscópio da vasilha com gelo, coloque-o entre suas mãos e espere até que ele atinja novamente o equilíbrio. Novamente, faça uma marca correspondente à nova altura atingida pelo álcool no tubo. Essa altura corresponderá, aproximadamente, à temperatura corporal (37 °C).

10. Por meio desse procedimento, você pode construir uma escala para o seu termômetro, já que conhece dois pontos no tubo associados a duas temperaturas. Meça a distância correspondente ao intervalo de 0 °C a 37 °C e calcule, usando "regra de três", que distância vai corresponder a 1 °C. Faça marcas no tubo de 1 °C em 1 °C, indo do 0 °C até onde conseguir.

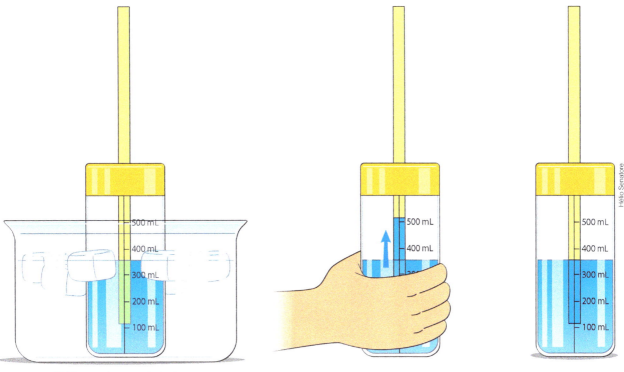

↑ Etapas do experimento.

Pronto! Você acaba de construir um termômetro similar aos que são vendidos na farmácia. O funcionamento é o mesmo, o que muda é o material usado para construí-lo.

Reflita e registre

1. Os valores obtidos por um termômetro comercial serão muito diferentes dos que você obtém com seu termômetro caseiro? Justifique.

2. Meça a temperatura ambiente com o termômetro construído e com um termômetro comercial. Os resultados são semelhantes? Justifique.

3. O que você acha que deve ser feito para melhorar a sensibilidade e precisão do termômetro construído?

PENSAMENTO EM AÇÃO | OBSERVAÇÃO

Dilatação de fios

Nesta atividade, você vai estudar uma situação que pode ser vista no dia a dia: os fios elétricos entre dois postes formando uma "barriga". Poderíamos pensar que a companhia de energia elétrica está perdendo dinheiro, pois os fios poderiam ser menores se estivessem esticados. Bom, você tem ideia do motivo por que as companhias mantêm os fios embarrigados?

Uma questão para você pensar: os fios ficam mais embarrigados no verão ou no inverno, ou isso não tem nada a ver?

Antes de iniciar a atividade, reúna-se com alguns colegas e discutam esses pontos. Veja se o grupo chega a algum posicionamento a respeito do que foi apresentado sobre os fios elétricos nos postes.

Material:

- 0,5 m de arame;
- bola de papel pequena;
- tachinhas;
- clipes;
- vela e fósforo.

Procedimentos

1. Encaixe um clipe na bola de papel e pendure-a no arame.
2. Prenda o arame entre duas hastes de madeira (entre os pés de uma carteira ou cadeira escolar, por exemplo) usando as tachinhas;
3. O professor vai acender a vela e aquecer o arame em toda a sua extensão.

↑ Representação do aparato.

> **! ATENÇÃO!**
> Cuidado ao manipular materiais pontiagudos, como tachinhas, e ao se aproximar de fontes de fogo (fósforo e vela).

Reflita e registre

1. O que você observou ao aquecer o arame?
2. O que ocorre algum tempo depois que a chama é afastada do arame?
3. Dobre a distância entre as duas hastes (você pode usar duas cadeiras agora e fazer o fio ir de uma até a outra). Se usar a mesma vela para aquecer o fio, o que você acha que vai acontecer? Realize o experimento e verifique se sua previsão se confirmou.

ATIVIDADES

SISTEMATIZAR

1. Você acha que é possível que um mesmo objeto esteja quente para uma pessoa e frio para outra? Justifique sua resposta.

2. Qual é a função dos termômetros e como eles funcionam?

3. Dê exemplos de três situações em que a temperatura deve ser controlada, ou seja, não pode variar além de determinado intervalo.

4. O que significa dizer que um corpo se dilata quando aquecido?

5. O que significa dizer que um corpo se contrai quando resfriado?

REFLETIR

1. As tampas de metal de potes de vidro algumas vezes são difíceis de abrir. Uma maneira de facilitar a abertura é colocar o pote de vidro em água quente. Como explicar esse efeito?

2. Suponha que você tenha de fazer degraus de uma escada num lugar em que a temperatura varia muito entre o verão e o inverno. Pensando em diminuir o risco de quedas e queimaduras, quais das substâncias listadas no quadro ao lado você escolheria? Explique como fez sua escolha.

Material
ferro
madeira
latão
alumínio

DESAFIO

1. No cotidiano, muitas temperaturas podem estimular nossa curiosidade. Você consegue estimar a temperatura no interior de uma geladeira? A de um jacaré? A de um dia frio na Antártida? A de uma lâmpada? Ou a da água de um banho quente? Reúna-se em grupo de quatro integrantes e, juntos, estimem os valores da temperatura, em graus Celsius, nos casos do quadro a seguir. Procurem justificar as respostas. Em muitas das situações, percebam que não podemos contar com nossa intuição para arriscar uma resposta. No caso dos animais, o valor considerado é a temperatura interna.

a) Corpo humano
b) Maior temperatura ambiente que o corpo humano suporta sem proteção
c) Menor temperatura ambiente que o corpo humano suporta sem proteção
d) Golfinho
e) Jacaré
f) Galinha
g) Elefante
h) Água de banho morna/quente
i) Filamento de uma lâmpada incandescente
j) Lâmpada fluorescente
k) Forno doméstico
l) Interior da geladeira
m) Interior do congelador
n) Interior de um iglu
o) Temperatura média do planeta Terra
p) Núcleo da Terra
q) Lava de vulcão
r) Temperatura mais baixa registrada na Antártida
s) Planeta Marte
t) Núcleo solar

CAPÍTULO 3

Transmissão de calor: cedendo e recebendo calor

Neste capítulo, você vai estudar as formas de transmissão de calor (condução, convecção e radiação), materiais isolantes e condutores térmicos.

EXPLORANDO TELHADO DE ZINCO DA ESCOLA

Manoel estudava em uma escola cujas paredes eram feitas de blocos de cimento. O piso era de lajotas de argila e o telhado, de telhas de zinco. O mais curioso é que, dependendo da época do ano, parecia que Manoel estudava em escolas diferentes, pois no verão ela era muito quente e no inverno, muito fria. Seu pai dizia que isso acontecia por causa do material de que as paredes, o piso e o telhado eram feitos. Mesmo assim, Manoel não entendia como um mesmo lugar podia ser quente e frio.

Conversando com sua amiga Juliana, discutiram como os materiais podiam melhorar o conforto térmico, isto é, tornar o ambiente menos quente nos dias quentes e menos frio nos dias frios. Juliana até se lembrou das conversas que teve com sua prima arquiteta. Ela dizia que os arquitetos estudam soluções e escolhem os materiais que devem ser usados na construção das casas para garantir o conforto térmico das pessoas.

Para entender melhor o comportamento dos materiais quando esquentam e quando esfriam, resolveram estudar a questão. Lembraram-se de que, na mercearia do seu Antônio, havia um termômetro pendurado do lado de fora. Juliana e Manoel pediram a ele o termômetro para que pudessem analisar a situação.

Agora é sua vez.

1. Por que o interior da escola de Manoel e Juliana apresenta altas temperaturas no verão e baixas temperaturas no inverno?

2. De que material são feitos o telhado e as paredes de sua escola? Há também épocas em que ela fica mais quente ou mais fria?

Formas de transmissão do calor

Nos capítulos anteriores, você viu que o calor se transfere de um corpo quente para um corpo frio, mas não demos muito destaque ao modo como isso acontece.

Essa transferência foi constatada ao se misturar um copo de água gelada a outro com água em temperatura ambiente.

Nesse caso, era mais fácil imaginar que o calor seria transferido da água mais quente para a mais fria. Porém, será que existem outras formas de o calor transferir-se de um lugar para outro?

A transferência de calor pode ocorrer de três maneiras: **condução**, **convecção** e **radiação**. Vamos estudar cada uma separadamente, mas, na maioria dos casos, elas ocorrem ao mesmo tempo.

Condução

A condução ocorre sempre na presença de matéria, e quando parte do corpo – sólido, líquido ou gasoso – está mais quente, significa que suas partículas estão vibrando com maior intensidade. Essa vibração é transmitida de partícula a partícula, sem que elas precisem se deslocar, até que todo o corpo fique aquecido.

Convecção

Na convecção, o calor é transferido pelo deslocamento de massa de diferentes densidades. Esse fenômeno ocorre somente nos líquidos e nos gases, pois nos sólidos as partículas são fortemente ligadas umas às outras e não podem se deslocar. Se colocarmos uma panela com água no fogo, o líquido é aquecido e suas partículas começam a vibrar mais rapidamente e a se afastar umas das outras. Assim, o volume ocupado pelas partículas aumenta e a densidade da parte da água já aquecida diminui e desloca-se para a parte de cima da panela. Por outro lado, a densidade da água ainda fria na parte de cima da panela é maior, por isso desloca-se para a parte de baixo da panela. Essa circulação do líquido mais quente e do frio é o que chamamos de correntes de convecção. As correntes mantêm o líquido em circulação, fazendo o calor distribuir-se na água dentro da panela.

As correntes de convecção também ocorrem nos gases. Por exemplo, na atmosfera terrestre, o calor desloca-se de uma região para outra principalmente por meio da convecção.

← A água aquecida numa panela se agita pelo movimento das correntes de convecção.

237

Radiação

Na radiação, também conhecida como irradiação, não há necessidade de meios materiais para a transferência de calor, pois isso ocorre por meio de ondas eletromagnéticas (ondas de luz não visíveis a olho nu). O calor transmitido por radiação, ao interagir com outro corpo, faz as partículas vibrarem, aumentando a temperatura. Como não existe corpo na temperatura zero absoluto, todo corpo emite radiação. As aplicações de equipamentos que medem essa radiação são muito importantes, por exemplo, após acidentes com materiais radioativos. Essa medição é essencial para evitar que pessoas e outros seres vivos sejam contaminados pela radiação emitida por esses materiais.

↑ Representação da imagem de um elefante vista por meio de uma câmera fotográfica que detecta a radiação infravermelha. As diferentes intensidades de irradiação de calor são mostradas em diferentes cores.

Assim como um corpo pode emitir radiação, também pode absorvê-la. O grau de absorção da radiação dependerá das características da superfície do corpo, como a cor. Todos os dias, absorvemos parte da radiação emitida pelo Sol. Tal absorção varia de pessoa para pessoa: uma pessoa de pele mais escura, por exemplo, tende a absorver muito mais radiação do que quem tem a pele mais clara. Outro exemplo: ao andar descalço no asfalto, você percebe que as linhas brancas pintadas no chão são bem menos quentes que o asfalto mais escuro. Isso pode ser percebido também ao usar uma camiseta de cor escura em um dia de muito Sol, já que ela absorverá muito mais radiação e esquentará mais do que uma camiseta clara.

Os seres humanos não conseguem perceber a olho nu as ondas eletromagnéticas emitidas por corpos e objetos, no entanto, alguns animais têm órgãos que detectam a emissão de radiação infravermelha. Em algumas espécies de cobra, por exemplo, a fosseta loreal, localizada entre as narinas e os olhos, uma em cada lado da cabeça, identifica variações de temperatura, o que auxilia na captura de animais que mantêm a temperatura corporal constante em condições normais (endotérmicos).

Os morcegos hematófagos também detectam radiação infravermelha, por meio do calor que o sangue emite na pele de outros animais.

PENSAMENTO EM AÇÃO) EXPERIMENTO

Testando a condução de calor

Como identificar as formas de transmissão de calor?

> **! ATENÇÃO!**
> Tenha cuidado ao manusear o alicate, a tesoura e a vela acesa.

Material:

Calor em trânsito	
Conduzindo	• velas; • um pedaço de arame de aproximadamente 30 cm; • alicate.
"Convectando"	• velas; • linha; • folha de papel; • tesoura; • suporte com cerca de 1,20 m.
Irradiando	• vela; • cartolina preta e cartolina branca; • palitos de sorvete; • massinha de modelar.

Procedimentos

Parte I: Conduzindo

1. Corte uma vela em pequenos pedaços. Acenda outra vela e use a parafina derretida para fixar no arame os pedacinhos de parafina. Fixe-os em intervalos regulares ao longo de toda a haste.

2. Segure uma das extremidades do arame com um alicate e coloque a chama da vela na outra extremidade. Mantenha a vela aquecendo o arame por algum tempo e observe o que acontece.

• Antes de realizar o experimento, formule uma hipótese a respeito do que acontecerá com os pedaços de vela no arame. Tente ser o mais preciso possível. Diga: "a parafina vai derreter na ordem tal"; ou "os primeiros pedaços de parafina vão derreter e os outros não"; ou, ainda, "todos vão derreter ao mesmo tempo". Use argumentos para sustentar sua hipótese.

Reflita e registre

1. O que aconteceu com a parafina? Sua hipótese foi confirmada? Explique e justifique o que aconteceu.

2. Se sua hipótese não foi confirmada, pode ser necessário fazer algum outro experimento para testá-la. Se for o caso, proponha outras experiências.

3. Tente relacionar o que ocorreu nesse experimento com outras situações do dia a dia.

Parte II: "Convectando"

1. Desenhe na folha uma espiral utilizando a maior parte do papel.
2. Corte-a formando uma espécie de "cobra".
3. Amarre uma linha na ponta da espiral e pendure-a a cerca de 50 cm do chão, de forma que ela possa girar livremente.
4. Coloque uma vela acesa sob o seu "móbile" mantendo uma distância segura para não queimá-lo. Observe o que acontece.

- Antes de realizar o experimento, formule uma hipótese sobre o que acontecerá com a espiral. Tente ser o mais preciso possível. Diga: "a espiral vai balançar e depois parar"; ou "ela vai virar para o lado tal"; ou, ainda, "ela vai subir como um balão". Use argumentos para sustentar sua hipótese.

Reflita e registre

1. O que aconteceu com o móbile? Sua hipótese foi confirmada? Explique e justifique o que aconteceu.
2. Ao fazer esse experimento, tente relacionar o que você aprendeu com outras situações do dia a dia.

Parte III: Irradiando

1. Acenda uma vela e aproxime suas mãos, sem tocar na chama. Observe o que acontece.
2. Em seguida, recorte dois pedaços de mesmo tamanho da cartolina preta e da cartolina branca (10 cm × 10 cm).
3. Cole os pedaços de cartolina nos palitos de sorvete e fixe cada um deles na massinha de modelar, de modo que fiquem em pé.
4. Coloque cada um deles de um lado da vela, a cerca de 5 cm de distância. Espere 5 minutos e sinta a tempertatura de cada um.

- Antes de realizar o experimento, formule uma hipótese sobre o que acontecerá com cada pedaço de cartolina. Tente ser o mais preciso possível. Diga: "a cartolina preta estará muito quente"; ou "a cartolina branca estará muito quente"; ou, ainda, "ambas estarão quentes, mas uma delas ficará um pouco mais quente". Use argumentos para sustentar sua hipótese.

Reflita e registre

1. O que aconteceu? Sua hipótese foi confirmada?
2. Se sua hipótese não foi confirmada, pode ser necessário fazer algum outro experimento para testá-la. Se for o caso, proponha outras experiências.
3. Tente relacionar o que você aprendeu ao fazer esse experimento com outras situações do dia a dia.

AQUI TEM MAIS

História do conceito de calor

As ideias, científicas ou não, são motivo de muita discussão e debate. Basta imaginar, por exemplo, o que aconteceria se, em uma roda de amigos, tivéssemos de escalar a Seleção Brasileira de Futebol. Certamente algumas pessoas não concordariam entre si, e haveria muita discussão sobre quais seriam os melhores jogadores para a seleção.

O mesmo ocorre na Ciência, área em que os cientistas estão sempre confrontando ideias.

Na Antiguidade, os gregos já debatiam sobre a natureza do calor: imaginavam que o calor pudesse ser algum tipo de fluido ou de vibração presente nos corpos. Os que defendiam a ideia de que fosse um fluido pensavam que um corpo esfriava porque perdia algo do seu interior para o ar, mais ou menos o que acontece com uma roupa molhada que seca no varal. Já os que defendiam que o calor se tratava de um tipo de vibração pensavam em um corpo quente como algo que vibrava ao ser sacudido, como uma corda.

Hoje, o conceito de calor está associado à vibração das partículas que compõem a matéria. No entanto, levou muito tempo para que todos aceitassem essa ideia. A discussão acerca da natureza do calor e da temperatura e a elaboração de teorias e modelos que explicassem os fenômenos térmicos foi uma novela de muitos capítulos.

Pode não parecer tão estranho pensar que o corpo quente perde algum tipo de fluido térmico para o corpo frio. Certos fenômenos inclusive reforçavam essa ideia. Vejamos alguns exemplos:

- Determinados metais, quando queimados, tornam-se pó, com "peso" superior ao do antigo metal. Se um pedaço de esponja de aço for queimado, ele vai pesar mais que a esponja intacta.
- Os corpos dilatam-se quando aquecidos, o que levava alguns teóricos a concluir que o calor ocupava espaço físico.

↑ Uma das ideias que existiam sobre o conceito de calor era a de que ele seria como um fluido que passava de um corpo quente (balde cheio) para um corpo mais frio (balde quase vazio).

Os defensores da tese de que o calor era um fluido construíram uma teoria muito sofisticada. Deram o nome de calórico ao fluido responsável por tudo o que se referia ao calor. Essa teoria foi dominante por muito tempo, até o final do século XVIII, quando um militar que havia lutado na guerra civil americana observou que perfurar blocos de metal para produzir canhões gerava um constante aquecimento. Para ele, essa produção de calor, aparentemente inesgotável, contrariava a hipótese de o calor ser um fluido.

Ele afirmava que o calor não podia ser outra coisa que não o movimento das partículas de uma substância. De acordo com sua forma de pensar, toda vez que se perfurava um bloco de ferro para fazer a boca de um canhão, havia um brutal aumento de temperatura. E, nesse caso, não havia corpo quente em contato com o bloco que pudesse transferir-lhe o fluido térmico. Essa colocação do militar não encerrou a disputa acerca da natureza do calor, que teve inúmeros outros episódios interessantes.

1. Por que levou muito tempo para que as pessoas chegassem a um consenso sobre o conceito de calor?

2. Quais argumentos foram usados a favor da tese de que o calor era um fluido?

3. Ao esfregar as mãos, nota-se que elas se aquecem. Como esse fenômeno seria explicado considerando o calor como um fluido? E considerando o calor como a vibração de partículas?

241

Materiais isolantes e condutores térmicos

Proteger-se do frio foi, talvez, a primeira preocupação do ser humano primitivo. Por isso, aprender a produzir vestimentas com peles de animais e descobrir o fogo foram eventos tão importantes. Hoje, há vários meios de garantir ambientes com temperaturas agradáveis ao bem-estar humano. Utilizamos a expressão "conforto térmico" para descrever tudo o que pode ser feito a fim de assegurar condições ideais de temperatura ao nosso corpo.

Para isso, o ser humano desenvolveu uma série de materiais capazes de garantir o isolamento térmico. Esses materiais servem para manter temperaturas mais amenas tanto no inverno como no verão.

Por exemplo, ao fazer o projeto de construção de uma casa, arquitetos e engenheiros selecionam uma série de materiais que servirão como isolante térmico, levando em consideração épocas quentes e frias.

As figuras abaixo mostram materiais utilizados para isolar termicamente diferentes objetos e o nosso corpo.

↑ Sacos de dormir garantem um sono mais tranquilo para praticantes de trilha, pois isolam o corpo do chão frio.

↑ Tijolos refratários são usados no interior de churrasqueiras para isolamento térmico.

↑ Para evitar que a água esfrie entre o reservatório de água quente e o chuveiro, os tubos isolados são de cobre revestido por um tubo de espuma expandida.

↑ Telhado planejado de uma casa para obter um eficiente isolamento térmico, evitando que o interior fique muito quente ou muito frio. Veja que há uma manta espelhada abaixo das telhas para refletir a radiação solar e evitar que ela aqueça o interior da casa. Observe que há outros tipos de manta na constituição do telhado. Elas são más condutoras de calor, ou seja, bons isolantes térmicos.

Outros materiais são bons condutores de calor. Os metais, em geral, têm essa capacidade de conduzir bem o calor. Atrás das geladeiras, por exemplo, existe uma armação de ferro que dissipa o calor produzido. O mesmo acontece com os processadores de computadores, que produzem muito calor: dissipadores de alumínio são colocados sobre os processadores para impedir que o calor os derreta.

↑ Dissipadores de calor em uma placa eletrônica.

↑ As aletas de metal no motor de uma motocicleta não são enfeites: elas servem para auxiliar na dissipação do calor.

A perda de calor no organismo humano

Retomemos a pergunta feita logo no início deste tema: "Uma blusa de lã nos aquece?". Por que temos a sensação de que estamos "esquentando" quando colocamos um cachecol ou um casaco de lã?

Para entender isso, devemos nos lembrar de que a temperatura normal do corpo humano gira em torno dos 36,5 °C – ou seja, é, em geral, mais quente que o ambiente a sua volta. Como discutimos anteriormente, todos os corpos no meio ambiente tendem a entrar em equilíbrio térmico. Isso implica que nosso corpo está perdendo calor para o ambiente por meio da condução e da radiação.

Isso pode ser facilmente constatado quando pegamos um objeto frio, como um pote de sorvete saído do *freezer*. Nesse caso, a mão, que está a 36,5 °C, esfria, pois o calor dela é transferido para o pote de sorvete muito mais frio, a cerca de –10 °C. Esse processo de perda de calor se mantém até que a temperatura do corpo frio esquilibre-se com a do nosso corpo. Quanto maior for a possibilidade de o calor ser distribuído pelo corpo frio, por mais tempo a transferência de calor continua. Por isso, segurar uma embalagem de alumínio de um alimento congelado é muito mais desagradável do que segurar um pacote plástico de pão de queijo também tirado do *freezer*. A condução térmica do alumínio é muito superior à do pacote plástico do pão de queijo.

Quando colocamos uma blusa ou um casaco num dia frio, estamos tentando nos isolar termicamente. No caso, uma blusa de lã, natural ou sintética, dificulta a perda de calor por condução.

Mas nosso corpo perde calor para o meio também de outras maneiras. A tabela a seguir mostra os valores relativos da perda de calor do corpo humano para o meio ambiente.

A perda de calor no organismo humano

Processo	Frequência	Fenômeno
radiação	40%	Emissão de raios infravermelhos
convecção	30%	Fluxo de ar quente expirado
evaporação	20%	Calor latente de vaporização da umidade na superfície da pele
respiração	de 2% a 8%	Evaporação de parte da água contida no ar/aquecimento dos gases respiratórios
condução	irrelevante	Contato com objeto mais frio

Fonte: Talita A. Anjos. A perda de calor no organismo humano. *Brasil Escola*. Disponível em: <https://brasilescola.uol.com.br/fisica/a-perda-calor-no-organismo-humano.htm>. Acesso em: 2 maio 2019.

↑ Tabela com os mecanismos de perda de calor do nosso corpo e seus valores relativos.

Algo que não percebemos, mas que tem papel importante na perda de calor do nosso corpo, é a radiação. Assim como a chama de uma vela, nosso corpo emite radiação no ambiente. A radiação depende da temperatura do corpo. A chama de uma vela está a cerca de 600 °C, por isso a radiação pode ser vista. A temperatura de nosso corpo, em torno de 36,5 °C, faz com que a radiação emitida seja na faixa do infravermelho, invisível para os olhos humanos. Mas, assim como nosso corpo perde calor por radiação, ele também capta a radiação emitida por outros corpos, como o Sol.

A evaporação, a convecção e a respiração também são formas de nosso corpo perder calor para o ambiente.

↑ Os jacarés, por exemplo, aquecem seu corpo com a radiação da luz solar.

AQUI TEM MAIS

A garrafa térmica

Você já usou uma garrafa térmica? Algumas delas são muito eficientes em manter bebidas quentes por várias horas. Antes de continuar lendo este texto, faça uma rápida pesquisa (pode ser na internet) e veja por quanto tempo os fabricantes de garrafas térmicas garantem a manutenção da temperatura nos produtos que fabricam. Se possível, leia as especificações dos materiais usados em cada uma delas. Você observará que aquelas que mantêm a temperatura por mais tempo costumam ser fabricadas com materiais especiais.

Bom, agora que você já sabe um pouco mais das garrafas térmicas, vamos contar por que elas são tão eficientes em manter a temperatura. A garrafa térmica é um recipiente desenvolvido exatamente para manter a temperatura original do seu conteúdo. Por exemplo, o café permanece quente dentro da garrafa térmica porque ela possui uma tecnologia que o isola termicamente do meio externo, impedindo que o calor seja perdido. A tampa rosqueada da garrafa impede a saída de ar quente e a entrada de ar frio; o espaço vazio entre a parte interna do revestimento de plástico e a garrafa de vidro, no interior do recipiente e em contato com o conteúdo, impede que haja condução do calor da parte mais interna para a parte mais externa da garrafa, e as paredes de vidro espelhadas fazem com que a radiação emitida pelo líquido quente reflita e fique retida dentro da garrafa.

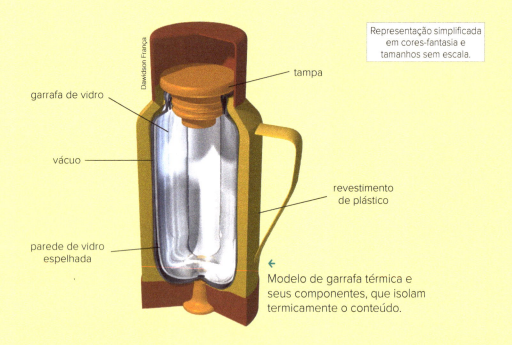

Representação simplificada em cores-fantasia e tamanhos sem escala.

Modelo de garrafa térmica e seus componentes, que isolam termicamente o conteúdo.

1. Imagine que uma garrafa térmica está com defeito na tampa e não fecha direito. Ela perdeu completamente a sua utilidade? Justifique.

244

ATIVIDADES

SISTEMATIZAR

1. O que é um material isolante térmico?

2. Leia o trecho a seguir: "quando parte do corpo – sólido, líquido ou gasoso – está mais quente, significa que suas partículas estão vibrando com maior intensidade". Explique em que condições essas partículas podem transmitir parte de seu movimento ao corpo ao seu redor.

3. Analise a afirmação:

   Os raios solares aquecem as partículas do ar, que colidem umas com as outras e transmitem o calor entre si. A parte mais quente do ar fica menos densa e desloca-se para cima, enquanto a parte mais fria e densa desloca-se para baixo.

   Quais formas de propagação de calor podem ser identificadas na afirmação?

REFLETIR

1. Ao ouvir de sua mãe que blusas de lã esquentam mais que blusas de algodão, Luiz pegou duas garrafas de água idênticas que estavam na geladeira e enrolou cada uma em uma blusa. Passado algum tempo, Luiz notou que a garrafa de água enrolada na blusa de lã estava mais gelada que a garrafa de água enrolada na blusa de algodão. Levante hipóteses para explicar esse resultado.

2. Diferencie os processos de condução e radiação do nosso corpo. Em quais situações eles estão mais presentes?

3. A figura a seguir apresenta uma escala de condutividade para vários tipos de material. A seta vertical indica a condutividade térmica medida em energia, transmitida por metro para cada variação de temperatura. Os valores são relativos.

   a) Explique a diferença entre usar difusores de calor feitos de prata ou de ferro em um supercomputador.

   b) Se você tivesse de construir uma garrafa térmica, valeria a pena preencher a câmara de isolamento com algum material ou deixá-lo com ar? Explique sua resposta com base na figura.

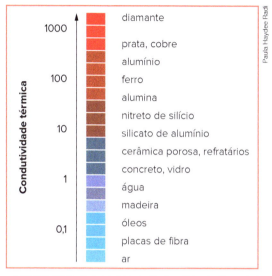

Fonte: Definição de condutividade térmica. Netzsch. Disponível em: <www.netzsch-thermal-analysis.com/pt/landing-pages/definicao-de-condutividade-termica/>. Acesso em: 4 maio 2019.

4. Imagine que você precise produzir um revestimento para um cabo de panela. Quais materiais seriam candidatos para isso? Justifique sua resposta não apenas com base na condutibilidade.

DESAFIO

1. Um adolescente foi acampar pela primeira vez. À noite, desenrolou seu saco de dormir e seu isolante térmico ("loninha").

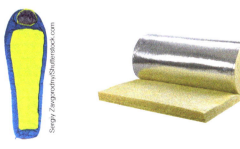

   a) A parte metalizada do isolante térmico deve ficar em contato com o corpo ou em contato com o solo? Justifique.

   b) Qual é a função da parte não metalizada da loninha?

FIQUE POR DENTRO

Calor

Muito antes de inventar a agricultura ou a escrita, o ser humano aprendeu a dominar o fogo para se aquecer, cozinhar, defender-se dos animais silvestres e trabalhar metais. Mais recentemente, ele conseguiu explicar alguns princípios que governam o calor. Em um nível microscópico, ele está associado aos movimentos das partículas que compõem a matéria. A transmissão de calor pelas substâncias pode ocorrer de forma mais eficiente ou menos eficiente.

Análise do Sol

O fogo não se trata de calor propriamente dito, mas é uma das maneiras pelas quais ele pode se expressar. Calor como fenômeno físico depende das vibrações e dos movimentos das partículas. Quanto maior o movimento, maior o calor que pode ser transmitido.

A temperatura da superfície do Sol alcança os 5 500 °C.

As transformações que ocorrem no interior do Sol liberam grandes quantidades de energia na forma de calor.

O calor irradiado pelo Sol propaga-se em todas as direções do Universo e uma parte dele chega à Terra.

Atrito

Quando dois corpos em movimento se encontram, as forças de atrito transformam parte de sua energia cinética em calor.

Calor e temperatura

São conceitos associados, embora distintos. Quando um corpo recebe calor, sua temperatura aumenta.

O fogo aquece o ar do interior do balão. Em outras palavras, a energia em forma de calor aumenta a temperatura dentro do balão.

O balão se eleva porque o ar quente é menos denso que o ar frio.

56,7 °C

Foi a temperatura registrada no Vale da Morte da Califórnia (EUA), a mais alta da história, em 10 de julho de 1913.

Formas de transmissão do calor

O calor pode ser transmitido por diferentes meios, embora sempre cumprindo uma premissa básica: flui do meio mais quente para o mais frio.

1 CONDUÇÃO

É a forma de transmissão de calor em meios sólidos. Ao vibrar com maior intensidade em um ponto, as partículas aumentam as vibrações de seus vizinhos e assim sucessivamente.

Barra de metal

Existem condutores de calor mais ou menos eficientes. Os metais, por exemplo, são bons condutores. Outros materiais, como fibra de vidro, são tão ineficientes que são frequentemente usados como "isolantes".

JAMES P. JOULE

James P. Joule nasceu na Inglaterra em 1814 e morreu em 1878. Foi um físico e médico britânico que realizou importantes trabalhos sobre o metabolismo humano e mostrou que o trabalho mecânico pode ser transformado em calor e vice-versa.

2 RADIAÇÃO

O calor pode se propagar de um corpo ao outro sem a necessidade do contato entre eles. A energia proveniente do Sol, que está a cerca de 150 milhões de quilômetros da Terra, é capaz de aquecer nossa atmosfera por radiação.

3 CONVECÇÃO

A convenção térmica é um processo que exerce grande influência e permite explicar alguns processos meteorológicos, como os ventos.

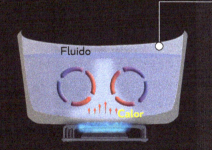

Fluido

Calor

Quando o meio em que o calor é transmitido é um fluido, a porção mais quente tende a ficar acima das porções menos quentes, criando correntes de convecção que distribuem o calor.

A temperatura da coroa está acima de um milhão de graus.

1. Em grupo, pesquisem como as formas de transmissão de calor podem atuar nos seguintes fenômenos: inversão térmica, circulação atmosférica e derretimento das calotas polares. Cada grupo deve pesquisar apenas um dos temas e elaborar uma apresentação oral para a turma sobre o fenômeno pesquisado e como ele se relaciona com as formas de transmissão de calor.

 **PANORAMA**

FAÇA AS ATIVIDADES A SEGUIR E REVEJA O QUE VOCÊ APRENDEU.

 NO CADERNO

Neste tema, você estudou as diferenças entre calor, temperatura e equilíbrio térmico e pôde constatar que as palavras quente e frio são usadas para descrever corpos com temperaturas maiores ou menores que outros.

Você também viu os três modos de transmissão de calor – **condução**, **convecção** e **radiação** – e aprendeu que as trocas de calor entre corpos continuam até que eles atinjam a mesma temperatura. Por meio de experimentos, foi possível constatar que a sensação térmica pode ser influenciada por fatores externos e, por conta disso, ela não é utilizada para medir temperatura.

O fenômeno de dilatação ou contração dos materiais ocorre quando eles se esquentam ou se resfriam e é o princípio de funcionamento dos termômetros de álcool.

1. Complete a lacuna com a frase adequada, transcrevendo-a para seu caderno.

   ▩▩▩ é a medida de quão quente ou frio o corpo está.

   a) O calor
   b) A energia térmica
   c) A temperatura
   d) A sensação térmica

2. Escreva o que você já sabia e o que aprendeu sobre calor, dilatação, contração térmica e o funcionamento de um termômetro de álcool.

3. Por que, normalmente, as panelas são feitas de metal e seus cabos são feitos de madeira ou plástico?

4. Considere dois objetos, A e B. O objeto A está a uma temperatura de 18 °C e o objeto B, a 50 °C. Ambos são colocados em contato e, após um tempo, suas temperaturas ficam iguais, atingindo o equilíbrio térmico em 30 °C. Faça três desenhos que representem o fluxo de calor entre os corpos A e B antes, durante e depois do contato.

5. Em um dia de muito calor, Maria repara que a curva dos cabos elétricos que atravessam os postes em frente de sua casa parece mais baixa do que o normal. Esboce uma explicação para esse fato.

6. Um estudante senta no banco de uma praça e percebe que a armação metálica do braço do banco parece muito mais fria do que a madeira do encosto. Como você explicaria esse fato usando seus conhecimentos sobre calor e temperatura?

248

7. Em dias de Sol forte, os painéis de carros são cobertos com protetores metalizados, que parecem espelhos. Por que esse tipo de protetor é mais eficiente para evitar o aquecimento do interior do carro?

8. João fazia chá em sua casa, quando reparou que as sementes colocadas dentro da panela com água começaram a se mover subindo e descendo conforme a água aquecia. Explique por que as sementes começaram a se mover e esboce um desenho para indicar o movimento delas no interior da panela.

↑ Protetor solar para carro.

9. Para não sentir frio, uma pessoa esticou sobre a cama dois cobertores de lã e aguardou alguns minutos. Em seguida, deitou-se e percebeu que a cama continuava muito fria. Após certo tempo na cama, bem coberta, a sensação de frio havia passado e ela notou que a cama agora estava quente. Explique o que pode ter ocorrido.

10. A geladeira é um eletrodoméstico bastante útil nas residências, mas também é responsável por boa parte do consumo de energia. A boa notícia é que algumas atitudes podem reduzir o consumo de energia e ainda manter a eficiência da geladeira.
Considerando seus conhecimentos sobre troca de calor, dê exemplos de algumas atitudes que podem ajudar a economizar energia durante o funcionamento da geladeira.

→ Diversas atitudes podem influenciar no consumo de energia elétrica das geladeiras.

DICAS

ACESSE
Calor. Simuladores e *sites* para aprofundar os estudos sobre calor, temperatura e propriedades térmicas. Disponível em: <www.if.ufrgs.br/cref/leila/calor.htm>. Acesso em: 4 maio 2019.

ASSISTA
Seremos história? EUA, 2016. Direção: Fisher Stevens, 1h36min. Documentário que aborda o aquecimento global.

LEIA
Calor e temperatura, de Anibal Figueiredo e Maurício Pietrocola (FTD). O livro apresenta o comportamento da água em relação a diferentes pressões e temperaturas.

TEMA 8

Máquinas térmicas

↑ Lançamento de foguete. Flórida (Estados Unidos), 2018.

NESTE TEMA
VOCÊ VAI ESTUDAR:

- funcionamento de máquinas térmicas e suas principais aplicações;
- princípios de máquinas a vapor;
- ciclos naturais que atuam como máquinas térmicas;
- impactos das máquinas na sociedade.

1. O calor pode produzir movimento? Cite exemplos.
2. Que máquinas usamos frequentemente no dia a dia?
3. Quais são os combustíveis usados nas diversas máquinas movidas a combustão?

CAPÍTULO

1 Máquinas térmicas

> Neste capítulo, você vai estudar a origem das máquinas térmicas, seu funcionamento e como essas máquinas foram e são usadas. Verá também os tipos de combustível usados nas máquinas.

EXPLORANDO A FORÇA DA LOCOMOTIVA

Ilustrações: Claudia Mariano

Na cidade em que João mora há transporte ferroviário. A estrada de ferro fica perto da casa dele. Várias vezes por dia, João ouve o apito avisando que o trem está chegando. Ele costuma correr para ver o trem passar com seu irmão mais velho.

Algumas vezes, quando eles estão perto dos trilhos, João vê admirado a grande quantidade de barras de ferro grossas apoiadas sobre toras de madeira, que formam a estrada de ferro. Na hora que o trem passa o garoto observa que a locomotiva é grande, solta fumaça e puxa uma quantidade enorme de vagões.

João gosta de contar o número de vagões, que pode chegar a mais de 30. Todos os vagões estão carregados e João pensa na força da locomotiva: Como ela pode puxar tantos vagões? De onde ela tira tanta energia?

Agora é sua vez.

1. Você já percebeu que algumas máquinas liberam fumaça ou vapor? Cite exemplos delas. Por que isso acontece?

2. Você já percebeu que as máquinas, frequentemente, esquentam? Consegue imaginar uma máquina que não esquenta?

As máquinas e a força motriz do calor

Vimos anteriormente que as máquinas foram inventadas para poupar o tempo do trabalho humano. Com o passar do tempo elas foram sendo aprimoradas e melhoradas para facilitar ainda mais nossa vida. No início, as máquinas eram pouco usadas e entraram lentamente na rotina das pessoas, mas as coisas começaram a mudar rapidamente no final do século XVII. A humanidade deu o primeiro grande passo em direção à modernidade quando construiu as **máquinas térmicas** capazes de produzir movimento pela variação da temperatura.

Mas como o calor pode gerar movimento? Essa pergunta é importante porque se você respondê-la poderá entender o funcionamento de qualquer tipo de máquina que usa calor para funcionar.

Você já observou uma panela tampada com água fervendo? Quando a água começa a borbulhar, o vapor que se forma dentro da panela pressiona a tampa para cima. Esse é o princípio de todas as máquinas que usam calor para funcionar. Quando um corpo mais quente transfere calor, ele é resfriado e seu volume diminui; e quando um corpo mais frio recebe calor, ele é aquecido e seu volume aumenta. É justamente essa alternância entre dilatação e contração térmica que produz o movimento em máquinas térmicas, como máquinas a vapor ou motor a vapor. Quando a água é aquecida e passa para o estado de vapor, seu volume aumenta muito.

As "marias-fumaça" (locomotivas a vapor) e os caminhões com motores a diesel têm uma fonte de calor que produz vapor ou gás aquecido que empurra uma parte da máquina e gera movimento.

↑ Nas locomotivas a vapor, a fonte de calor era a lenha ou o carvão.

Outra característica das máquinas térmicas é que elas funcionam em ciclos: em cada ciclo o calor é recebido de uma fonte quente, o movimento é produzido e o calor é passado para uma fonte fria. Entenda melhor o funcionamento das máquinas térmicas observando o esquema ao lado. A água da caldeira (I) é aquecida pelo fogo e o vapor gerado se expande e passa pelas hélices (II), produzindo movimento. Em seguida, o vapor é resfriado, em geral, por água corrente, volta ao estado líquido no condensador (III), retorna para a caldeira e o ciclo recomeça. A válvula (IV) entre a caldeira e o condensador impede que a água volte ao condensador.

Em toda máquina térmica há uma fonte quente e uma fonte fria. No esquema ao lado, a fonte quente é o fogo que aquece a água. A fonte fria é a serpentina por onde a água fria circula. O vapor circula espontaneamente da fonte quente para a fonte fria.

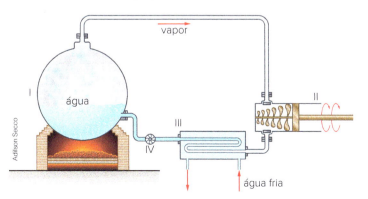

↑ Esquema didático dos componentes de uma máquina térmica e de seu funcionamento.

A origem das máquinas a vapor

Foi só no final do século XVII, na Inglaterra, que vários inventores dedicaram tempo e criatividade para construir **máquinas a vapor** com maior utilidade, como a máquina de bombear água das minas de carvão. Na época, toda a madeira das florestas da Inglaterra tinha sido consumida e o carvão mineral, um tipo de combustível fóssil, começou a ser usado para aquecer as residências. Muitos túneis eram cavados para extrair carvão mineral do subsolo, mas se enchiam de água subterrânea. O militar inglês Thomas Savery (1650-1715) construiu uma máquina a vapor comercialmente viável e capaz de bombear a água das minas. A patente requerida por Savery em 1698 tinha um título sugestivo: "A amiga dos mineiros".

Apesar de revolucionária na época, a máquina a vapor de Savery era perigosa, porque funcionava sob alta pressão, e vários acidentes ocorreram. Além disso, ela consumia grande quantidade de combustível, o que restringia seu uso a lugares em que houvesse carvão barato e em abundância. Por isso, ela foi rapidamente aperfeiçoada e em poucas décadas outras máquinas, muito mais eficientes e seguras, foram construídas.

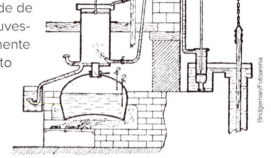

→ A bomba a vapor construída por Thomas Savery tinha a finalidade de extrair água dos poços das minas inglesas de carvão mineral.

Máquinas térmicas de combustão interna

Algumas máquinas funcionam por um processo chamado de **combustão interna**, parecido com o das máquinas a vapor. O processo ocorre em quatro tempos.

No primeiro momento, o pistão desce e o ar se mistura com o combustível; em seguida, o pistão sobe e comprime essa mistura. Sobre a mistura comprimida, a vela de ignição lança uma faísca que causa explosão ou combustão da mistura, forçando o pistão para baixo. Por fim, o pistão sobe novamente, expelindo pela válvula de escape os gases formados na combustão. Em automóveis, a saída da válvula de escape fica ligada ao escapamento do motor.

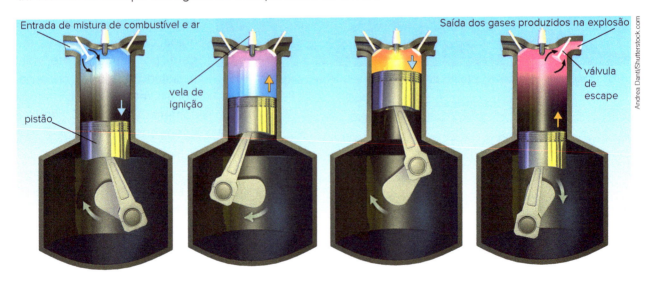

↑ Esquema didático do funcionamento de um motor de combustão interna usado em carros de passeio.

CIÊNCIA, TECNOLOGIA E SOCIEDADE

Locomotivas a vapor

Se a utilização do vapor [...] provocou uma revolução industrial no século XVII na Inglaterra, a sua aplicação nos transportes no século seguinte transformou a civilização ocidental.

Um veículo de três rodas movido a vapor tinha sido construído por um francês, em 1771. O carro Cugnot, destinado a rebocar peças de artilharia, foi considerado o primeiro automóvel. O vapor utilizado como fonte de energia nos transportes, entretanto, alcançou sucesso com a locomotiva.

Reichard Trevithick, que em 1801 havia inventado uma carruagem a vapor, constrói a primeira locomotiva em 1804, que transportava 10 toneladas de carregamento ao longo de trilhos de ferro fundido.

↑ Locomotiva de Reichard Trevithick.

GLOSSÁRIO

Abóbada: construção curvada em arco.

No início do século XIX, George Stephenson, baseado nas ideias de Trevithick, construiu uma locomotiva para passageiros que ligava Liverpool a Manchester. As ferrovias se expandiram por toda a Inglaterra, Bélgica, França e outros continentes. A locomotiva chegou ao Brasil em 1851, trazida pelo barão de Mauá, por isso apelidada de "baronesa", e foi a terceira da América do Sul (Peru e Chile já haviam importado). Percorria uma linha férrea de 15 km que ligava a Baía de Guanabara à serra. [...]

Luiz Carlos Menezes e Yassuko Hosoume (Coord.). *Calor e produção*. Grupo de Reelaboração do Ensino de Física (Gref). Disponível em: <http://fep.if.usp.br/~profis/arquivos/GREF/termo27c4-4.pdf>. Acesso em: 15 abr. 2019.

---

1. Em uma época que a maioria dos deslocamentos era feita por carroças puxadas por cavalos, o historiador Jules Michelet (1798-1874) relata sua experiência ao viajar em uma locomotiva a vapor na primeira linha férrea inaugurada.

[...]
Cinquenta léguas em quatro horas! [...] nada pode dar a ideia da velocidade relâmpago com que ocorre, como num conto de fadas, este panorama surpreendente. Nós não corremos, nós voamos sobre campos, pedras, pântanos, por pontes suspensas [...].

[...] Você vai em linha reta, com força incalculável e fatal que nada parece ser capaz de parar ou cansar. E no entanto, tudo acaba. O monstro rugindo, assobiando, entra em uma **abóbada**; ele para: você está em Liverpool.

[...]

Jules Michelet. *Sur les chemins de l'Europe: Angleterre, Flandre, Hollande, Suisse, Lombardie, Tyrol*. Tradução livre. Bibliothéque Numérique de la Bibliothèque Nationale de France, Gallica. Disponível em: <http://www.dominiopublico.gov.br/pesquisa/DetalheObraForm.do?select_action=&co_obra=12543>. Acesso em: 15 abr. 2019.

A palavra **légua** referia-se a uma unidade de medida adotada naquela época para indicar longos comprimentos. Pesquise essa unidade em *sites* e livros e converta-a para quilômetros.

2. Entreviste adultos ou idosos e peça a eles que relatem suas experiências com alguma máquina que não existia quando eram mais novos. Compartilhe com a turma as entrevistas.

PENSAMENTO EM AÇÃO ENTREVISTA

Viajar ontem e hoje

Nesta prática, vamos conhecer alguns trajetos que eram feitos por pessoas mais velhas e comparar com os que são feitos hoje.

Material:
- roteiro de entrevista;
- lápis, lapiseira ou caneta;
- acesso à internet e/ou biblioteca.

Procedimentos

1. Em grupos de três alunos, escolham duas pessoas mais velhas do que vocês (no mínimo, 20 anos a mais) para serem entrevistadas. Elas podem ser parentes, vizinhos, amigos da família etc., e quanto mais idade tiverem, melhor.

2. Façam uma lista de possíveis viagens ou passeios que essas pessoas teriam feito ou poderiam fazer. Por exemplo, uma festa anual em uma cidade próxima de onde moram, a visita a algum parente distante, entre outras. É desejável que as viagens ou os passeios listados ainda sejam feitos pelas pessoas entrevistadas.

3. Elaborem um roteiro para a entrevista com os dados dos entrevistados, por exemplo, a idade da pessoa, o local de nascimento, onde ela já morou e outras informações que julgarem importantes. Incluam nesse roteiro a lista de viagens ou passeios elaborada na etapa 2.

4. Entrevistem as pessoas e perguntem a elas se já viajaram para os locais listados por vocês. Em caso positivo, façam as perguntas a seguir e incluam outras, se necessário.
    - Que meio de transporte você utilizou?
    - Que trajeto (o caminho percorrido para chegar ao lugar) você fez?
    - Quanto tempo demorou até o destino?
    - Com que frequência essas viagens ou passeios eram feitos?
    - Que preparativos eram necessários para essa viagem ou passeio?

Reflita e registre

1. Agora, juntem as entrevistas da turma e um de vocês, com a orientação do professor, deve compor na lousa uma tabela coletiva para apuração dos dados:
    - tipos de veículo mais utilizados nas viagens antigamente;
    - tipos de veículo mais utilizados atualmente;
    - preparativos mais comuns para as viagens;
    - frequência com que as viagens eram feitas antigamente.

2. Há diferenças entre os deslocamentos feitos antigamente e hoje em dia? Se sim, quais?

ATIVIDADES

SISTEMATIZAR

1. O que é uma máquina térmica?
2. Como o calor é capaz de produzir movimento em uma turbina a vapor?
3. Explique com suas palavras os ciclos de uma máquina a vapor.
4. Como ocorre o movimento do pistão no cilindro de um motor a combustão interna, que possibilita que os carros se movimentem?
5. Com que finalidade foi inventada a máquina térmica no final do século XVII, por volta de 1690? Qual foi o principal problema que contribuiu para sua invenção?
6. Por que a máquina a vapor (ou bomba a vapor) de Savery foi rapidamente aperfeiçoada?

↑ Modelo de uma turbina a vapor para uma usina de energia. São Petersburgo, Rússia.

REFLETIR

1. Qual foi a importância das máquinas térmicas para o desenvolvimento dos meios de transporte?
2. Qual é a relação entre o princípio de funcionamento de uma locomotiva a vapor e o de um motor a combustão interna?

← Estação ferroviária de Omaha, Nebraska (Estados Unidos), 1867.

DESAFIO

1. Junte-se a alguns colegas e formem um grupo. Façam uma lista dos meios de transporte e os possíveis combustíveis usados em cada um deles. Por exemplo: maria-fumaça, trem a vapor, carro atual, navio, avião, caminhão, balão, ônibus e foguete. Pesquisem também informações sobre a eficiência de cada combustível relacionada ao deslocamento e à rapidez do movimento, além do impacto que causa ao meio ambiente.

CAPÍTULO 2

Ciclos naturais e combustíveis

Neste capítulo, você vai estudar ciclos naturais que atuam como máquinas térmicas. Além disso, ao comparar os ciclos naturais com as máquinas térmicas, você perceberá que algumas dessas máquinas utilizam combustíveis mais sustentáveis, alternativa adequada do ponto de vista da conservação ambiental.

EXPLORANDO ESPORTE MOVIDO A VENTO

Ilustrações: Claudia Marianno

Beatriz e Caio estão em uma linda praia no Nordeste do Brasil, local de muito vento, Sol e belezas naturais. Beatriz é apaixonada por *kitesurf*, mas é preciso praticar em uma praia com muito vento para alcançar grandes velocidades e saltar alto com a prancha. Seu irmão Caio se impressiona com a velocidade que a prancha alcança e a altura dos saltos que Beatriz consegue dar.

Caio observa as manobras da irmã e não acredita que ela tem coragem para ir tão alto. Ele também se impressiona com o poder do vento que puxa Beatriz e sua prancha. Isso fez ele lembrar-se do tempo em que gostava de empinar pipa (ou papagaio, em algumas regiões do país) e que em dias de vento forte as pipas até se quebravam, mas não tinha ideia de que o vento poderia ser tão forte.

Beatriz se aproximou da areia e convidou Caio para experimentar o *kitesurf*. Caio agradeceu à irmã, dizendo:

— Eu gosto de manter os pés no chão! E foi procurar um lugar para comprar uma pipa e relembrar do tempo em que brincava com elas.

Agora é sua vez.

1. Como é possível a prancha alcançar tamanha velocidade se nenhum motor está acoplado a ela?

2. Você já esteve em algum lugar que venta muito? Onde? Como é esse lugar?

As máquinas térmicas naturais

Os fenômenos naturais podem influenciar positivamente a manutenção da vida na Terra por criarem condições ambientais favoráveis à sobrevivência. Os ventos e as chuvas, por exemplo, tornam o clima mais agradável; vulcões fazem com que o solo ao redor dele seja extremamente fértil; o efeito estufa ajuda a manter a Terra aquecida.

Alguns fenômenos naturais ocorrem por causa da diferença de temperatura entre fontes quentes e frias, que produzem movimentos cíclicos, como nas máquinas térmicas. Por exemplo, já vimos que vento é o ar que se desloca de uma região mais quente para uma região mais fria e forma a brisa marítima durante o dia e a brisa terrestre durante a noite. Da mesma forma, a chuva é parte de um ciclo de massas de ar que se deslocam por causa da diferença de temperatura, que, por sua vez, leva à infiltração de água no solo e gera fontes de água

↑ A chegada de chuva na cidade de São Paulo alivia sintomas do ar seco e poluído. São Paulo (SP), 2017.

que alimentam rios e lagos. Se pessoas que vivem em um povoado na beira de um rio instalarem um moinho de água ou de vento, podem realizar várias tarefas usando o movimento gerado pelo moinho: armazenar água em uma represa, gerar eletricidade, moer grãos e bombear água de terras alagadas.

↑ Moinho de vento gera energia e é usado no corte de madeira em Zaanstad (Holanda), 2011.

↑ Essa roda-d'água aciona o moinho para moer erva-mate. Bento Gonçalves (RS), 2015.

Na natureza, os organismos e o ambiente em que vivem estão em equilíbrio, e qualquer interferência humana que altere a dinâmica dos fenômenos naturais pode comprometer as condições necessárias à vida. Assim, devemos entender que os ciclos naturais são muito importantes, não somente por fazer funcionar algumas máquinas, como cataventos, barcos a vela e moinhos, mas por manter o equilíbrio necessário para a manutenção da vida no planeta.

Combustíveis

O mais importante desenvolvimento do século XVII foi a construção de máquinas que não dependiam dos ciclos naturais para funcionar. A fonte quente, responsável por gerar movimento, passou a ser produzida nas próprias máquinas que dependiam, e dependem até hoje, de grande quantidade de **combustível** para funcionarem. No começo, o carvão das próprias minas era o combustível, mas as máquinas foram sendo adaptadas para usar outros combustíveis, como gasolina, óleo diesel, gás natural etc. De maneira geral, dizemos que combustível é todo material que ao ser queimado libera calor e produz movimento. O combustível mais conhecido atualmente é a gasolina, que é produzida do petróleo, assim como óleo diesel e querosene. A gasolina é muito usada em motores de automóveis, o óleo diesel em motores de caminhões e o querosene em motores de aviões.

↑ Extração de petróleo de plataforma na Bacia de Campos. Rio de Janeiro (RJ), 2018.

Como o petróleo é produzido de restos de seres vivos depositados há milhões de anos, os combustíveis derivados dele são chamados de combustíveis fósseis.

Além dos combustíveis derivados do petróleo, há também os derivados de vegetais, como o etanol, e até mesmo de resíduos sólidos, como o lixo. A cana-de-açúcar é o principal componente na produção de etanol, que é um álcool resultante da fermentação do açúcar e outros compostos orgânicos produzidos pelo vegetal na fotossíntese. O etanol é muito usado no Brasil como combustível de automóveis porque foram desenvolvidos motores capazes de aproveitá-lo de forma eficiente. Os motores *flex* são mais avançados, funcionando tanto com gasolina quanto com etanol, e até mesmo com a mistura de ambos.

↑ Produção de etanol em indústria brasileira. Piracicaba (SP), 2006.

⚠ CURIOSO É...

Combustíveis renováveis e não renováveis

Os combustíveis podem ser de dois tipos, de acordo com o tempo com que se formam na natureza.

- **Renovável**: combustível obtido de fontes que se renovam constantemente, ou seja, dificilmente se esgotam. Exemplos: biodiesel, etanol e madeira.
- **Não renovável (fóssil)**: combustível obtido de fontes que levam milhões de anos para se formar pela fossilização de animais e vegetais. Exemplos: gasolina, carvão mineral, óleo diesel e gás natural.

Além de não serem renováveis, os combustíveis fósseis causam danos ambientais porque, ao serem queimados nos motores das máquinas, liberam gases poluentes. É muito frequente, por exemplo, haver pessoas com doenças respiratórias em grandes centros urbanos decorrentes da poluição atmosférica produzida pelo intenso tráfego de veículos. Outro problema ambiental são os vazamentos de petróleo que podem ocorrer durante sua extração e transporte, o que contamina e compromete a biodiversidade local.

Por isso, alguns países têm feito enorme esforço para substituir combustíveis fósseis por renováveis, com o objetivo de reduzir a emissão de gases poluentes à atmosfera, melhorar a qualidade de vida da população e garantir a manutenção da biodiversidade do planeta.

ATIVIDADES

SISTEMATIZAR

1. O que é uma máquina térmica natural? Cite ao menos dois exemplos.
2. Por que as reservas de petróleo estão, em geral, em locais profundos no subsolo?
3. O que são combustíveis renováveis e não renováveis? Explique com suas palavras e dê exemplos.
4. Qual é a relação entre as máquinas naturais e os combustíveis renováveis?
5. Quais são os principais danos ao ambiente causados pelo uso de combustíveis fósseis nas máquinas térmicas?

REFLETIR

1. O esquema abaixo representa os componentes e o funcionamento de uma usina que produz eletricidade por meio do calor (usina termelétrica).

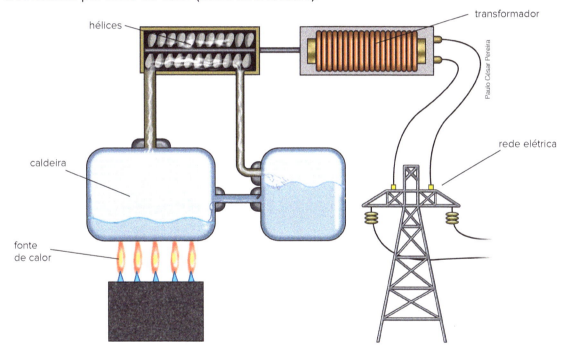

a) Que parte da usina termelétrica é uma máquina térmica? Justifique.

b) Em livros e *sites* faça uma pesquisa sobre as usinas termelétricas em operação no Brasil e compare, entre si, todos os tipos de energia elétrica gerados.

DESAFIO

1. Será que nosso corpo pode ser considerado uma máquina térmica? Justifique.

2. A busca por fontes de energia mais limpas renováveis que substituam o petróleo tem se intensificado nos últimos anos. O uso do bioetanol, isto é, o etanol obtido do bagaço da cana-de-açúcar, beterraba, trigo ou batata, por exemplo, reduz, em relação à gasolina, a emissão de gases de efeito estufa e outros poluentes atmosféricos. Pesquise como o biodiesel é produzido e os prós e os contras de sua utilização.

CAPÍTULO 3

A sociedade das máquinas

Neste capítulo, você vai estudar como o desenvolvimento e aperfeiçoamento das máquinas térmicas mudaram a forma de produção e a vida das pessoas. Compreenderá também de que modo a tecnologia impulsionou e continua impulsionando mudanças.

 EXPLORANDO TEMPOS MODERNOS

Karina gosta de conversar com seu avô e escutar histórias de sua infância. Ela perguntou a ele como a família se deslocava dentro da cidade. Seu avô contou que havia poucos ônibus e o pai dele não tinha carro.

— E telefone?, perguntou ela

— Só havia telefone público e o mais próximo ficava em um mercado no bairro, respondeu o avô.

— Você não tinha celular, vovô?

O avô riu e disse: O telefone parecia um pequeno armário e ficava parafusado na parede, assim como aquele que te mostrei na televisão outro dia.

— E computador, internet?, continuou Karina.

— Não havia nada disso. As coisas eram bem diferentes, respondeu seu avô.

Karina ficou pensando como o mundo pode ter mudado tanto em pouco mais de 40 anos.

Agora é sua vez.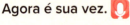

1. Que máquinas e utensílios domésticos você conhece hoje que não havia na época em que seus pais ou avós eram crianças?

2. De acordo com a resposta da questão anterior, como você acha que era a rotina de uma pessoa há 40 anos? Que tarefas desafiariam as pessoas naquela época e hoje não desafiam mais?

As máquinas transformam a sociedade

Foi após a invenção das máquinas térmicas que a vida começou a se parecer com o que conhecemos hoje. Aquele período foi chamado de Revolução Industrial. O uso de máquinas térmicas modificou a estrutura da sociedade e os modos de produção, porque muitos artigos que eram feitos manualmente passaram a ser fabricados em larga escala nas indústrias.

As indústrias eram construções de grandes proporções e precisavam estar próximas às fontes de combustível, como carvão, madeira, petróleo e água, para que as máquinas térmicas pudessem gerar vapor e produzir o movimento que fazia funcionar os teares, os moinhos, as bombas hidráulicas etc. Elas começaram a exercer muita influência na vida das pessoas, que se mudaram para as cidades, e estas, consequentemente, aumentaram de tamanho, levando a melhorias no transporte e facilidade na circulação de pessoas e mercadorias.

As pessoas que viviam próximas das indústrias tinham contato diário com a poluição produzida pela queima de combustível, assim as grandes cidades da Europa, como Inglaterra e Paris, tornaram-se lugares impróprios para viver. As condições de higiene eram precárias por não haver sistema de captação e tratamento de esgoto e obtenção de água potável. Do ponto de vista econômico, a grande quantidade de fábricas espalhadas nas diferentes localidades e a fumaça liberada por elas eram sinal de progresso e desenvolvimento.

No final do século XIX e início do XX, o sucesso da atividade industrial e as decorrentes pesquisas motivaram a criação de máquinas das mais diversas funções e surgiram novas tecnologias visando melhorar e aumentar ainda mais o lucro e a produtividade.

A ciência e a tecnologia seguiram transformando a vida das pessoas de várias formas, por exemplo: ajuda para suportar climas muito quentes ou frios; aumento na produção de alimentos, tecidos e ferramentas; combate a doenças que antes dizimavam populações. Se recuarmos no tempo, veremos que na Idade Média a expectativa de vida era menor e o conforto se resumia a um prato de comida e um quarto aquecido.

As máquinas não só mudaram a forma de produzir, mas o modo de viver das pessoas. Na Inglaterra, onde as máquinas foram inicialmente introduzidas, a população mais do que quadruplicou em cerca de 400 anos e esse crescimento foi ainda mais intenso na época em que as máquinas a vapor estavam em pleno funcionamento. As máquinas a vapor conferiram modernidade ao sistema de produção e aumentaram a produtividade em toda a Europa.

↑ Mulheres trabalham na inspeção de fios em um tear mecânico. Boston (Estados Unidos), 1910.

Uso de tecnologia

A partir do final do século XIX, ocorreu rápido avanço tecnológico com o surgimento de indústrias de grande porte, como **siderúrgicas** e **automobilísticas**, e a criação e o uso de tecnologia de ponta nos processos industriais, como computadores, *softwares*, *chips*, robôs e transmissores de rádio. Diante disso, o valor do trabalho braçal diminuiu devido ao crescente uso de tecnologia no dia a dia e na produção. As indústrias e a sociedade consideram a ciência e a tecnologia importantes para sua sobrevivência e seu crescimento. A expectativa de vida tem aumentado significativamente em razão dos inúmeros avanços da medicina, como vacinas, transplantes, marca-passo, cirurgias com microcâmeras e menos invasivas, antibióticos etc.

> **GLOSSÁRIO**
>
> **Siderúrgica:** indústria que fabrica e transforma aço e ferro fundido.
> **Automobilística:** indústria envolvida desde o projeto até a venda de veículos automóveis.

Todo esse avanço tecnológico tem um preço. Infelizmente, com a Revolução Industrial e o consequente acúmulo de riqueza surgiram as desigualdades sociais e a dominação econômica de um povo sobre outro. Além disso, o novo conceito de progresso – segundo o qual o desenvolvimento acelerado é bom – prejudicou o meio ambiente. Somente a partir da década de 1970 a questão ambiental passou a ser foco de atenção no Brasil e no mundo.

Assim, o avanço da industrialização, o crescimento populacional global e os problemas ambientais que foram surgindo, como poluição e produção de lixo nas cidades, fez com que começássemos a repensar nossas práticas ambientais. A tecnologia vem sendo utilizada para desenvolver novos produtos e materiais que promovam maior bem-estar às pessoas e não prejudiquem o meio ambiente. A produção de combustíveis renováveis, como o etanol, o uso do lixo como combustível para máquinas e as estações de tratamento de água capazes de torná-la própria para consumo são alguns exemplos.

← Linha de montagem de automóveis. Resende (RJ), 2015.

← Estação de tratamento de água. Osasco (SP), 2018.

AQUI TEM MAIS

Sul de Minas terá 1ª usina do país com geração de energia elétrica a partir do lixo

[...]

O município de Boa Esperança (MG) deverá ganhar em breve a primeira usina do país que irá gerar energia elétrica a partir do lixo. [...] Segundo Furnas, a energia será gerada por meio de um processo que vai utilizar [...] uma tecnologia 100% nacional, que emite menos poluentes que outros processos já existentes.

"Esse é um projeto que usa a tecnologia de **gaseificação**, que é bastante diferente da **incineração**. A taxa de poluentes é muito baixa, é uma tecnologia que a gente entende que consegue dar destino para todos os resíduos sólidos de uma maneira geral e através do gás produzido, gerar a energia elétrica. O lixo é um combustível para o nosso processo a partir de agora. Esse processo já foi validado em uma primeira fase em uma planta reduzida de um parceiro e agora vamos partir para uma fase de tentar uma escala maior, com volumes maiores, se aproximando de um modelo real, com toda a dinâmica de coleta e catação de resíduos", diz Nélson Araújo dos Santos, gerente de pesquisa e desenvolvimento de Furnas.

Com a instalação da usina, todo o lixo depositado no aterro sanitário da cidade e os novos resíduos que forem recolhidos no município servirão de combustível para a geração de energia elétrica.

[...]

Embora a quantidade de funcionários necessários para a operação da usina seja pequena, em torno de oito pessoas, uma das ideias é que catadores, que hoje trabalham no aterro sanitário fazendo a coleta do lixo, possam fazer o mesmo trabalho dentro da usina que será construída.

[...]

A princípio, toda a energia gerada pela nova usina será utilizada pelo município para abastecimento de prédios públicos. Mas o restante, conforme Furnas, poderá ser comercializado [...]. Boa Esperança foi escolhida para abrigar a primeira unidade após estudo técnico feito por uma universidade do Rio de Janeiro e também devido à proximidade com a hidrelétrica e o reservatório de Furnas. Mas a intenção é que o projeto se expanda e outras usinas do tipo possam ser construídas em outras cidades.

[...]

Lucas Soares e Samantha Silva. Sul de Minas terá 1ª usina do país com geração de energia elétrica a partir do lixo. *G1*, 18 abr. 2017. Disponível em: <https://g1.globo.com/mg/sul-de-minas/noticia/sul-de-minas-tera-1-usina-do-pais-com-geracao-de-energia-eletrica-a-partir-do-lixo.ghtml>. Acesso em: 15 abr. 2019.

↑ Em abril de 2018 foi inaugurada, em Fortaleza, a maior usina do país a gerar combustível do lixo. Caucaia (CE), 2018.

GLOSSÁRIO

Gaseificação: transformação química de combustíveis sólidos ou líquidos em uma mistura de gases combustíveis.

Incineração: queima de lixo em usinas.

1. Você conhece alguma ação em sua cidade para evitar desperdício de lixo?

2. Sabe o que é feito com o lixo descartado no aterro de sua cidade?

CIÊNCIA, TECNOLOGIA E SOCIEDADE

Pequena fábrica de objetos

↑ Estudante manipula uma impressora 3D.

Acaba de ser lançada no Brasil a primeira impressora 3D de fabricação nacional. Esse tipo de equipamento, ainda pouco conhecido no país, permite produzir objetos físicos a partir de modelos tridimensionais criados em computador.

[...].

Para isso, além de eliminar os elevados custos de importação, os criadores da máquina escolheram um método de impressão mais barato (e de boa qualidade) [...].

Nesse processo, a matéria-prima da impressão – o correspondente à tinta de uma impressora convencional – é um filamento de **termoplástico** [...].

Inicialmente, o objeto tridimensional a ser impresso é modelado em um computador com auxílio de aplicativos usados com essa finalidade [...]. A impressora é comandada por um programa de código aberto, ou seja, que pode ser usado livremente, sem custos.

> **GLOSSÁRIO**
>
> **Termoplástico:** um plástico que pode ser moldado a certa temperatura.

"O programa processa o arquivo de imagem e divide o objeto em camadas finas, que são usadas como base para a impressão", explica Krug [diretor de uma das empresas envolvidas no projeto]. No momento da impressão, o termoplástico é derretido e moldado sobre uma superfície plana, de modo ordenado, estruturando o objeto camada por camada.

[...]

Prototipagem rápida e barata

[...]

Ao ver o que já é feito em outros países, não é difícil imaginar usos para a impressão 3D: protótipos dos mais diferentes produtos, maquetes e até próteses e implantes odontológicos. O equipamento é de grande utilidade para arquitetos, *designers* e dentistas, entre outros profissionais.

"Há várias técnicas de impressão 3D. Para desenvolver nosso equipamento, adotamos a que oferece o melhor custo-benefício", conta Krug. Segundo ele, o baixo custo viabiliza a aquisição da impressora até para uso doméstico. Outra vantagem é que o material termoplástico utilizado para impressão é biodegradável ou permite reciclagem.

[...]

Guilherme de Souza. Pequena fábrica de objetos. *Ciência Hoje On-line*, 12 jun. 2012. Disponível em: <http://cienciahoje.org.br/pequena-fabrica-de-objetos/>. Acesso em: 15 abr. 2019.

1. Pesquise na internet o funcionamento e as possibilidades de uso de uma impressora 3D. Depois, escreva um pequeno texto que relate esses aspectos.

2. Proponha ou elabore um projeto que possa ser feito com essa impressora. Você pode desenvolver um modelo 3D, buscar inspiração e descobrir como podem ser criados objetos, por exemplo, uma maquete, uma peça de decoração, entre outros que você ache interessante. Descreva os passos necessários para a realização e execução de seu projeto.

ATIVIDADES

SISTEMATIZAR

1. Como você caracterizaria o período denominado Revolução Industrial?

2. Que transformações ocorreram na sociedade com a invenção e o uso das máquinas térmicas ao longo dos séculos XVIII e XIX?

3. Que tipos de problemas foram criados pela industrialização?

Cidade de Londres, por volta de 1860.

REFLETIR

1. Pense em sua rotina, da hora que acorda até a hora de dormir. Que máquinas você utiliza? Elas lhe ajudam nas tarefas do cotidiano? Como você imagina sua vida sem essas máquinas?

2. Como é possível a tecnologia resolver um problema e criar outro?

DESAFIO

1. Afinal, foi a invenção das máquinas que aumentou a possibilidade de produzir bens de consumo ou foi o aumento da necessidade de produzir bens de consumo que possibilitou a invenção e o aperfeiçoamento das máquinas?

2. Observe o mapa ao lado e faça o que se pede.

   a) Faça uma pesquisa em *sites* ou livros sobre indústrias extrativas e indústrias de transformação e escreva um texto no formato de verbete enciclopédico.

   b) Indique no caderno os estados brasileiros que concentram o maior número de empresas industriais extrativas e de transformação.

   c) Cite um exemplo de indústria extrativa e outro de indústria de transformação.

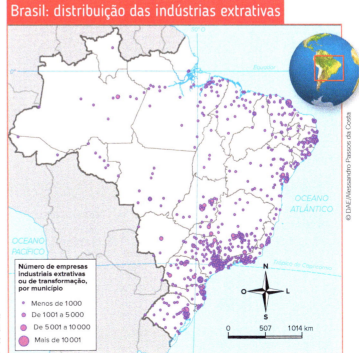

Fonte: *Atlas geográfico escolar*. 7. ed. Rio de Janeiro: IBGE, 2016. p. 136.

Máquina a vapor

As primeiras máquinas a vapor remontam ao século I, mas foi a partir de 1769 que elas passaram a ser quase universalmente usadas, o que revolucionou a indústria.

As alterações feitas pelo escocês James Watt possibilitaram rápida difusão das máquinas a vapor nos processos industriais.

COMO FUNCIONAVA

1 SUBIDA
A pressão do vapor de água que recebe calor faz subir o êmbolo.

- êmbolo
- recipiente
- vapor
- água
- calor

2 DESCIDA
Sem o fornecimento de calor, o vapor se condensa e a pressão diminui, então o êmbolo desce.

- O vapor se condensa.
- A água volta até perto do nível inicial.

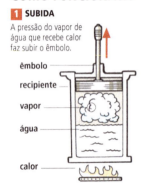

A INOVAÇÃO DE WATT
Um recipiente separado onde o vapor se condensa (condensador)

1 As **válvulas** deixam passar o vapor de cima para baixo.

2 O **êmbolo** sobe e desce de acordo com a entrada e saída do vapor.

3 O vapor que sai após o movimento do êmbolo volta a ser líquido no **condensador**.

caldeira

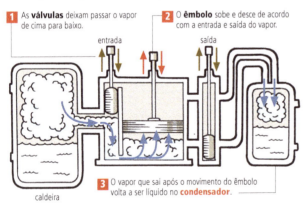

O VAPOR COMO FORÇA MOTRIZ

TURBINA A VAPOR
Heron de Alexandria inventou a primeira máquina a vapor.

EXPERIMENTO
Von Guericke, com o experimento de Magdeburgo, usava o vapor para diminuir a pressão no interior dos dois hemisférios, que não podiam, então, ser separados.

BOMBA A VAPOR
Era usada para retirar água das minas. Foi o primeiro instrumento a vapor, concebido pelo marquês de Worcester e patenteado em 1663.

PANELA DE PRESSÃO
Construída pelo francês Denis Papin, era dotada de uma válvula pela qual o vapor escapava quando a pressão se elevava.

NAVEGAÇÃO
Papin desenvolveu uma pequena embarcação com rodas e pás movidas por uma máquina a vapor.

BOMBAS A VAPOR
Savery construiu vários modelos de bombas a vapor com base nas bombas do marquês de Worcester.

| SÉCULO I | 1654 | 1663 | 1680 | 1687 | 1698 |

COMPARAÇÃO DE FONTES DE ENERGIA (em 1800)

 Máquina a vapor 11 a 30 kW = 40 a 144 cavalos  Cavalo-vapor 735 W (unidade de potência definida por meio do trabalho realizado por um cavalo) = ≅ 40 homens

APLICAÇÕES DA ÉPOCA
Principalmente na indústria, na mineração e nos transportes

EXTRAÇÃO DE ÁGUA
Com base em um modelo anterior, Thomas Savery patenteou, em 1698, uma máquina a vapor utilizada para extrair água de minas. Em 1712, essa máquina foi aperfeiçoada por Thomas Newcomen.

FIAÇÃO E TECELAGEM
Foi utilizada primeiro para elaborar máquinas de fiar e tecer.

ESTERILIZAÇÃO
Em cerca de 1900 surgiu esse modelo, que esterilizava a água para aplicações na área de saúde.

TRANSPORTE
Movimentação de barcos, automóveis e trens.

GERAÇÃO DE ENERGIA ELÉTRICA
Na atualidade, é um dos usos mais importantes. O vapor de água passa por turbinas e a energia mecânica se transforma em energia elétrica.

Em grupo, responda às questões a seguir e debata sobre elas com os colegas e o professor.

1. Quais são os conceitos físicos envolvidos no funcionamento da máquina a vapor?
2. Qual é a importância da máquina a vapor na história?

MÁQUINA UNIVERSAL
Construída por Thomas Newcomen e John Calley, usava o princípio de Savery e um novo sistema de válvulas para regulação; era usada em inúmeras aplicações.

INDÚSTRIA TÊXTIL
A força do vapor foi usada na roda de tear de John Kay, na fiadora de R. Arkwright e no tear mecânico de Cartwright.

MÁQUINA DE WATT
James Watt patenteou sua primeira máquina a vapor de uso universal. Era usada na tecelagem e em outras aplicações.

VEÍCULOS
Já havia sido construído um veículo a vapor quando R. Fulton desenvolveu um barco movido a vapor.

MENOR USO
Estados Unidos e Alemanha implementaram a energia elétrica e as locomotivas a diesel, o que reduziu o uso do vapor.

1705 — 1733 — 1769 — 1801 — 1880

PANORAMA

FAÇA AS ATIVIDADES A SEGUIR E REVEJA O QUE VOCÊ APRENDEU.

Vimos como as máquinas térmicas utilizam a força motriz do calor para produzir movimento. Isso possibilitou a criação das máquinas a vapor, capaz de mover locomotivas, navios e, posteriormente, automóveis com motores de combustão interna. No contexto de uso das primeiras máquinas térmicas, abordamos os fatores que levaram a tentativas de produzir máquinas mais eficientes e seguras. Além disso, conhecemos combustíveis renováveis e não renováveis.

Aprendemos também como o funcionamento dos ciclos naturais podem ser relacionados ao princípio de funcionamento de máquinas térmicas, porque são capazes de produzir movimento. Por fim, vimos que a invenção das primeiras máquinas térmicas e seu aperfeiçoamento levaram a profundas transformações no planeta e resultaram em impactos positivos e negativos à sociedade e ao meio ambiente.

1. Nas afirmativas abaixo, escreva **V** para verdadeiro e **F** para falso no caderno.
    a) Toda e qualquer máquina pode ser considerada uma máquina térmica.
    b) A máquina térmica transforma calor em movimento.
    c) O motor de combustão interna, como o motor de um carro, não é uma máquina térmica.
    d) Máquinas térmicas naturais são fontes renováveis de energia.
    e) Em toda máquina térmica há uma fonte quente e uma fonte fria.
    f) Podemos dizer que as máquinas térmicas tiveram grande importância no período que ficou conhecido como Revolução Industrial.
    g) Tanto as máquinas térmicas naturais quanto as que utilizam vapor em seu funcionamento são fontes poluentes de energia.
    h) As mudanças ocorridas na sociedade e na indústria no período da Revolução Industrial levaram ao aperfeiçoamento e à invenção de novas máquinas e formas alternativas de combustíveis.
    i) Ao longo da história, a evolução e o aperfeiçoamento das máquinas, desde as térmicas até as atuais, trouxeram grande aumento e desenvolvimento da produção industrial, crescimento da economia dos países e benefícios para as relações sociais e humanas.

2. Qual é a condição para uma máquina ser considerada térmica?

3. Cite dois exemplos de máquinas térmicas naturais que você conhece.

4. Leia o trecho abaixo e responda às questões.

    A diminuição do tráfego de veículos na capital paulista devido à greve dos caminhoneiros fez com que a poluição do ar caísse pela metade, segundo levantamento realizado pelo Instituto de Estudos Avançados da Universidade de São Paulo (IEA-USP). Os dados são preliminares.

    Na comparação dos sete primeiros dias da greve com a semana anterior, a qualidade do ar melhorou em 50% em dois pontos de medição da Companhia Ambiental do Estado de São Paulo (Cetesb) – no Ibirapuera (Zona Sul) e Cerqueira César (região central).

    [...]

    Saldiva afirma que o estudo pretende relacionar as reduções das emissões com os impactos na saúde, medindo os índices de internações e mortes, por exemplo. O objetivo é propor políticas públicas que priorizem um transporte mais moderno e eficiente.

"Se investirmos no transporte elétrico ou com combustível menos poluente, carros compartilhados ao invés dos pessoais, São Paulo conseguirá ter uma qualidade do ar melhor. Além de perderem menos tempo, as pessoas adoeceriam menos, gerando menos custos para o sistema de saúde", diz.

Marina Pinhoni. Poluição do ar em SP cai pela metade com greve de caminhoneiros, diz instituto. *G1*, 30 maio 2018. Disponível em: <https://g1.globo.com/sp/sao-paulo/noticia/poluicao-do-ar-em-sao-paulo-cair-pela-metade-com-greve-de-caminhoneiros-diz-instituto.ghtml>. Acesso em: 15 abr. 2019.

a) Do que trata o trecho extraído da matéria de jornal?

b) De acordo com o texto, quais são os impactos positivos da substituição do diesel para os moradores de São Paulo?

5. A história das máquinas a vapor começa com os gregos. Heron de Alexandria (século I) inventou um tipo de brinquedo chamado eolípila, que girava pela ação do calor produzido pelo fogo. Observe a imagem abaixo e responda às questões.

a) O que faz a esfera girar?

b) Como a esfera gira?

c) Por que esse arranjo pode ser chamado de "máquina"?

6. Vimos que as máquinas térmicas foram fundamentais para as mudanças econômicas e sociais no período que ficou conhecido como Revolução Industrial. Cite três mudanças importantes que ocorreram na sociedade durante esse período.

7. Qual é a importância dos combustíveis renováveis para a conservação do meio ambiente?

8. Quais são as vantagens e as desvantagens da crescente utilização de máquinas e equipamentos nas atividades econômicas e na vida das pessoas?

DICAS

▶ ASSISTA

Uma viagem extraordinária. Canadá e França, 2014. Direção: Jean-Pierre Jeunet, 105 min. Filme que aborda a história de um garoto apaixonado por cartografia que ganha um prestigioso prêmio científico.

📖 LEIA

A termodinâmica e a invenção das máquinas térmicas, de Sérgio Quadros (Scipione). O livro apresenta aspectos da história da termodinâmica, abordando a invenção da máquina térmica.

📍 VISITE

Museu dos Transportes Públicos Gaetano Ferolla, da cidade de São Paulo. O museu apresenta a história do transporte coletivo na cidade de São Paulo. Para mais informações visite o *site*: <www.capital.sp.gov.br/noticia/conheca-o-museu-dos-transportes-publicos-gaetano-ferolla>. Acesso em: 15 abr. 2019.

Referências

ALVAREZ, Albino Rodrigues; MOTA, José Aroudo (Org.). *Sustentabilidade ambiental no Brasil:* biodiversidade, economia e bem-estar humano. Brasília: Ipea, 2010. v. 7. (Série Eixos Estratégicos do Desenvolvimento Brasileiro).

BARBOSA, Déborah Márcia de Sá; BARBOSA, Arianne de Sá. Como deve acontecer a inclusão de crianças especiais nas escolas. In: ENCONTRO DE PESQUISA EM EDUCAÇÃO DA UNIVERSIDADE FEDERAL DO PIAUÍ, Teresina, 2004. Disponível em: <http://leg.ufpi.br/subsiteFiles/ppged/arquivos/files/GT8.PDF>. Acesso em: 15 maio 2019.

BOLONHINI JR., Roberto. *Portadores de necessidades especiais:* as principais prerrogativas dos portadores de necessidades especiais e a legislação brasileira. São Paulo: Arx, 2004.

BRASIL. Câmara dos Deputados. *Estatuto da criança e do adolescente.* 15. ed. Brasília: Edições Câmara, 2015.

_____. MEC. *Base Nacional Comum Curricular.* 3. versão. Brasília, 2017.

_____. MEC. SEB. Diretoria de Currículos e Educação Integral. *Diretrizes Curriculares Nacionais da Educação Básica.* Brasília, 2013.

_____. MEC. SAS. Departamento de Atenção Básica. *Guia alimentar para a população brasileira.* 2. ed. Brasília, 2014.

BRUSCA, Gary J.; BRUSCA, Richard C. *Invertebrados.* Rio de Janeiro: Guanabara-Koogan, 2007.

CACHAPUZ, Antonio et al. (Org.). *A necessária renovação do ensino das ciências.* São Paulo: Cortez, 2011.

CAMPOS, Maria Cristina da Cunha; NIGRO, Rogério Gonçalves. *Teoria e prática em Ciências na escola.* São Paulo: FTD, 2010.

CANIATO, Rodolpho. *O céu.* São Paulo: Átomo, 2011.

COLL, César; PALACIOS, Jesús; MARCHESI, Álvaro (Org.). *Desenvolvimento psicológico e educação.* Porto Alegre: Artes Médicas, 1995.

DE BONI, Luis Alcides Brandini; GOLDANI, Eduardo. *Introdução clássica à Química geral.* Porto Alegre: Tchê Química Cons. Educ., 2007.

DORNELLES, Leni Vieira; BUJES, Maria Isabel E. (Org.). *Educação e infância na era da informação.* Porto Alegre: Mediação, 2012.

FARIA, Ivan Dutra; MONLEVADE, João Antônio Cabral. Módulo 12: higiene, segurança e educação. In: BRASIL. MEC. SEB. *Higiene e segurança nas escolas.* Brasília: UnB, 2008.

FARIA, Romildo P. *Fundamentos de Astronomia.* Campinas: Papirus, 2001.

FREIRE, Paulo. *Educação como prática da liberdade.* Rio de Janeiro: Paz e Terra, 2009.

GOLDEMBERG, José; LUCON, Oswaldo. *Energia, meio ambiente e desenvolvimento.* São Paulo: Edusp, 2008.

GUYTON, Arthur Clifton; HALL, John Edward. *Tratado de Fisiologia Médica.* 12. ed. Rio de Janeiro: Elsevier, 2011.

HEWITT, Paul G. *Física conceitual.* São Paulo: Bookman, 2015.

MOREIRA, Marco A. *A teoria da aprendizagem significativa e sua implementação em sala de aula.* Brasília: UnB, 2006.

MORETTO, Vasco P. Reflexões construtivistas sobre habilidades e competências. *Dois pontos: teoria & prática em gestão*, v. 5, n. 42, p. 50-54, 1999.

POUGH, F. Harvey; JANIS, Christine M.; HEISER, John B. *A vida dos vertebrados.* São Paulo: Atheneu, 2008.

RAVEN, Peter H. *Biologia vegetal.* Rio de Janeiro: Guanabara Koogan, 2007.

SOBOTTA, Johannes. *Atlas de anatomia humana.* 23. ed. Rio de Janeiro: Guanabara Koogan, 2013.

SOCIEDADE BRASILEIRA DE ANATOMIA. *Terminologia anatômica.* Barueri: Manole, 2001.

TORTORA, Gerard J.; DERRICKSON, Bryan H. *Princípios de Anatomia e Fisiologia.* 14. ed. Rio de Janeiro: Guanabara Koogan, 2016.

TOWNSEND, Colin R.; BEGON, Michael; HARPER, John L. *Fundamentos em Ecologia.* 3. ed. Porto Alegre: Artmed, 2010.